PENTATEUCO PARA TODOS

PENTATEUCO PARA TODOS

GÊNESIS 17-50 PARTE 2

JOHN GOLDINGAY

Título original: *Genesis for everyone, Part 2, Chapters 17—50*
Copyright © 2010 por John Goldingay
Edição original por Westminster John Knox Press, Louisville, Kentucky.
Todos os direitos reservados.
Copyright da tradução © Vida Melhor Editora S.A., 2021.

As citações bíblicas são traduções do próprio autor, a menos que seja especificada outra versão da Bíblia Sagrada.

Os pontos de vista desta obra são de responsabilidade de seus autores e colaboradores diretos, não refletindo necessariamente a posição da Thomas Nelson Brasil, da HarperCollins Christian Publishing ou de sua equipe editorial.

Publisher	*Samuel Coto*
Editor	*André Lodos Tangerino*
Tradutor	*Fernando Cristófalo*
Copidesque	*Josemar de Souza Pinto*
Revisão	*Carlos Augusto Pires Dias*
Diagramação	*Sonia Peticov*
Capa	*Rafael Brum*

DADOS INTERNACIONAIS DE CATALOGAÇÃO NA PUBLICAÇÃO (CIP)
(Benitez Catalogação Ass. Editorial, MS, Brasil))

G634p

  Goldingay, John, 1942-

  Pentateuco para todos: Gênesis 1-16: parte 1 / John Gondingay; tradução de José Fernando Cristófalo. — 1.ed. — Rio de Janeiro: Thomas Nelson Brasil, 2021.
  256 p.; 12 x 18 cm.

  (Coleção O antigo testamento para todos, v. 2)

  Tradução de *Genesis for everyone, part 2: chapters 17-50: the old testament for everyone*.
  Bibliografia.
  ISBN 978-65-56890-18-0

  1. Antigo Testamento — Pentateuco. 2. Bíblia. A. T. Gênesis 17-50. 3. Bíblia. A. T. Pentateuco — comentários. 4. Bíblia. A. T. Pentetauco — Teologia. I. Cristófalo, José Fernando. II. Título.

  06-2021/41   CDD: 221.95

Índice para catálogo sistemático:
1. Pentateuco: Antigo Testamento 221.95

Aline Graziele Benitez — Bibliotecária — CRB-1/3129

Thomas Nelson Brasil é uma marca licenciada à Vida Melhor Editora LTDA.
Todos os direitos reservados à Vida Melhor Editora LTDA.
Rua da Quitanda, 86, sala 218 — Centro
Rio de Janeiro — RJ — CEP 20091-005
Tel.: (21) 3175-1030
www.thomasnelson.com.br

⌐ SUMÁRIO ⌐

Agradecimentos	7
Introdução	9
Mapas	14
GÊNESIS 17:1-6 • O seu nome será Abraão	17
GÊNESIS 17:7-8 • Estrangeiros e forasteiros	20
GÊNESIS 17:9-14 • Um sinal de graça, compromisso e disciplina	24
GÊNESIS 17:15-19 • Sarai se torna Sara	28
GÊNESIS 17:20-27 • Mas e quanto a Ismael?	32
GÊNESIS 18:1-15 • Acolhendo anjos, sem saber	36
GÊNESIS 18:16-20 • O clamor de Sodoma	41
GÊNESIS 18:21-33 • Orando por Sodoma	45
GÊNESIS 19:1-14 • O pecado de Sodoma	50
GÊNESIS 19:15-38 • Não olhe para trás	54
GÊNESIS 20:1-13 • Será que nunca aprendemos?	59
GÊNESIS 20:14—21:14 • Finalmente	62
GÊNESIS 21:15-32 • Sobre olhar o seu filho morrer	66
GÊNESIS 21:33—22:2 • O teste	71
GÊNESIS 22:3-10 • Sobre deixar o seu filho morrer	76
GÊNESIS 22:11-19 • Agora eu sei	80
GÊNESIS 22:20—23:20 • Quando o seu cônjuge morre	84
GÊNESIS 24:1-20 • Onde encontrar uma esposa para Isaque	89
GÊNESIS 24:21-48 • Como encontrar uma esposa para Isaque	93
GÊNESIS 24:49—25:6 • O primeiro romance?	98
GÊNESIS 25:7-22 • Irmãos unidos e divididos	102
GÊNESIS 25:23—26:5 • Dois jovens que precisam bater cabeças juntos	107
GÊNESIS 26:6-33 • Será que nunca aprendemos? — Parte dois	112
GÊNESIS 26:34—27:33 • Quão estúpidos os pais podem ser	116
GÊNESIS 27:34—28:5 • Palavras que não podem ser apagadas	121

GÊNESIS 28:6-15 • A escada para o céu	125
GÊNESIS 28:16—29:14A • Como viver em uma relação contratual com Deus	130
GÊNESIS 29:14B-31 • O enganador enganado	134
GÊNESIS 29:32—30:3 • Quero saber o que é o amor	138
GÊNESIS 30:4-21 • O problema do discernimento	142
GÊNESIS 30.22-43 • A competição para ser o criador de ovelhas mais astuto	147
GÊNESIS 31:1-29 • A divisão dos bens	151
GÊNESIS 31:30-54 • A dor de uma família dividida pela distância	155
GÊNESIS 31:55—32:24A • Medo	160
GÊNESIS 32:24B—33:17 • Deus luta	164
GÊNESIS 33:18—34:31 • Deveria nossa irmã ser tratada como uma prostituta?	168
GÊNESIS 35:1-29 • As pessoas mudam?	173
GÊNESIS 36:1—37:4 • Excluído, mas não esquecido	177
GÊNESIS 37:5-36 • O sonhador	182
GÊNESIS 38:1-30 • Outro enganador enganado	187
GÊNESIS 39:1—40:8 • Deus estava com José	191
GÊNESIS 40:9—41:24 • Quando você precisa de um especialista	196
GÊNESIS 41:25-57 • Economize primeiro, gaste depois	100
GÊNESIS 42:1-35 • Qual o jogo de José?	205
GÊNESIS 42:36—43:34 • Qual o jogo de GÊNESIS?	210
GÊNESIS 44:1-34 • Amor difícil	214
GÊNESIS 45:1-28 • Não você, mas Deus	218
GÊNESIS 46:1-34 • Não chame ninguém de feliz até que esteja morto	223
GÊNESIS 47:1-26 • Nacionalização	228
GÊNESIS 47:27—48:22 • O mais jovem, de novo, acima do mais velho	232
GÊNESIS 49:1-28 • Promessas e predições no leito de morte	237
GÊNESIS 49:29—50:26 • Estou no lugar de Deus?	241
Glossário	247
Sobre o autor	254

⌐ AGRADECIMENTOS ⌐

A tradução no início de cada capítulo é de minha autoria. Tentei me manter mais próximo do texto hebraico original do que as traduções modernas, em geral, o fazem, quando designadas à leitura na igreja, para que você possa ver o que o texto diz com mais precisão. Embora prefira utilizar a linguagem inclusiva de gênero, deixei a tradução com o uso universal do gênero masculino caso esse uso inclusivo implicasse em considerável explicação do significado exato do texto.

Ao final do livro, há um glossário dos termos-chave recorrentes no texto (termos geográficos, históricos e teológicos, em sua maioria). Em cada capítulo (exceto na introdução), a ocorrência inicial desses termos é destacada em **negrito**.

Sou grato a Cheryl Lee por conferir uma leitura não teológica em grande extensão ou no todo desta obra e por me dizer quais partes não faziam sentido. Se ainda houver trechos sem sentido, a culpa é minha. Igualmente, sou grato a Tom Bennett por conferir a prova de impressão.

A obra traz muitas histórias envolvendo meus amigos, assim como minha família. Todas elas ocorreram, de fato, mas foram fortemente dissimuladas para preservar as pessoas envolvidas, quando necessário. Por vezes, o disfarce utilizado foi tão eficiente que, ao relê-las, levo um tempo para identificar as pessoas descritas.

⌐ INTRODUÇÃO ⌐

No tocante a Jesus e aos autores do Novo Testamento, as Escrituras hebraicas, que os cristãos chamam de Antigo Testamento, *eram* as Escrituras. Ao fazer essa observação, lanço mão de alguns atalhos, já que o Novo Testamento jamais apresenta uma lista dessas Escrituras, mas o conjunto de textos aceito pelo povo judeu é o mais próximo que podemos ir na identificação da coletânea de livros que Jesus e os escritores neotestamentários tiveram à disposição. A igreja também veio a aceitar alguns livros adicionais, os denominados "apócrifos" ou "textos deuterocanônicos", mas, com o intuito de atender aos propósitos desta série, que busca expor "o Antigo Testamento para todos", restringimos a sua abrangência às Escrituras aceitas pela comunidade judaica.

Elas não são "antigas" no sentido de antiquadas ou ultrapassadas; por vezes, gosto de me referir a elas como o "Primeiro Testamento" em vez de "Antigo Testamento", para não deixar dúvidas. Para Jesus e os autores do Novo Testamento, as antigas Escrituras foram um recurso vívido na compreensão de Deus e dos caminhos divinos no mundo e conosco. Elas foram úteis "para o ensino, para a repreensão, para a correção e para a instrução na justiça" (2Timóteo 3:16-17). De fato, foram para todos, de modo que é estranho que os cristãos pouco se dediquem à sua leitura. Meu objetivo, com esses volumes, é auxiliar você a fazer isso.

Meu receio é que você leia a minha obra, não as Escrituras. Não faça isso. Aprecio o fato de esta série incluir a passagem bíblica em discussão, mas não ignore a leitura da Palavra de Deus. No fim, essa é a parte que realmente importa.

UM ESBOÇO DO ANTIGO TESTAMENTO

A comunidade judaica, em geral, refere-se a essas Escrituras como a Torá, os Profetas e os Escritos. Embora o Antigo Testamento contenha os mesmos livros, eles são apresentados em uma ordem diferente:

- Gênesis a Reis: Uma história que abrange desde a criação do mundo até o exílio dos judeus para a Babilônia.
- Crônicas a Ester: Uma segunda versão dessa história, prosseguindo até os anos posteriores ao exílio.
- Jó, Salmos, Provérbios, Eclesiastes, Cântico dos Cânticos: Alguns livros poéticos.
- Isaías a Malaquias: O ensino de alguns profetas.

A seguir, há um esboço da história subjacente a esses livros (não forneço datas para os eventos em Gênesis, o que envolve muito esforço de adivinhação).

1200 a.C. Moisés, o êxodo, Josué
1100 a.C. Os "juízes"
1000 a.C. Saul, Davi
 900 a.C. Salomão; a divisão da nação em dois reinos: Efraim e Judá
 800 a.C. Elias, Eliseu
 700 a.C. Amós, Oseias, Isaías, Miqueias; Assíria, a superpotência; a queda de Efraim
 600 a.C. Jeremias, Josias; Babilônia, a superpotência
 500 a.C. Ezequiel; a queda de Judá; Pérsia, a superpotência
 400 a.C. Esdras, Neemias

300 a.C.	Grécia, a superpotência
200 a.C.	Síria e Egito, os poderes regionais puxando Judá de uma forma ou de outra
100 a.C.	Judá rebela-se contra o poder da Síria e obtém a independência
0 a.C.	Roma, a superpotência

GÊNESIS

Assim como a maioria dos livros bíblicos, Gênesis é anônimo, ou seja, o texto não identifica a sua autoria. Algumas versões, como a King James Version (KJV), em inglês, ou algumas versões de Almeida (ARC, ACF), em português, o chamam de "O primeiro livro de Moisés, denominado Gênesis", porém não há nada no livro que sugira a autoria mosaica. Na verdade, há alguns poucos indícios que contrariam essa autoria. Por exemplo, o texto traz referências aos caldeus e filisteus, que ainda não estavam presentes ao tempo de Moisés.

A Bíblia na versão King James não inventou a ideia de ligar os primeiros cinco livros bíblicos a Moisés. Isso ocorreu no tempo de Jesus, e o Novo Testamento pressupõe essa ligação. Contudo, é duvidoso determinar se as pessoas pretendiam realmente implicar Moisés como o autor dos livros. Existem outros livros e tradições que as pessoas associam a Moisés mesmo sabendo que são contemporâneos a elas. Assim, chamar algo de "mosaico" talvez seja uma forma de dizer: "consideramos isso como o tipo de coisa que Moisés aprovaria".

Nenhum desses cinco livros inaugurais é, de fato, uma obra completa em si mesma, e isso se aplica ao texto de Gênesis. Grosso modo, eles são como as cinco temporadas de uma série televisiva, cada qual culminando com uma situação de suspense para garantir a sua audiência na próxima temporada. Por exemplo, as promessas feitas por Deus a Abraão foram parcialmente cumpridas dentro do próprio texto de Gênesis, porém o livro termina com a família de Jacó vivendo no país errado por causa de um período de fome. Somente no livro de Josué é que, no tempo devido, há o relato de como Deus cumpriu a promessa feita aos israelitas sobre a terra de Canaã. Na realidade, Gênesis é parte de uma história grandiosa que conduz diretamente aos livros de Samuel e Reis. Sabemos que o relato chegou a um epílogo porque, ao virar a página, somos levados a uma espécie de desmembramento, uma nova versão de toda a história, em 1Crônicas. Portanto, os livros de Gênesis a Reis nos contam uma história que começa na Criação, passa pela promessa aos ancestrais israelitas, pelo êxodo, pelo encontro com Deus no Sinai, pela chegada do povo em Canaã, pelos dramas do livro de Juízes, pelas conquistas de Saul, Davi e Salomão e, então, pela divisão e declínio que culmina com muitos do povo de Judá forçados ao exílio na Babilônia.

Então, essa extensa história, da forma que chegou até nós, pertence ao período posterior aos últimos acontecimentos que ela registra, ou seja, o exílio do povo judeu na Babilônia, em 587 a.C. Esses eventos constituem o fim da história iniciada em Gênesis. Partindo da presunção de que ela foi completada possivelmente logo após esses fatos, os seus autores finais e sua audiência inicial viviam na Babilônia ou sob o domínio babilônio. Essa percepção quanto à autoria, por vezes, ajuda a enxergar coisas em sua história.

Utilizo "completada" e "autores finais", com relação a essa história, porque não pressuponho que tenha sido escrita do zero, então; contudo, mesmo o árduo esforço para definir os estágios pelos quais ela atingiu a forma com que a vemos hoje não logrou produzir qualquer consenso sobre como esse processo ocorreu. Assim sendo, é melhor não nos desgastarmos com essa questão. Todavia, a maneira com que a história se desenrola, desde o princípio do mundo até o fim do Estado judeu, nos convida a ler o princípio à luz do fim, assim como ocorre com qualquer história. Essa perspectiva, por vezes, nos ajuda a perceber pontos no relato que, de outra sorte, seriam omitidos, além de evitar a má interpretação de fatos que, sem essa visão, seriam intrigantes. Ainda, com frequência, prova-se útil imaginar a história sendo contada ou lida a pessoas nos séculos precedentes.

A própria narrativa de Gênesis é, na realidade, uma obra constituída de duas partes, embora interligadas. A primeira parte, Gênesis 1 a 11, começa desenrolando a mais ampla tela para a pintura que o artista irá pintar. A narrativa concentra-se nas origens do mundo, da humanidade e na forma de Deus se relacionar com ela, desde o princípio. Então, o relato nos mostra como as coisas deram errado. A seguir, o livro estabelece o cenário para a narrativa de como Deus decidiu corrigir essa situação, a partir do capítulo 12 até o 50. Portanto, o livro nos fornece algum relato do que nós e o mundo fomos designados a ser, bem como revela o que o mundo e nós somos.

No entanto, se *Gênesis para todos* fosse constituído de dois volumes, um para os onze capítulos iniciais e outro para Gênesis 12–50, essa divisão seria desigual. Desse modo, o segundo volume prossegue contando a história da família que Deus escolheu para abençoar o mundo inteiro. Uma das vantagens de fazer essa divisão é nos lembrar que essas duas partes estão conectadas.

© Karla Bohmbach

© Karla Bohmbach

GÊNESIS **17:1-6**
O SEU NOME SERÁ ABRAÃO

¹Abrão estava com 99 anos de idade. *Yahweh* lhe apareceu e disse: "Eu sou *El Shadday*. Viva a sua vida na minha presença e seja uma pessoa íntegra, **²**e farei a minha aliança entre mim e você, e tornarei você muito, muito numeroso." **³**Abrão prostrou-se sobre o seu rosto; e Deus lhe falou: **⁴**"Aqui está a minha própria aliança com você. Você será o ancestral de uma horda de nações, **⁵**e não será mais chamado Abrão. Seu nome será Abraão, porque eu fiz você o 'ancestral de uma horda' de nações. **⁶**Eu o farei muito, muito fecundo, e de você farei nações. De você surgirão reis."

Nomes são importantes. O meu nome do meio é Edgar, o primeiro nome de meu pai. Em meu batismo, reza a lenda da família, a minha avó inclinou-se em direção à minha mãe e perguntou por que esse também não era o meu primeiro nome. Minha mãe, supostamente, respondeu: "Porque eles chamarão o pai dele de '*Big Ed*' [Grande Ed] e ele, de 'Little Ed' [Pequeno Ed]" (o que, nos Estados Unidos, não seria problema, mas no Reino Unido sim, onde "*big head*" [cabeça grande] sugere alguém com uma opinião inflada sobre si mesmo). Não creio que meus pais perceberam que John era, em última análise, uma versão abreviada de Johanan, ou seja, "*Yahweh* mostrou graça", o que o torna um bom nome. Se soubessem do significado, teriam ficado muito contentes, pois esperaram um bom tempo até serem agraciados com um filho. Nomes podem sugerir o destino de pessoas, a importância ou denotar algo significante sobre as orações de seus pais por eles.

Até aqui, Gênesis tem falado sobre "Abrão". No capítulo 17, de Gênesis, esse nome é mudado para a forma familiar "Abraão". Deus efetua essa mudança em conexão com outra reafirmação da promessa de gerar um numeroso povo a partir de Abraão. Agora, Deus a expressa de uma forma diferente, ao declarar que Abraão será o "ancestral" de uma "horda" de nações. A primeira parte do nome (*ab*) é o termo para um ancestral ou pai (no Novo Testamento, *abba* é o equivalente em **aramaico**). Agora, se alguém indagasse sobre o significado do nome anterior, Abrão, provavelmente teria concluído que significava "pai/ancestral exaltado". Em certo sentido, isso já constitui uma promessa do que Abrão será (não há nada particularmente notável sobre ele em sua história inicial). Se você perguntasse a alguém em Harã o significado do nome de Abraão, provavelmente receberia como resposta que significava o mesmo que Abrão (ou seja, que são duas diferentes variações do mesmo nome, bem como John e Jon ou Ann e Anne). No entanto, em hebraico, "horda" é *hamon*, de modo que o nome de Abraão (Abraham) inclui parte dessa palavra (é o principal da palavra, pois *on* é apenas uma terminação, como "ando" no gerúndio). Com base nisso, Deus deu um novo significado à mais longa e conhecida versão do nome.

Existem outros aspectos importantes ao que Deus diz a Abraão. Gênesis relata que "*Yahweh*" apareceu a Abrão, mas a apresentação que Deus mesmo faz a Abraão é "Eu sou *El Shadday*". **Yahweh** é o nome que Deus irá revelar a Moisés e pelo qual Deus será conhecido por Israel. Embora Gênesis saiba que *Yahweh* também está agindo e falando nos dias de Abraão e, portanto, está muito à vontade para usar o nome *Yahweh* para Deus, sabe, igualmente, que o próprio Abraão jamais o usaria. Nomes como **El Shadday** correspondem mais ao modo com que Abraão teria respondido. Aqui, o seu uso significa que o genuíno Deus está envolvido, o Deus que se envolverá com Israel, mas preserva a distinção pela qual Deus se manifestará mais tarde a Moisés.

Deus dá a Abraão duas ordens. Primeiro, ele deve viver na presença de Deus. Em hebraico, "viva a sua vida" é a palavra que significa literalmente "andar", mas é uma forma desse verbo que sugere um andar intencional em vez de simplesmente deslocar-se do ponto A para o B. É o mesmo verbo usado para Noé e Enoque andando ou vivendo a vida deles "com" Deus. Abraão devia andar ou viver sua vida "na presença" ou "diante" de Deus, o que faz toda a diferença. A caminhada de Abraão será sob a supervisão e o cuidado de Deus, o que é tanto encorajador quanto desafiador. Os dois são significantes no contexto. Deus estará cuidando de Abraão, no sentido de proteção, como ocorreu em sua imprudente aventura no Egito e na missão de resgate a Ló (Gênesis 12—14), segundo a promessa feita, em Gênesis 15, e repetida aqui. Deus também está observando para ver que tipo de pessoa ele é. Como Noé (Gênesis 6:9), Abraão deve ser uma pessoa íntegra. A palavra usualmente é traduzida por "irrepreensível", o que a faz parecer uma demanda impossível. A palavra usada por Deus, todavia, não sugere a ausência de falhas, mas a presença de uma qualidade positiva (que é, de certa forma, pelo menos tão exigente quanto a expectativa). De modo mais literal, Deus deseja que Abraão seja "inteiro", embora em nosso contexto isso tenha uma conotação mais psicológica. Deus quer que Abraão seja totalmente comprometido com os caminhos divinos, não que seja sem pecados. Deus é realista e pode lidar com pessoas que cometem falhas morais. Assim, Deus procura por uma certa direção na vida das pessoas, por determinado aspecto na vida delas, uma integridade ou retidão moral fundamental.

Em conexão a isso, Deus estabelecerá uma **aliança** de compromisso com Abraão. Na realidade, Deus já a fez, e Gênesis 15 é claro em mostrar que a aliança não foi estabelecida pelo fato de Abraão ser uma pessoa íntegra, pois ele não foi íntegro quando desceu ao Egito. Se Abraão contribuiu, de alguma forma, para essa aliança, foi apenas por confiar na promessa de Deus. A aliança, tampouco, estabelecia atos condicionais da parte de Abraão. Não obstante, o compromisso de Deus com Abraão foi designado para envolver a sua integridade, e, se essa integridade não fosse alcançada, colocaria em dúvida se o propósito divino em relação a ele poderia ser cumprido. A integridade de Abraão não constituía a base da aliança, mas era essencial ao seu funcionamento. Nesse sentido, Deus apenas pode seguir afirmando o compromisso de aliança se Abraão fizer o mesmo. Caso contrário (como ocorre no relacionamento conjugal), as coisas simplesmente não funcionarão, pois ninguém faz nada sozinho.

Deus repete promessas anteriores sobre florescimento e nações provenientes dele, bem como acrescenta a nota sobre "reis".

GÊNESIS **17:7-8**
ESTRANGEIROS E FORASTEIROS

⁷"Estabelecerei a minha aliança entre mim e você e a sua descendência futura ao longo de suas gerações, como uma aliança perpétua, para ser o seu Deus e o de seus descendentes. **⁸**Eu darei a você, e à sua descendência, a terra na qual você permanece como estrangeiro, toda a terra de Canaã, como uma propriedade eterna, e serei Deus para eles."

Há uma diferença abismal entre ser um cidadão e um estrangeiro. O *New York Times* possui uma página de abordagem ética onde o colunista discute alguns dilemas. Na semana passada, um leitor estava levando a sua família para um período de férias na Holanda, onde o ato de fumar maconha é legalizado. Seria certo deixar seu filho fumar maconha lá quando isso é ilegal nos Estados Unidos?, o colunista indagou. É correto fumar maconha nos Estados Unidos se você pensa que a proibição legal é sem sentido? Se estivesse olhando para essa questão como um estrangeiro, uma grande consideração seria: "O que aconteceria se eu fosse flagrado fumando maconha?" Um cidadão arriscaria ser multado ou preso; eu poderia ser deportado. A minha presença nos Estados Unidos é apenas tolerada. A tributação sem representação é aceitável; enquanto me comportar bem, estarei seguro. Eu, no entanto, não tenho a segurança de um cidadão. Estrangeiros nos Estados Unidos (como em qualquer outro país) dispõem de menos segurança ainda, caso não tenham os documentos exigidos e/ou se os cidadãos deixam de precisar de estrangeiros para cuidar de suas verduras e colhê-las.

Em Gênesis 12—16, há duas referências ao fato de Abraão e seu povo serem estrangeiros, quando descreve a sua condição no Egito e a condição futura de seus descendentes lá. Em ambos os contextos, eles terão ciência da insegurança aliada a essa condição. Isso deixa Abraão nervoso quanto ao que sucederá a Sara (e a ele!), bem como quanto aos futuros maus-tratos que seus descendentes sofrerão por parte de seus anfitriões, assim como pode ocorrer com forasteiros em qualquer país.

Decerto, a condição de estrangeiros é também a posição desfrutada pela família de Abraão na própria terra de **Canaã**, e essa posição perdurará por gerações. Embora as situações corram bem para eles, como forasteiros lá, eles são obrigados a viver em áreas que não interessam aos nativos cananeus, tendo que se deslocar a fim de encontrar alimento durante a onda de fome. Assim, a promessa de que nem sempre eles serão estrangeiros ali é deveras importante. Um dia, aquela terra será propriedade eterna deles, não podendo mais ser tirada de suas mãos. O termo "propriedade", em geral, faz referência a um pedaço de terra ocupado por determinada família; Deus aloca toda aquela terra aos clãs, que, por seu turno, distribuem a famílias individuais, e ninguém pode se apropriar dela. Trata-se de uma posse segura a cada família. Essa é a posição futura prometida por Deus a Israel em relação a toda a terra de Canaã. Gênesis 15:16 deixa claro que ainda haverá um longo tempo antes de essa promessa ser cumprida, porque não há base para, naquele momento, expulsar os cananeus da terra. No entanto, quando Deus puder justificadamente fazer isso, então aquele território poderá se tornar posse de Israel.

Dado que, no devido tempo, o povo de **Efraim** e, então, muitos dentre o povo de **Judá** serão **exilados** da terra, certamente que, ao ouvirem sobre Deus dá-la como posse eterna ou perpétua aos descendentes de Abraão, várias questões e possibilidades surgiriam na mente desses ouvintes. O questionamento seria sobre como a perda da terra poderia ter acontecido, embora não tivessem muita dificuldade em descobrir a resposta, pois ela está implícita no comentário sobre os cananeus perderem a terra por causa da desobediência deles. Se isso podia ocorrer aos cananeus, certamente o mesmo seria aplicável aos israelitas, como a **Torá** assim explicita. A possibilidade advém da palavra "eterna" ou "perpétua". Algumas traduções utilizam o termo "eternidade", o que pode sugerir em demasia. No Antigo Testamento, quão longo é duradouro ou quão perpétuo é eterno dependem do contexto. A palavra pode significar "por toda a sua vida". Deus talvez queira simplesmente dizer: "A terra será deles enquanto viverem com integridade, mas, caso se entreguem à desobediência e falhem em abandoná-la, podem perder a terra totalmente."

Contudo, se, no contexto do exílio, as pessoas se arrependerem, essa promessa lhes oferece esperança. Talvez o exílio não seja o fim. No contexto político do século XXI, isso implicaria podermos ver o povo judeu vivendo livremente, sem impedimentos, na terra de Canaã por obra dessa promessa a Abraão. Contudo, Gênesis 15:16 sugere que dificilmente Deus considera expulsar os palestinos da terra sem qualquer razão a fim de tornar isso possível. Ainda, seria tolo da parte do povo judeu presumir que o genuíno compromisso de Deus para com eles exclui a possibilidade de perderem a terra novamente.

O Novo Testamento considera a imagem de viver como estrangeiro para descrever a posição do cristão neste mundo. Somos peregrinos e estrangeiros aqui (1Pedro 1:1,4, 17; 2:11-12). Isso não quer dizer que o mundo criado por Deus não seja a nossa casa, mas significa que estamos apenas de passagem aqui, a caminho do céu. A ideia é que não podemos ser cidadãos do "mundo" porque sua base de funcionamento tem pouco a ver com Cristo. Se nos sentirmos em casa *neste* mundo, então algo preocupante aconteceu conosco.

Outra base de esperança aqui é a ligação entre a posse eterna ou perpétua da terra e a **aliança** eterna ou perpétua com Abraão. Deus descreveu a aliança com Noé como perpétua; agora, aquela palavra é usada novamente nessa aliança. A expressão, uma vez mais, levanta a questão quanto ao valor da palavra "eterna" ou "perpétua". Ao estabelecer esse compromisso, Deus pode pressupor: "Tudo isso, claro, presume que você permaneça fiel a mim. Se não fizer isso, o contrato está cancelado." Deus não irá quebrar a aliança arbitrariamente, mas, se a descendência de Abraão o fizer, Deus se sentirá livre para fazer o mesmo.

Os cristãos têm, às vezes, presumido ser isso o que Deus fez quando o povo judeu não reconheceu Jesus, considerando que a nova aliança da qual o Novo Testamento fala é feita com a igreja, não com o povo judeu, e que ela substitui a aliança divina com os israelitas. Na verdade, Romanos 9—11 lança a questão sobre essa possibilidade ter ocorrido. A resposta de Paulo é de horror a essa ideia. Como poderia o **fiel** Deus fazer isso? O fato é que Deus não poderia, como o apóstolo sugere, pois, se Deus pudesse encerrar aquele compromisso feito ao povo judeu por causa da desobediência, então a igreja poderia ser expulsa da mesma forma. A realidade é que Deus não tem permitido que o povo judeu desapareça, bem como lhes tem assegurado a liberdade de se restabelecerem na terra. Esse sinal da fidelidade divina assegura o sono tranquilo da igreja.

Em outras palavras, Deus continuará sendo Deus para Abraão e sua descendência. Essa expressão é repetida três vezes.

GÊNESIS 17:9-14
UM SINAL DE GRAÇA, COMPROMISSO E DISCIPLINA

⁹Deus disse a Abraão: "E você deve guardar a minha aliança, você e a sua descendência, ao longo de suas gerações. ¹⁰Essa é a aliança que você deve guardar, entre mim e você e a sua descendência: a circuncisão de todos do sexo masculino. ¹¹Vocês devem ser circuncidados na carne de seu prepúcio. Isso será um sinal da aliança entre mim e vocês. ¹²A partir de oito dias de vida, todo macho entre vocês deve ser circuncidado, ao longo de suas gerações. Aquele nascido em sua casa e adquirido por dinheiro de algum estrangeiro, que não pertence à sua descendência: ¹³deve ser, certamente, circuncidado, o nascido em sua casa e o adquirido por dinheiro. Minha aliança em sua carne será uma aliança eterna. ¹⁴Mas qualquer incircunciso do sexo masculino que não for circuncidado na carne de seu prepúcio: essa pessoa será cortada de sua parentela. Ela contrariou a minha aliança."

Como era costume na Grã-Bretanha, meus pais me batizaram quando eu era ainda bebê, embora tenha sido esse o único envolvimento deles com a igreja, excetuando casamentos e funerais. Não sei ao certo o que eles pensavam sobre o batismo, embora duvide que o considerassem apenas uma ocasião social. Dada a espera de alguns anos sem poder ter filhos, creio que estavam gratos por meu nascimento e, portanto, o meu batismo seria um sinal dessa gratidão. Quando os teólogos buscam fornecer alguma razão teológica para o batismo de infantes, em vez de os pais esperarem até que seus filhos sejam capazes de fazer a própria profissão de fé, em geral eles enfatizam que batizar um bebê reflete e testifica o batismo como um sinal da graça de Deus, expressa em sua **aliança** com Israel, a qual é, assim, estendida à igreja. Não obstante, o batismo também é, na verdade, um sinal pessoal da profissão de fé de alguém. Então, batizar pessoas em condições de fazer essa confissão concorda com esse outro aspecto de seu significado. Dessa forma, quando eu era adolescente e pertencia a uma igreja que batizava pessoas com base em sua profissão de fé, fui "rebatizado". (Um bispo conhecido fica louco com essa expressão, porque só é possível ser batizado apenas uma vez, de modo que ser "rebatizado" implica renunciar ao primeiro "batismo". Assim, quando alguém, posteriormente, retorna à Igreja Anglicana e deseja ser ordenado, ele é pressionado a renunciar ao seu segundo "batismo". Acho que eu nunca tinha revelado esse evento da minha juventude; então, acho que posso estar em apuros.)

Tanto o batismo de bebês quanto o batismo de pessoas com base na profissão de fé podem, portanto, ter um fundamento teológico, e as denominações que praticam um ou outro não precisam desconsiderar os que observam a prática contrária. Em Israel, enquanto a prática posterior do *bar mitzvá* e do *bat mitzvá* significa que o menino e a menina assumem um compromisso pessoal com a **Torá**, a prática da circuncisão, por seu turno, testifica a graça de Deus. A circuncisão masculina era um costume comum entre os povos do Oriente Médio, bem como é o caso em muitas sociedades, mas, geralmente, era aplicada a garotos próximos à fase adulta, não logo após o nascimento. A sua aplicação aos oito dias de vida reflete o fato de eles não fazerem nada para merecê-la. Foi Deus quem estabeleceu a aliança com Abraão, que, dessa forma, passou a ser aplicada aos seus descendentes.

Em outro sentido, o ritual da circuncisão (como o batismo infantil) não indica a necessidade de responder à graça divina. Paradoxalmente, essa aceitação de responsabilidade é assumida pela comunidade como um todo e, em particular, pela família do bebê. Os pais devem guardar, manter ou proteger a aliança de Deus, e a aceitação do ritual da circuncisão é uma forma de cumprirem isso.

Embora a circuncisão seja um sinal exclusivo e distintivo de um compromisso igualmente exclusivo e distintivo com a família de Abraão, as instruções de Deus também enfatizam que a sua aplicação não se restringe apenas à sua família, mas a todos em sua casa — a todos os envolvidos nos negócios da família, sejam eles pertencentes a ela ou demais membros da casa, adquiridos por Abraão e Sara no Egito ou obtidos como resultado da aventura relatada em Gênesis 14. Apesar de serem "apenas" servos, eles pertenciam tão firmemente à família de Abraão que a aliança também se aplicava a eles. Essa é outra expressão de como o envolvimento de Deus com Abraão e Sara traz bênção a outras pessoas por meio deles.

Para nós, algumas questões éticas são levantadas pela descrição dessas pessoas. Isso significa, simplesmente, que não há problemas em Abraão ter pessoas em sua casa consideradas apenas "servos" permanentes (esse termo não aparece na passagem, mas é a condição de muitos "nascidos em sua casa"). Na realidade, o texto presume que Abraão pôde comprar pessoas, mas que tais pessoas não eram "escravos", no sentido de serem posses com as quais se pode fazer o que quiser. O fato de serem incluídos na aliança e de, portanto, receberem o sinal da aliança, indica que não eram tratados como sub-humanos. A abordagem de Deus à condição deles é similar àquela adotada pelo Novo Testamento quanto à escravidão real. Deus não declara que a diferença entre senhores e servos deva ser simplesmente abandonada, mas que ele transforma a condição dos servos (nascidos em casa ou comprados) aos próprios olhos deles e aos olhos de Abraão.

Receber o sinal será a forma de manter a aliança em vez de quebrá-la, de guardar a aliança em lugar de rompê-la. Ela é tão importante e valiosa que precisa ser protegida. O problema não reside no fato de alguém poder roubá-la, mas em seus "proprietários" a negligenciarem. A aliança é frágil no sentido de desconsiderar que pode ser colocada em risco, e a negação em aceitar o sinal da aliança indicaria que as pessoas estariam fazendo exatamente isso. Aqueles que assim agem não colocam em risco a existência da aliança, mas arriscam a própria participação nela e a possibilidade de serem "cortados" de sua parentela. Ou você aceita um tipo de corte, ou experimenta o outro tipo; ou aceita ser cortado para entrar na aliança que Deus "cortou" (Gênesis 15:10), ou você é cortado fora. Deus não afirma que os parentes de uma pessoa são responsáveis pela sua expulsão, caso recuse o sinal da aliança, porque o texto de Gênesis não está decretando leis com sanções. Os mandamentos de Deus são mais do tipo imperativo, como "Nem pense nisso". Pensar em penalidades é pressupor que as pessoas irão desobedecer, o que é algo impensável. Por outro lado, embora a aliança seja radicalmente inclusiva, ela é também radicalmente exclusiva. Qualquer um pode se unir a ela, mas aqueles que se recusarem a aceitar o seu sinal demonstram o desejo de permanecer fora da família da aliança. Se a parentela desses aceitar o sinal, unindo-se, portanto, à aliança, e os tais assim não o desejarem, eles perdem o lugar dentro de sua própria família, bem como renunciam à chance de ingressar nessa nova família. Apenas aqueles que recebem o sinal são marcados como integrantes da aliança, mas não há nenhum critério étnico ou social para recebê-lo. (Consideraremos a sua exclusividade de gênero em conexão com Gênesis 17:20-27.)

GÊNESIS 17:15–19
SARAI SE TORNA SARA

[15]E Deus disse a Abraão: "Sarai, a sua esposa, não deve ser chamada Sarai, porque o seu nome deve ser Sara. [16]Eu a abençoarei, sim, darei a você um filho com ela. Eu a abençoarei, e ela se tornará em nações; reis de povos virão dela." [17]Abraão prostrou-se sobre seu rosto, riu-se e disse a si mesmo: "Pode um filho nascer de um homem de cem anos, ou pode Sara gerar um filho sendo uma mulher de noventa?" [18]Então, Abraão disse a Deus: "Se apenas Ismael puder viver na tua presença." [19]Mas Deus disse: "Bem, Sara, sua esposa, irá lhe dar um filho, e você deve chamá-lo Isaque. Com ele, estabelecerei a minha aliança, como uma aliança eterna para os seus futuros descendentes."

Na certidão de nascimento de meu pai, o sobrenome está escrito Gouldingay. Trata-se apenas de um deslize; posso até imaginar meus avós (praticamente adolescentes) um pouco nervosos na hora de registrar o nascimento, e, ao que tudo indica, eles confundiram o escrivão. No entanto, há situações em que as pessoas mudam o seu nome de maneira mais intencional. Eu mesmo, certa feita, fiquei confuso quanto à forma correta do nome de um amigo, chamado Jonathan, ou seria Johnathan? Em algumas situações, o seu nome era grafado de uma forma ou de outra. Ele explicou que, originariamente, usava a primeira e mais conhecida forma, mas que mudou para a segunda por algumas mudanças em sua vida. Ele sabia que precisava mudar o rumo e o estilo de sua vida, de modo que a alteração do nome passou a simbolizar isso. Outra amiga adotou um novo nome ao, igualmente, entrar em um novo estágio de sua vida. Não havia nada especialmente errado em sua antiga vida; ela apenas acreditava que Deus a estava levando a uma nova fase e, assim, a adoção do novo nome sinalizava essa mudança.

Sarai, agora, passa a ser Sara. Para ela, também, Gênesis parece ver o ponto implícito no simples fato de ela receber um novo nome, não em algo que o nome significa. Para os ouvintes dessas histórias, "Sarai" provavelmente seria apenas mais um nome; como a maioria dos nomes ocidentais não têm um significado especial. Seria como Goldingay (que talvez tenha origem no nome de uma das vilas inglesas, onde meus ancestrais viveram, ou seja, Golden Hay, uma região com excelentes campos de trigo, mas as pessoas não têm ciência disso ao terem contato com o meu nome). E, a princípio, "Sara" pode ser apenas uma variação de "Sarai", assim como "Abraão" em relação a "Abrão". No entanto, os ouvintes entenderiam *sara* como a palavra para rainha, princesa ou dama e reconheceriam algum significado nesse nome. A mudança de Abrão para Abraão, todavia, envolve um nome com um significado imediato às pessoas para outro que, em si mesmo, não significa nada, embora com um pouco de imaginação pudesse ser entendido como algo importante. A mudança de Sarai para Sara envolve deixar um nome sem nenhum significado para outro que significa algo. A **aliança** transforma Sarai em uma rainha, princesa ou dama.

Embora Deus não enfatize essa implicação (o que conta é a mudança), o fato de Sara ser uma rainha é sugerido no que segue. Ela está para se tornar a mãe de inúmeras nações, pois reis irão surgir dela, como Saul, Davi, Salomão e os demais reis que os seguirão. Na Grã-Bretanha, às vezes, temos uma rainha-mãe, normalmente a viúva de um rei que morreu antes dela. A rainha Elizabeth foi a rainha-mãe por cerca de cinquenta anos, após a morte do rei George VI e até a posse de sua filha, a rainha Elizabeth II. Uma rainha-mãe pode não ter poder institucional, mas pode desfrutar de uma grande autoridade e importância para seu povo (quando seu marido era rei e ela era a rainha, a sua coragem supostamente fez Adolf Hitler chamá-la de "a mulher mais perigosa da Europa"). Sara será a rainha-mãe de Israel.

Mãe de nações? Abraão caiu na risada. Que tipo de riso foi esse? Trata-se do primeiro registro de um riso na Bíblia, mas apenas o primeiro de uma sequência que ouviremos nessa conexão nos próximos capítulos. Na verdade, em sua maioria, as risadas no Antigo Testamento estão registradas aqui. A combinação de cair com o rosto em terra e rir sugere um par significativo de reações. Prostrar-se com o rosto em terra não é o mesmo que cair sobre o rosto, mas uma postura de respeito e submissão, o tipo de gesto que se faz diante de um rei. Abraão já havia se prostrado antes, no capítulo em que Deus lhe fala sobre estabelecer uma aliança. Esses são os primeiros registros na Bíblia de alguém prostrando-se na presença de Deus, e as únicas vezes na **Torá** com esse tipo de postura. A reação de Abraão sugere duas formas de perplexidade, isto é, uma submissão reverente e uma sensação de que a promessa de Deus é boa demais para ser verdade, claramente expressa nas perguntas retóricas de Abraão a si mesmo. Elas, igualmente, são ambíguas na impressão que dão a ele. A sua resposta implícita é "não" ou "sim"? A resposta divina às questões será dada quando Sara mostrar uma reação similar em Gênesis 18: "Há algo maravilhoso demais para *Yahweh*?"

Como de costume, não precisamos ser extremamente literais quanto às idades citadas por Abraão. Na realidade, isso pode nos ajudar a ver a importância da situação se presumirmos que as idades reais de Abraão e Sara são mais próximas às que fariam sentido para nós. Pode uma mulher de 45 anos (em especial, se jamais foi capaz de conceber até então) ter um filho com um homem de idade avançada?

É possível que Abraão não saiba responder a essas perguntas. O que sabe é que ele e Sara precisam de um verdadeiro milagre para que a promessa de Deus seja cumprida por meio deles e, portanto, cumprir a promessa de abençoarem o mundo. Eles têm um filho por intermédio de Hagar. Será por meio dele que a promessa se cumprirá? Pode Ismael não ser aquele que vive "na presença de Deus"? O verbo é diferente daquele usado por Deus em relação a Abraão no início do capítulo 17, mas "na sua presença" terá implicações similares. Pode Ismael não ser o filho que Deus olha, protege e abençoa? Ismael já era um adolescente na época. Abraão o tem amado como seu filho por todos aqueles anos. Pode ser que tenha simplesmente se convencido de que as promessas de Deus a ele seriam cumpridas por meio de Ismael; nada em Gênesis 17:1-14 contraria isso. Somente quando chegamos às palavras de Deus a Sara é que a ficha cai para Abraão. Tudo parecia encaminhado; de repente, ele é solicitado, de novo, a crer no impossível. Deus não poderia usar Ismael?

A resposta de Deus contém tanto um sim quanto um não. Deus não fornece uma razão para uma resposta negativa.

Em Gênesis 18, veremos Deus operando em colaboração, diálogo e negociação com Abraão, o que não ocorre no capítulo 17. Assim, não é possível prever Deus, pois algumas vezes a sua resposta é sim, em outras, é não. Às vezes, Deus fornece razões, em outras, não. Vale a pena perguntar, porque a resposta pode ser afirmativa, e seria lamentável perdê-la por receio ou medo de um não. É como o relacionamento do filho com seu pai ou sua mãe. Na ocasião em questão, a decisão na mente de Deus já está tomada, sendo vividamente expressa quando Deus diz que Sara irá lhe dar um filho. Deus fala como nós: "Já estou indo", quando na realidade ainda estamos terminando de ler a página do livro. Comprometemo-nos a ir e certamente estaremos lá em breve. E Deus revela a Sara o compromisso de ela ter um filho, que, definitivamente, virá em breve.

Deus não indica que o nome "Isaque" significa "ele ri", exatamente a forma verbal que Gênesis acabou de usar, ao dizer que Abraão "riu", mas, provavelmente, as pessoas que acompanhavam o relato dessa história riram ao ouvir o nome. Isaque é aquele por meio do qual a aliança de Deus será cumprida.

GÊNESIS **17:20–27**
MAS E QUANTO A ISMAEL?

[20] "Quanto a Ismael, eu ouvi. Sim. Dessa forma, eu o abençoo e o farei fértil e muito, muito numeroso. Ele será pai de doze líderes e farei dele uma grande nação. [21] Minha aliança, contudo, estabelecerei com Isaque, a quem Sara gerará para você, nessa época, no ano que vem." [22] Ao terminar de falar com ele, Deus subiu, deixando Abraão. [23] Então, Abraão tomou Ismael, seu filho, todos os nascidos em sua casa e todos aqueles comprados com seu dinheiro, todos os do sexo masculino na casa de Abraão, e circuncidou a carne do prepúcio deles naquele mesmo dia, como Deus lhe havia falado. [24] Abraão tinha 99 anos de idade na circuncisão da carne de seu prepúcio, [25] enquanto

> Ismael, seu filho, tinha treze anos na circuncisão da carne de seu prepúcio. **²⁶**Naquele mesmo dia, Abraão e Ismael, seu filho, foram circuncidados, **²⁷**e todos em sua casa, aqueles nascidos na casa e aqueles adquiridos com dinheiro de um estrangeiro, foram circuncidados com ele.

Quando minha irmã e eu éramos crianças, nossos pais enfrentaram tempos difíceis para pagar as despesas com o salário de meu pai como operário de fábrica. Meu pai não apreciava a ideia de minha mãe trabalhar fora enquanto ainda éramos pequenos. Por fim, eles decidiram vender a casa e mudar para gerenciar uma loja da família em outra região da cidade, onde minha mãe poderia cuidar da loja durante o dia, enquanto meu pai mantinha seu emprego na fábrica. Era uma época em que a Grã-Bretanha estava encorajando a imigração de indianos e caribenhos, a fim de tornar a nossa parte da cidade multicultural. Logo, havia jamaicanos e paquistaneses vindo à nossa loja em busca de comidas exóticas, como, por exemplo, arroz (conhecíamos arroz apenas como ingrediente para fazer pudins de sobremesa). Embora as pessoas da Jamaica fossem cristãs, elas tiveram muitas dificuldades em se envolver nas igrejas britânicas por não se sentirem bem-vindas nelas. Os paquistaneses, por seu turno, levantavam inúmeras e diferentes questões por serem muçulmanos. Com o tempo, a cidade passou a abrigar as primeiras e maiores mesquitas da Europa Ocidental, com uma enorme placa na fachada que sempre me fazia rir por sua inteligência e arrogante audácia: "Leia o Alcorão, o Último Testamento". O que devíamos nós, cristãos britânicos, fazer com relação às pessoas do subcontinente indiano que não só transformaram a cozinha britânica, como também a sua religião? Isso ocorreu décadas antes de eu compreender que a história de Ismael fornece parte da resposta. A história do islamismo remonta a Abraão e Ismael. Ele é respeitoso com os relatos de Gênesis, embora considere Ismael o filho que realmente importava.

Gênesis considera Isaque como o filho que importava, mas, ao mesmo tempo, reconhece o amor de Deus por Ismael. Promessas de bênção e prosperidade foram feitas a ele, bem como a Isaque. Ele, igualmente, se multiplicará. Se pensarmos apenas nos povos árabes presentes nas poucas centenas de quilômetros ao redor de Hebrom e considerarmos que eles podem, de algum modo, remontar a Ismael, constataremos que, de fato, aquela promessa se cumpriu. Gênesis 25 irá enunciar os doze líderes que descenderão dele.

Assim, a resposta divina à oração de Abraão contém um sim, bem como um não. "Eu ouvi", Deus disse, insistindo no cumprimento da promessa principal da **aliança** por meio de Isaque. Todavia, Ismael pode viver na presença de Deus, como Abraão pediu, e ele recebe o sinal da aliança; Ismael é admitido naquela aliança. Talvez Abraão não tenha gostado do risco de esperar novamente que Sara concebesse, uma esperança da qual se sentiu livre quando Ismael nasceu. Contudo, ele assumiu o risco de falar com Deus sobre isso; não obteve a resposta desejada, mas conseguiu algo. Há inúmeras orações como essa no texto bíblico. Nesse sentido, Abraão, de fato, negociou com Deus, o tipo de negociação e compromisso que ocorrem entre uma pessoa que ora e um Deus a quem a oração é dirigida, como acontece entre pais e filhos. Abraão (ou o filho) tem anseios e esperanças. Deus (ou o pai) possui uma visão mais ampla do que precisa acontecer, um quadro panorâmico a ser preenchido. Deus (ou o pai) pode considerar o pedido difícil de ser incluído ao quadro geral; o suplicante (ou o filho) pode não obter tudo o que deseja, mas pode obter algo, o que é muito melhor do que não receber nada.

Esse relato termina com Abraão implementando a comissão sobre a circuncisão, que terá uma repercussão monumental (o aspecto sombriamente cômico da história em Gênesis 34 ilustrará esse ponto), mas Gênesis praticamente ignora tudo isso. Seu interesse reside na qualidade da obediência de Abraão a Deus. A expressão "naquele mesmo dia" é citada duas vezes. O termo "todos", com referência aos do sexo masculino, aparece quatro vezes. Duas vezes o texto detalha a maneira de esse compromisso envolver as pessoas nascidas na casa e aquelas trazidas de fora. Uma das razões pelas quais o Antigo Testamento aprecia as repetições é chamar a atenção para a completa naturalidade com a qual as pessoas obedecem ao que Deus diz. Abraão assegura o processo de modo que não haja erros ou exceções. Ele sabe que é necessário o comprometimento total e constata a obediência plena à ordem de Deus.

A narrativa dessa implementação enfatiza, de forma inconsciente, outro aspecto do capítulo que pode ser problemático. Não há qualquer distinção étnica ou de classe social com respeito ao sinal da aliança, mas há uma restrição de gênero. É estranho que Deus tenha instituído um sinal da aliança a ser aplicado apenas aos do sexo masculino. Isso não significa que somente os homens sejam participantes da aliança, nem que as mulheres devam se dirigir a Deus apenas por meio dos membros masculinos de sua família. As mulheres são tão livres e obrigadas a orar, adorar e trazer sacrifícios a Deus quanto os homens, bem como a obedecer a **Torá**. Talvez seja significativo que, com a circuncisão e outras práticas como o sacrifício, Deus não esteja elaborando algo inusitado, mas adaptando algo já presente na cultura. E devemos ficar contentes por Deus não instituir a circuncisão feminina com a masculina (há relatos de evidências sobre circuncisão feminina no Egito, mas em nenhum outro lugar no mundo antigo do Oriente Médio).

Em outras palavras, pode parecer estranho que Deus tenha instituído como sinal da aliança esse ritual particular em vez de outros imagináveis. Em Israel, os nazireus deixavam crescer os cabelos como um sinal de sua dedicação a Deus. Um sinal desse tipo seria plenamente possível no caso da aliança. Deus comissiona os israelitas a amarrar os mandamentos da Torá em suas mãos e atá-los à testa (Deuteronômio 6:8), o que, pelo menos, os judeus ortodoxos cumprem à risca, não apenas como injunções metafóricas; um sinal desse tipo também seria possível. O servo que deseja comprometer-se com o seu senhor por toda a vida tem a sua orelha perfurada (Êxodo 21:2-6). A orelha perfurada ou mesmo um brinco seria um sinal possível. Por que, então, uma marca no órgão sexual masculino? É o órgão que deixa os homens em apuros, bem como o órgão que trouxe problemas a Abraão, à sua própria maneira, ao gerar Ismael. A vida se torna complicada quando a atividade sexual do homem não é subordinada a Deus. Embora isso também ocorra quando a sexualidade feminina não está sujeita a Deus, na maioria das culturas os homens desfrutam de maior liberdade para ignorar esse princípio. O Antigo Testamento prosseguirá falando sobre a necessidade de ouvidos e corações ou mentes serem circuncidados, mas começa com a circuncisão da sexualidade. A sexualidade masculina deve ser controlada.

GÊNESIS **18:1–15**
ACOLHENDO ANJOS, SEM SABER

¹*Yahweh* apareceu a ele próximo aos carvalhos de Manre, quando ele estava assentado à entrada de sua tenda, enquanto o dia ficava mais quente. **²**Ele ergueu os olhos e viu três homens em pé diante dele. Ao vê-los, correu da entrada de sua tenda para encontrá-los, curvou-se ao chão **³**e disse: "Meus senhores, se encontrei favor aos seus olhos, não passem por seu servo, por favor. **⁴**Posso mandar alguém trazer um pouco de água? Banhem os seus pés. Descansem debaixo da árvore. **⁵**Vou trazer um pouco de comida. Refresquem-se e, então, podem seguir, pois vocês passaram próximo de seu servo." Eles disseram: "Sim, faça como disse." **⁶**Abraão apressou-se em ir à tenda, dizendo a Sara: "Depressa, pegue três medidas da melhor farinha, amasse-a e faça pão." **⁷**Abraão correu até o rebanho, pegou um belo e tenro novilho e o entregou a um menino, que apressou-se em prepará-lo. **⁸**Ele trouxe coalhadas, leite e o novilho que havia preparado, colocou-os diante deles e permaneceu em pé, debaixo da árvore, enquanto comiam.

⁹Eles lhe perguntaram: "Onde está Sara, a sua mulher?" Ele respondeu: "Ali na tenda." **¹⁰**Ele disse: "Certamente, voltarei a você no próximo ano. Sim, haverá um filho para Sara, a sua esposa." Sara estava escutando à entrada da tenda, atrás dele. (**¹¹**Abraão e Sara eram velhos, de idade avançada; Sara tinha parado de menstruar da forma que as mulheres fazem.) **¹²**Por isso, Sara riu consigo mesma: "Depois de murchar, haverá prazer para mim, com meu senhor já idoso?" **¹³**Mas *Yahweh* disse a Abraão: "Por que Sara riu, dizendo: 'Irei realmente dar à luz, agora que sou velha?' **¹⁴**Há algo maravilhoso demais para *Yahweh*? A essa época, voltarei a você no próximo ano, e haverá um filho para Sara." **¹⁵**Sara mentiu, dizendo: "Eu não ri", porque teve medo. Mas ele disse: "Não, você riu."

Uma de minhas amigas acredita que, certa ocasião, possa ter encontrado um anjo. Ela estava indo trabalhar de carro, em um trecho da estrada cercado por um campo aberto, em uma área abastada da cidade de Los Angeles, quando passou por um homem que parecia um sem-teto, empurrando a sua bicicleta. Aquele não era um lugar onde regularmente se viam bicicletas, e não parecia claro o que aquele homem fazia lá, nem por que estaria andando. Ela se sentiu compelida a dar meia-volta e (contra o seu princípio) dar-lhe algum dinheiro. Ao vê-lo olhando para ela pela janela do motorista, "seus olhos estavam radiantes, quase brilhantes", ela contou. "Ao retomar meu caminho para o trabalho, disse a mim mesma: 'Aquele era um anjo'. E senti um tremor no corpo."

Essa é uma noção plausível. Ela se sobrepõe (ou vira de cabeça para baixo) à premissa de uma duradoura série de televisão, *O toque de um anjo* (*Touched by an Angel*). Ao chegar aos Estados Unidos, fiquei atônito ao encontrar um programa assim sendo transmitido por uma rede de televisão e mais surpreso ainda por acertarem com os anjos. A palavra "anjos" tende a sugerir figuras femininas dotadas de asas, em trajes esvoaçantes. Os anjos ou **ajudantes** na Bíblia não são assim. Eles são como humanos; você pode até não perceber que encontrou um, pelo menos a princípio (daí o comentário em Hebreus 13:2 sobre acolher anjos, sem saber). Na série de televisão, os anjos pareciam humanos, exceto (se minha lembrança estiver correta) por um brilho ao redor deles, quando se revelavam mais do que apenas seres humanos como até então pareciam ser, procurando ajudar alguém que atravessava uma crise em sua vida. De modo similar, o diretor Wim Wenders retrata dois anjos que cuidam de Berlim, em seu filme *Asas do desejo*, como dois homens de meia-idade, com seus casacos surrados. (Um deles começa a brilhar — pelo menos, o filme tem partes coloridas — quando percebe o seu desejo de se tornar humano.)

Gênesis 18 começa nos contando que *Deus* apareceu a Abraão, mas essa é a manchete da história e o será, por algum tempo, até Abraão reconhecer a identidade dos visitantes misteriosos. Quando três figuras humanas aparecem em seu assentamento, não há nada sugerindo que fossem algo além de três homens. Abraão lhes oferece a típica hospitalidade do deserto, embora ela pareça mais extravagante do que o normal. Se fossem três homens que necessitassem apenas de água e uma refeição para seguir viagem, decerto que seus olhos brilhariam ao perceberem que Abraão estava prestes a matar o infeliz novilho. E nem ouse pensar o que a assertiva Sara, apesar de seus noventa anos, murmurou quando Abrão correu até ela com a mensagem: "Eu preciso que você asse três pães e necessito deles *agora*." Diz-se que, quando o pai *corre* ao encontro do filho pródigo, ele está se comportando com uma falta de dignidade que seria incomum a um homem respeitável do Oriente Médio, e o mesmo poderia ser dito sobre Abraão. Em suma, toda a narrativa sublinha a extravagante natureza da hospitalidade de Abraão.

A pergunta "Onde está Sara?" está relacionada ao fato de a mensagem seguinte ser direcionada a ela, tanto quanto ao seu marido. Pode ser que a distância mantida entre eles fosse para manter normas culturais quanto a visitantes e a mulher da casa (e isso talvez evitasse algumas confusões nas quais nos envolvemos por causa de nossa atitude mais relaxada quanto aos relacionamentos entre homens e mulheres). Todavia, o porta-voz dos três visitantes quer assegurar que ela ouça o que ele tem a dizer. Ele dirige a palavra *a* Abraão, mas fala *sobre* Sara tanto quanto sobre seu esposo. Isso ocorreu também em Gênesis 17, entretanto não há menção sobre a participação de Sara naquela conversa; aqui, no entanto, Deus certifica-se de sua presença. Apesar de permanecer no interior da tenda, Sara ouve com toda a atenção.

O que ela ouve a faz rir, assim como Abraão rira em Gênesis 17. Contudo, o riso de Sara é menos ambíguo, pois o que o homem diz é algo impossível. Ela conhece o próprio corpo. (Com base no relato, não fica claro se Sara está comentando sobre a improbabilidade de sentir prazer sexual ou de experimentar a alegria da maternidade.) Em resposta, Deus fala. Como poderíamos supor, à luz da manchete do capítulo, o porta-voz é um dos três, que é Deus ou o seu representante. Todavia, novamente, isso é algo que os ouvintes sabem porque o contador da história o deixa explícito; mas nem Abraão nem Sara sabem, embora a clara referência a Deus insinue a possibilidade de o casal começar a perceber que aqueles homens não eram apenas três viajantes comuns. Por outro lado, a pessoa que o contador da história indica como Deus refere-se a Deus na terceira pessoa ("Há algo maravilhoso demais para *Yahweh*?"). Isso sugere que, na melhor das hipóteses, isso seria apenas uma percepção crescente.

O ceticismo de Sara é compreensível. Seria preciso um milagre para tornar realidade o que o homem diz. De algum modo, Sara precisa restringir o seu conjunto de expectativas àquilo que é possível. Vamos supor que ela aceitasse não haver nada maravilhoso demais para Deus, mas também soubesse que Deus é econômico com os milagres. Essas intervenções divinas não seriam chamadas de maravilhas caso ocorressem todos os dias. Posso talvez aceitar que milagres acontecem a outras pessoas, mas, quando alguém sugere que estou prestes a experimentar um, essa aceitação passa a um outro nível.

Deus não tem simpatia por essa lógica, mas ele também não diz: "Bem, se você não crer, isso não ocorrerá." A fé humana não está nem aqui nem lá. O que importa é a intenção divina. A existência de Ismael não influencia a intenção de Deus em realizar algo maravilhoso por meio de Sara, tampouco a descrença dela faz alguma diferença. Isso nos coloca em nosso devido lugar, bem como nos livra da carga e da culpa de pensar que tudo depende de nós.

De algum modo, Sara já percebeu que há algo mais em relação aos três visitantes ou, pelo menos, ao porta-voz, e ela sente medo. Em geral, o fato de três doidos surgirem à porta de sua tenda com mensagens implausíveis de Deus não causa medo. Contudo, o medo de Sara revela que ela compreendeu estar diante de algo assustador. Ela tenta, ilogicamente, sair daquela situação, mas não consegue. Mesmo isso não muda a intenção de Deus de dar a Sara o dom de um filho, porque não se trata dela, mas do propósito de Deus.

GÊNESIS **18:16-20**
O CLAMOR DE SODOMA

¹⁶De lá, os homens se levantaram e olharam para Sodoma, com Abraão os acompanhando para despedir-se deles. **¹⁷**Mas *Yahweh* disse: "Esconderei de Abraão o que estou fazendo, **¹⁸**quando ele, de fato, se tornar uma grande e poderosa nação, e todas as nações da terra devem ser abençoadas por ele? **¹⁹**Porque eu o reconheci para que ordene a seus filhos e a sua casa depois dele que guardem o caminho de *Yahweh*, mostrando fidelidade no exercício de autoridade, para que *Yahweh* possa cumprir sobre Abraão tudo o que falou a respeito dele." **²⁰**Assim, *Yahweh* disse: "O clamor de Sodoma e Gomorra é grande. A sua ofensa, muito grave."

Seja qual for o dia em que me sento para escrever, há clamores vindos de todas as partes do mundo. Para provar essa afirmação, preciso apenas olhar os jornais de hoje. A primeira página traz a foto de uma mulher que perdeu uma perna, o marido e um filho durante um bombardeio no Afeganistão. Nas páginas internas, há mais relatos de pessoas que perderam membros e/ou familiares. Outras seções reportam o confronto entre o governo e rebeldes de minoria tâmil no Sri Lanka, bem como entre forças opositoras em Darfur. O lamento deles chega a pessoas que leem os jornais e assistem aos noticiários ou documentários na televisão, e nós (pelo menos, eu) consideramos difícil assistir ou ler sobre eles de modo apropriado, em parte porque achamos que não podemos fazer nada a respeito desse horroroso sofrimento humano que invade as nossas casas todos os dias. Hoje, mais cedo, fui à capela do seminário e ouvi uma de minhas colegas descrever o seu envolvimento no apoio e aconselhamento de trabalhadores humanitários em tais contextos. O clamor chega até eles, que precisam saber o que fazer e como conviver com isso.

Um clamor similar sobe de Sodoma e Gomorra. Pelo que sabemos, ele não chega até Abraão, mas chega a Deus. O texto insinua que esse clamor é a razão pela qual os três "homens" passam pelo assentamento de Abraão. Ao se prepararem para retomar a sua jornada, Deus fala novamente, só que agora a conversa acontece internamente. O Antigo Testamento, em geral, fala sobre "dizer" algo, da mesma forma que nos referimos a "pensar" algo; ocasionalmente, o texto bíblico ainda acrescenta "em seu coração", mas, em outras, apenas usa "disse", como nessa passagem. Trata-se de uma reflexão interior.

Deus tem algumas intenções com relação a um dos povos do conhecimento de Abraão e com o qual ele interage. Nessa conexão, Deus retrocede à promessa feita a Abraão no capítulo 12. Abraão é designado a ser um meio de bênção vindoura às nações; pode-se dizer que ele já tem sido uma bênção para Sodoma e Gomorra, bem como para outras cidades citadas em Gênesis 14. A ele pertence um lugar-chave no propósito de Deus para o mundo. Como Deus revelou: "Eu o reconheci." As traduções, em geral, trazem: "Eu o chamei" ou "Eu o escolhi", o que é correto como uma paráfrase, mas, na realidade, o que Deus usa é a palavra para "conhecer" ou "reconhecer". É a mesma palavra que aparece quando Deus diz a Jeremias: "Eu o conheci" no ventre de sua mãe (Jeremias 1:5), ou diz a Israel: "Escolhi' apenas vocês de todas as famílias da terra" (Amós 3:2). Esse termo implica destacar, separar e estabelecer um compromisso com alguém. À luz desse "reconhecimento", Abraão precisa saber quais são os planos divinos para aquela parte do mundo para a qual ele, Abraão, deve supostamente ser uma bênção.

Ao decidir que Abraão deveria estar ciente disso, Deus o trata da mesma forma que um profeta, tal como Jeremias. O Antigo Testamento mostra que Deus não fica sentado no céu decidindo sobre as políticas e a sua implementação. Deus possui um gabinete de seres que chamamos de anjos, **ajudantes** divinos que se unem ao processo de tomada de decisão e de implantação. O ajudante que foi enviado para falar com Hagar (Gênesis 16) é um exemplo, bem como os ajudantes que acompanham *Yahweh* na história em questão. Contudo, muitos ouvintes dessa história sabem que profetas, como Isaías ou Jeremias, também são feitos membros honorários do gabinete divino. Esses profetas podem acompanhar os debates, voluntariar-se para agir como seus agentes (ou tentar escapar da missão) e protestar contra as decisões, instando a fazer algo mais.

Com efeito, Abraão está sendo admitido à companhia deles. Ou nessa história, em particular, é como o presidente de um seminário indo ver alguém da equipe que não estava presente na reunião do gabinete e lhe dizer: "É melhor eu lhe contar a decisão tomada pelo gabinete nesta manhã." Isso daria à pessoa a oportunidade de perguntar: "Eles deram permissão para X?" É o que Abraão irá fazer em seguida.

Por inferência, o cumprimento do propósito de Deus ao reconhecer Abraão (isto é, de ele ser uma bênção para o mundo) exige que ele administre a sua casa de modo adequado. Claro que a sua casa é muito maior do que, normalmente, imaginaríamos; Gênesis 14 já indicou que há centenas de pessoas nela. Assim, Abraão necessita garantir que a autoridade seja exercida e que as decisões sejam tomadas com base na **fidelidade** e na retidão. Pela primeira vez, Deus usa outro par de palavras que faria a audiência lembrar dos profetas, pois esses homens sempre repetiam o que as traduções apresentam como "justiça e retidão". O problema é que os profetas usam uma dupla de palavras que não encontra equivalência em nosso idioma.

Para nós, "justiça" sugere equidade, tratar todos da mesma forma, enquanto "retidão" sugere uma vida pessoal adequada e íntegra. Independentemente da importância de equidade e integridade, elas não expressam as ideias transmitidas pelas palavras dos profetas, usualmente traduzidas por "justiça e retidão". A primeira palavra significa algo como autoridade para tomar decisões. Essas decisões, claro, devem ser tomadas de forma justa, mas pode haver algo como uma "justiça injusta", decisões tomadas de um modo injusto, e isso mostra que a palavra em si não significa "justiça". O segundo termo é usado uma única vez, em Gênesis 15:6, quando Abraão agiu com confiança em Deus e "isso lhe foi creditado como fidelidade". Isso foi considerado pela outra pessoa como fazer a coisa certa no contexto de um relacionamento mútuo. Assim, um tema-chave na vida da família de Abraão (e, portanto, na vida de Israel, como os profetas enfatizam) é que as decisões devem ser tomadas e a autoridade deve ser exercida de uma forma que honre os demais membros da comunidade e o seu compromisso mútuo. Isso significa fazer a coisa certa, fazer o que é **fiel**. É dessa forma que Abraão irá "guardar o caminho de *Yahweh*". Tais princípios de ação constituem o coração do próprio agir de Deus sobre o mundo, sendo a razão-chave pela qual deve ser o modo de agir característico do povo de

Abraão no mundo. Aqui também Deus está dizendo algo cuja significância Abraão irá assumir em seguida.

O problema é que a vida nas cidades de Sodoma e Gomorra não segue, nem de longe, esses princípios, e Deus tem ouvido o clamor sobre essa situação. Há uma nítida e horrível ligação entre a palavra hebraica para fazer o certo por pessoas e a palavra para clamor. Como Isaías 5 expressa, Deus busca por *sedaqah* (pessoas fazendo a coisa certa e sendo fiéis umas às outras e a Deus), mas o que Deus vê é *se'aqah* (pessoas clamando por causa da maneira em que são tratadas pelas outras). O "clamor" também faz recordar como Gênesis 4 descreveu o sangue de Abel "clamando". Essa é uma antevisão do clamor dos israelitas por causa da opressão que sofrerão no Egito (e em muitas ocasiões subsequentes), bem como da atenção de Deus ao lamento deles e a ação para libertá-los.

Deus ouve o clamor das pessoas em Sodoma e no Egito. Mas Deus ouve o clamor de pessoas no Afeganistão, no Sri Lanka ou no Sudão? Os relatos sobre Deus ouvindo o clamor de pessoas nos convidam a unir nossas vozes a esse clamor, fazendo tanto barulho que Deus será incapaz de ignorar.

GÊNESIS **18:21–33**
ORANDO POR SODOMA

21"Devo descer e ver se o que eles têm feito corresponde totalmente ao clamor que tem chegado a mim. Se não, eu reconhecerei isso." **22**Os homens se viraram e foram para Sodoma, enquanto Abraão permaneceu ainda na presença de *Yahweh*. **23**Abraão aproximou-se e disse: "Tu realmente irás destruir o fiel e o infiel? **24**Talvez haja cinquenta pessoas fiéis na cidade. Irás destruir o lugar, não poupá-lo, pelo bem das cinquenta pessoas fiéis nele? **25**Longe de ti fazer uma coisa dessa, matar o fiel com o infiel, de modo que o fiel e o infiel sejam iguais. Longe de ti. Não deve aquele que exerce autoridade sobre toda

GÊNESIS 18:21-33 • ORANDO POR SODOMA

> a terra exercer a sua autoridade?" **²⁶***Yahweh* disse: "Se encontrar cinquenta pessoas fiéis na cidade, pouparei todo o lugar por causa delas." **²⁷**Abraão replicou: "Bem, ousei falar com meu Senhor quando não passo de pó e cinza. **²⁸**Talvez faltem cinco para completar cinquenta fiéis. Destruirás toda a cidade por causa dos cinco?" Ele disse: "Não a destruirei se encontrar lá quarenta e cinco." **²⁹**Falou-lhe uma vez mais: "Talvez quarenta sejam lá encontrados." Ele disse: "Não agirei por conta dos quarenta." **³⁰**Ele disse: "Que a fúria não venha ao meu Senhor, e perguntarei. Talvez trinta sejam lá encontrados." Ele disse: "Não agirei se encontrar lá trinta." **³¹**Ele disse: "Bem, tenho ousado em falar com o meu Senhor. Talvez vinte sejam lá encontrados." Ele disse: "Não a destruirei por causa dos vinte." **³²**Ele disse: "Que a fúria não venha ao meu Senhor, e perguntarei uma última vez. Talvez dez sejam lá encontrados." Ele disse: "Não a destruirei por causa dos dez." **³³**Ao terminar de falar com Abraão, *Yahweh* partiu, e Abraão voltou ao seu lugar.

Ontem, como usualmente fazemos, tivemos um período de oração na igreja, pedindo a Deus para conceder paz e boa vontade entre as nações. É tentador se sentir cínico com tais orações. Deus as ouve? Elas fazem alguma diferença? Haveria algum impacto se desistíssemos de orar pelas nações (muitas igrejas não oram)? Todavia, lembro-me de alguém sugerir que as igrejas, quando oram por paz e justiça no mundo, talvez façam mais para reter as forças da desordem que toda a nossa atividade diplomática com esse fim. Os cristãos, pelo menos, devem ter o cuidado de não serem tão ativos em política e ação social quanto os agnósticos e ateus a ponto de se esquecerem de fazer o que eles não fazem, ou seja, orar pelo mundo. O diálogo de Abraão com Deus corrobora esse comentário. Refletir sobre isso, ao longo dos anos, levou-me a incluir a intercessão pela nação em minhas próprias orações, nas quais, confesso, não havia lugar para isso antes.

Abraão é levado a interceder por Sodoma. O clamor da cidade tem chegado aos ouvidos de Deus, e o objetivo da expedição à qual Abraão foi atraído é verificar se aquele clamor é exagerado em relação ao que realmente acontece lá embaixo. Perdoe-me, mas Deus, decerto, já não sabe o que está acontecendo justamente por ser quem é? Ele realmente precisa vir e constatar? No entanto, Gênesis é recorrente em descrever Deus fazendo perguntas e verificando os fatos. É possível interpretar tais declarações de modo metafórico, se preferir, mas é preciso perguntar-se por que está fazendo isso e ter o cuidado com o que está perdendo. A descrição de Deus descendo para dar uma olhada enfatiza a ideia de que Deus não fica lá no céu alheio ao que está ocorrendo no mundo, isolado em sua onisciência e insensível aos eventos. Parece, às vezes, que os políticos em Washington ou Westminster tomam decisões sem ter qualquer experiência da vida real das pessoas que aquelas decisões irão afetar. Deus não corre esse risco; ele vem e olha, ele enxerga o sofrimento das pessoas, bem como as pessoas que o causam. Em Jerusalém, o rei vive na parte elevada da cidade, sendo capaz de olhá-la do alto. É da sua vocação fazer isso, verificar por sobre as muralhas de seu palácio o que está acontecendo na cidade e agir de acordo com o que vê. Deus opera de modo similar.

E, se as coisas não forem, na realidade, da maneira que foram reportadas, Deus deve "reconhecer" isso. Deus, claramente, reutiliza o verbo que foi apresentado em relação a Abraão. Deus precisa conhecer as pessoas e situações, tomando decisões com base nesse conhecimento; e Deus assim o faz. O olhar de Deus assegura que as decisões sejam tomadas de forma correta.

Essa questão domina o diálogo subsequente entre Abraão e Deus. Não se trata de uma oração, pois Abraão jamais pede para Deus fazer algo. Um de seus significados é discutir uma das questões teológicas mais complexas hoje em dia, descrita como teodiceia. Deus é realmente justo? Como conciliar a ideia da justiça divina com a injustiça que vemos no mundo? Quando a Otan lança bombas no Afeganistão, elas não afetam apenas os maus; "pessoas inocentes" sofrem também. Quando Deus usou o rei da Babilônia para destruir Jerusalém em 587 a.C., esse ato afetou tanto pessoas fiéis, como Jeremias, quanto pessoas que adoravam outros deuses. Isso não é justo. Contudo, a vida é assim; o inocente sofre com o ímpio.

Algumas vezes, a Bíblia simplesmente dá de ombros a esse fato, mas aqui, pelo menos, ela se recusa a fazer isso, nesse contexto onde Deus está tomando a iniciativa (não se trata apenas de seres humanos agindo injustamente contra outros seres humanos). Isso não resolve exatamente o problema, mas deixa claro que também é um problema para Deus. Podemos pensar que Deus não tem que tomar decisões complexas, que para ele tudo é preto e branco, mas esse relato explicita um ponto subjacente a toda história bíblica. Década após década, na história de Israel, Deus é obrigado a tomar decisões delicadas e difíceis sobre se a conduta do povo se tornou tão perversa a ponto de não permitir mais o adiamento de uma ação. Decisões assim envolvem um julgamento. O questionamento de Abraão traz isso à tona. Deus, às vezes, traz julgamento sobre uma cidade mesmo que haja cinquenta habitantes fiéis ali. No entanto, ele admite que questões sejam levantadas quanto à correção daquela ação. Como nós, algumas vezes, Deus tem que escolher entre cursos de ação, dos quais nenhum é muito bom.

Aqui está onde é tão importante que o diálogo entre Abraão e Deus seja um tipo de oração. Isso significa que uma pessoa como Abraão pode sempre questionar o julgamento divino e perguntar se poderia ser de outra forma. Deus tem que ponderar a importância relativa da justiça corporativa e a equidade individual. No caso em questão, Deus decidiu dar prioridade ao primeiro princípio, mas ele também aceita o segundo, para permitir que Abraão argumentasse com base nisso.

O que Abraão primeiramente pondera é que Deus deveria "poupar" Sodoma em sua desobediência. Há traduções que usam o verbo "perdoar"; na verdade, é a palavra mais frequentemente traduzida por "perdoar" no Antigo Testamento. Contudo, trata-se do verbo comum para "carregar" e transmite a vívida imagem daquilo que fazemos quando perdoamos pessoas. Em vez de fazê-las carregar suas transgressões, bem como as consequências e cargas, nós o fazemos. Paradoxal e ousadamente, Abraão sugere que é dessa maneira que Deus deve exercer autoridade no mundo, ou seja, carregar as pessoas que rejeitam aquela autoridade e não vivam no caminho de Deus. De modo astuto, Abraão devolve a Deus a própria descrição de que ele deve agir **fiel** e retamente no exercício da autoridade em defesa do próprio modo de Deus. Com efeito, Abraão diz: "Sabe o que me disse sobre o fiel exercício da autoridade e de ser essa maneira que eu devo salvaguardar, certo? Pois bem, tenho uma pergunta a fazer sobre isso [...]." Na oração, rogamos que Deus seja Deus, talvez distintamente da maneira em que ele está, naquele momento, planejando ser Deus. Fazemos isso com a devida reverência; Abraão, por diversas vezes, faz referência ao fato de Deus ser o seu Senhor (lembre-se de que, em sua maioria, quando as traduções usam a palavra "Senhor", o fazem em relação ao nome real de Deus, *Yahweh*, mas aqui é a palavra comum para *Senhor*). Somos apenas servos de Deus, mas fazemos isso na oração.

O desfecho da história nos encoraja ainda mais nesse contexto. Poderíamos imaginar que Abraão estivesse aqui falando com Deus, mas a história termina com a citação de que Deus estivera falando com Abraão. Isso corresponde à menção de que Deus permaneceu ali, após a partida dos dois "homens", quase como a perguntar: "Há algo que você queira falar antes de eu ir, Abraão?" Abraão, de fato, é como um membro do gabinete celestial que Deus deseja envolver no processo de decisão sobre o que ocorre na terra. A sua oração está de acordo com o propósito divino, não contra ele.

GÊNESIS **19:1–14**
O PECADO DE SODOMA

¹Os dois ajudantes chegaram a Sodoma ao anoitecer, e Ló estava sentado junto ao portão de Sodoma. Ló os viu, levantou-se para encontrá-los e curvou-se, com o rosto em terra. **²**Ele disse: "Agora, meus senhores, por favor, venham para a casa do seu servo para que possam passar a noite, lavar os seus pés e seguir o seu caminho pela manhã." Eles disseram: "Não, podemos passar a noite na praça." **³**Mas ele os pressionou tão firmemente que se voltaram para ele e foram para a sua casa. Ele preparou um banquete, assou pão sem fermento, e eles comeram. **⁴**Antes que pudessem se deitar, os homens da cidade, os homens de Sodoma, cercaram a casa, jovens e velhos, todo o povo, de todas as partes. **⁵**Eles chamaram Ló e lhe disseram: "Onde estão os homens que vieram a você esta noite? Traga-os para fora para que possamos fazer sexo com eles." **⁶**Ló saiu até eles, na entrada, mas fechou a porta atrás de si. **⁷**Ele disse: "Por favor, meus irmãos, não façam esse mal. **⁸**Agora, por favor, tenho duas filhas que não fizeram sexo com um homem. Deixe-me trazê-las para vocês e podem fazer o que quiserem com elas. Mas não façam nada a esses homens, porque eles estão sob o abrigo do meu teto." **⁹**Eles, contudo, disseram: "Saia da frente." Disseram ainda: "Esse homem veio para ficar

> como um convidado e está, na verdade, exercendo autoridade. Agora, faremos pior a você do que a eles." Eles pressionaram com força contra o homem, contra Ló, e avançaram para quebrar a porta. **¹⁰**Mas os homens estenderam as mãos, puxaram Ló até eles, dentro da casa, e fecharam a porta. **¹¹**Quanto aos homens que estavam à entrada da casa, eles os atingiram com um torpor, jovens e velhos, de modo que se cansaram tentando achar a porta. **¹²**Os homens disseram a Ló: "Quem mais você tem aqui: genros, filhos, filhas, qualquer um que pertença a você na cidade? Tire-os daqui. **¹³**Porque iremos destruir este lugar, pois o clamor diante de *Yahweh* contra eles tornou-se tão grande que *Yahweh* nos enviou para destruí-lo." **¹⁴**Então, Ló saiu e falou com seus genros, que deveriam se casar com suas filhas, e disse: "Levantem-se, saiam deste lugar, porque *Yahweh* irá destruir a cidade." Mas, aos olhos de seus genros, ele pareceu como alguém que estava tentando fazê-los rir.

Tenho alguns amigos e conhecidos que sentem atração por membros do mesmo sexo ou estão em relacionamentos duradouros e sérios quase conjugais ou, na realidade, conjugais, com pessoas do mesmo sexo. Não considero as relações homossexuais tão fundamentadas quanto as heterossexuais, mas também não acho que sejam, inerentemente, mais terríveis do que as várias outras formas de ficar aquém da visão de Deus para os relacionamentos sexuais. Todavia, uma característica que me impressiona é como meus amigos e conhecidos homossexuais são pessoas amorosas. Alguns anos atrás, por exemplo, nosso vizinho foi diagnosticado como portador do mal de Parkinson e, por minha esposa ser deficiente, o seu parceiro veio conversar comigo sobre as questões envolvidas nos cuidados a longo prazo da pessoa amada. Com o tempo, ele chegou à conclusão de que precisava remodelar a sua vida e mudar para um emprego que exigisse menos dele, bem como pensar sobre uma aposentadoria precoce, para ser capaz de cuidar de seu parceiro. Assim, eles saíram de nosso condomínio, onde se sentiam acolhidos e parte da comunidade. Há pessoas desagradáveis tanto entre os homossexuais quanto entre os heterossexuais, mas estes podem demonizar os primeiros.

Usualmente, presume-se que a clara condenação do ato homossexual que os homens de Sodoma queriam cometer indica a posição tomada pelas Escrituras com respeito às relações contemporâneas entre pessoas do mesmo sexo. A história, no entanto, não diz respeito a uma forma de relação homossexual que alguém procure defender como adequada ou moralmente aceitável. Além do mais, Deus está agindo contra Sodoma por causa do "clamor" que chegou aos seus ouvidos no céu, e, quando o Antigo Testamento fala sobre um clamor, refere-se à violência com que os indefesos estão sendo tratados pelos poderosos. A implicação é que o problema em Sodoma é a aflição imposta aos impotentes pelos mais fortes. Se Deus não consegue encontrar dez pessoas fiéis lá, talvez seja uma indicação de que o grito de lamento venha do sangue de pessoas que foram assassinadas na cidade, um clamor semelhante ao do sangue de Abel. Ou pode ser que o clamor seja resultante do relacionamento opressivo de Sodoma aos que moram nos campos que rodeiam a cidade; a cidade, em geral, é um parasita sobre o campo. A absoluta infidelidade e violência daquela cidade é, na realidade, ilustrada pelo desejo de toda a comunidade em ver os visitantes de Ló estuprados.

Em sua totalidade, a história é terrível e, ao longo de todo o capítulo 19, ela não irá melhorar. Isso me lembra alguns filmes na madrugada a que nenhuma pessoa normalmente respeitável assiste. Como ocorre, com frequência, a Bíblia abala a nossa compreensão de como ela deveria ser. Contudo, isso se deve, em parte, porque a história lembra não apenas os filmes noturnos, mas relatos que ouvimos de fatos reais. Isso comprova que

Sodoma é o mundo real, onde Deus, anjos e o povo de Deus estão envolvidos. A Bíblia não é literatura escapista.

Há certa ironia nesse relato. Ló está assentado próximo ao portão, na entrada da cidade, o lugar certo para ver o mundo passar, e sua acolhida aos dois **ajudantes** (de novo, sem saber quem eles eram) é muito similar à maneira com que Abraão agiu. A chegada dos homens da cidade é que torna a história um pesadelo. A hospitalidade de Ló, portanto, estabelece um forte contraste com a atitude deles, que não têm qualquer intenção de dar boas-vindas aos visitantes. O desejo dos homens da cidade em violentá-los ilustra como o estupro, regularmente, nada tem a ver com desejo sexual, mas tem tudo a ver com poder e humilhação. Mas o que Ló pensa estar fazendo ao oferecer as suas filhas? Talvez soubesse que eles não as aceitariam, pois ter relações sexuais com elas não satisfaria o desejo deles em subjugar os dois visitantes. Todavia, na melhor das hipóteses, é uma política de alto risco.

O resultado da cena é enfatizar o ponto que Deus e os dois ajudantes vieram estabelecer. Não surpreende que o clamor contra Sodoma tenha chegado aos ouvidos de Deus. Talvez a insinuação seja a de que os dois ajudantes não eram, de modo algum, os primeiros a receber o tipo de boas-vindas que a cidade desejava lhes dar, mas a diferença é que os outros não tinham os poderes sobrenaturais de defesa que estes dois tinham. A cena fornece evidência irrefutável para a veracidade da exortação dos ajudantes a Ló de que ele precisava sair da cidade. Todavia, não pareceu tão veraz aos seus potenciais genros. (Em nossos termos, eles aparentemente são seus genros em potencial, pois não parecem viver na casa de Ló, mas, se estivessem noivos de suas filhas, poderiam já ser considerados como seus genros legais.)

Há uma outra ironia no fato de eles concluírem que Ló não estivesse falando sério, apenas brincando (como Gênesis literalmente relata), porque usam o verbo "rir", que ocupa um lugar destacado nessas histórias até aqui. Sara pensou que Deus estava apenas fazendo uma piada ao prometer-lhe um filho; aqueles jovens pensaram que Ló também estivesse brincando ao advertir sobre o desastre iminente. Além disso, entre as palavras hebraicas para "clamar" e "rir" há apenas uma letra diferente. Os genros não ouviram sobre o clamor de Sodoma, de modo que riram da ideia de que Deus iria destruí-la. Se todos na cidade cercaram a casa de Ló imbuídos dessa intenção terrível, não estariam os genros de Ló entre eles?

GÊNESIS 19:15–38
NÃO OLHE PARA TRÁS

15Ao amanhecer, os ajudantes pressionaram Ló, dizendo: "Vamos, pegue a sua esposa e as suas duas filhas que estão aqui, para que vocês não sejam destruídos por causa da desobediência da cidade", **16**mas ele se demorou. Então, os homens agarraram Ló pela mão, sua esposa e suas duas filhas, por causa da misericórdia de *Yahweh* sobre ele, e os tiraram da casa, deixando-os fora da cidade. **17**Quando os trouxeram para fora, um deles disse: "Fujam por sua vida, não olhem para trás, não parem em lugar algum da planície. Fujam para as montanhas, para que não sejam destruídos." **18**Mas Ló disse a eles: "Não, meu senhor! **19**Agora, o seu servo encontrou favor aos seus olhos. Você demonstrou tão grande compromisso comigo ao preservar a minha vida. Mas eu não posso fugir para as montanhas, para evitar que o desastre venha sobre mim e eu morra. **20**Aqui — esta cidade está perto o bastante para fugir e é pequena. Posso fugir para lá — ela é pequena, de modo que a minha vida possa ser preservada." **21**Ele lhe disse: "Está bem, atenderei a seu pedido quanto a essa questão, bem como não derrubarei a cidade da qual falou. **22**Apresse-se e fuja para lá, porque nada posso fazer até você chegar lá." Por isso, a cidade foi chamada Zoar. **²³**Quando o sol nasceu sobre a terra e Ló chegou à pequena cidade, **²⁴***Yahweh* fez chover sobre Sodoma e Gomorra enxofre ardente de *Yahweh*, dos céus. **²⁵**Ele destruiu aquelas cidades, toda a planície e todos os habitantes das cidades e o que crescia no solo. **²⁶**Mas a mulher de Ló olhou para trás e se transformou em uma coluna de sal.

²⁷Abraão foi, bem cedo de manhã, ao lugar onde tinha estado na presença de *Yahweh* **²⁸**e olhou na direção de Sodoma e Gomorra e toda a região da planície. Ele olhou e viu fumaça subindo da região como a fumaça de uma fornalha. **²⁹**Então, foi assim que Deus, ao destruir as cidades da planície, mostrou-se atento a Abraão e removeu Ló do meio da destruição, quando derrubou as cidades em que Ló vivia.

³⁰Ló saiu da pequena cidade e foi viver nas montanhas, suas duas filhas com ele, porque teve medo de morar lá. Ele e suas duas filhas viviam em uma caverna. **³¹**A primogênita disse à mais jovem: "Nosso pai está velho, e não há nenhum outro no mundo para dormir conosco da maneira que fazem em todo o mundo. **³²**Venha, deixemos nosso pai beber vinho para podermos dormir com ele e preservar a descendência por meio de nosso pai." **³³**Então, elas fizeram o pai beber vinho naquela noite, e a primogênita foi e dormiu com seu pai. Ele não percebeu quando ela se deitou, nem quando ela se levantou. **³⁴**No dia seguinte, a primogênita disse à mais jovem: "Agora, eu dormi com meu pai na noite passada. Vamos fazer que ele beba vinho esta noite também, e você vai e dorme com ele, para que possamos preservar a descendência por meio de nosso pai." **³⁵**Então, elas fizeram o pai beber vinho naquela noite também, e a mais jovem foi e dormiu com ele. Ele não percebeu quando ela se deitou, nem quando ela se levantou. **³⁶**Assim, as duas filhas de Ló ficaram grávidas por meio de seu pai. **³⁷**A primogênita deu à luz um filho e lhe chamou Moabe. Ele é o ancestral dos moabitas até hoje. **³⁸**A mais jovem também deu à luz um filho e lhe chamou Ben-Ami. Ele é o ancestral dos amonitas até hoje.

O inglês costuma contar piadas sobre o irlandês e usa a palavra "irlandês" como um termo humilhante; é uma forma de dizer que algo é estúpido. Outros grupos étnicos comportam-se de modo similar, como os portugueses e brasileiros, que contam piadas uns sobre os outros. Os irlandeses, por seu turno, fazem piadas sobre os ingleses, às vezes transformando a suposta estupidez própria em esperteza, invertendo, portanto, a lógica do humor. Esse também é o caso de piadas contadas pelos irlandeses sobre eles mesmos. No entanto, como inglês, minha responsabilidade é a de refletir sobre a razão de contarmos piadas sobre os irlandeses. A resposta geral é de que todos precisam de algum outro grupo para debochar dele. No entanto, uma resposta específica pode ser encontrada na história da Inglaterra e da Irlanda: isto é, ela reflete a posição quase colonial que a Irlanda tem, com frequência, ocupado em relação à Inglaterra, bem como o papel da imigração irlandesa na Inglaterra. Hoje, já não uso mais o termo "irlandês" com o objetivo de depreciação.

Os israelitas, ao ouvirem essa história, provavelmente sorriram de modo similar. Entre outras coisas, o relato parece oferecer uma explicação sobre as origens de dois povos vizinhos a Israel, uma explicação com certa dose de humor. O nome "moabe" é similar a uma expressão cujo significado seria "de meu pai." Ben-Ami, "filho de meu povo/parente", é similar ao termo para um amonita, *ben-Ammon*. Não conheço nenhuma piada com relação aos amonitas no Antigo Testamento, contudo há uma anedota antimoabita em Isaías 25 que parece descrever Moabe como um nadador em meio ao "estrume", com base na similaridade entre aquela palavra e o nome de uma cidade moabita. Repetindo, a Bíblia não é um livro respeitável, de classe média e burguês do Ocidente. Ela nos capacita a ver quão relativas, culturalmente falando, são as atitudes ocidentais.

De fato, talvez a história tenha surgido para fornecer pretensas respostas a perguntas feitas pelas pessoas. Por que a região do mar Morto é tão inóspita? Por que existe lá um cheiro de enxofre? Por que há na região aquelas colunas feitas de sal (em hebraico, o mar Morto é o "mar Salgado")? Qual a origem dos moabitas e dos amonitas? *Voilà*: aqui está uma explicação para tudo isso. Escrevo "pretensas respostas", porque presumo que Gênesis 19 seja um dos capítulos mais distantes de qualquer outra coisa que já tenha lido no *Jericó Times*. Todavia, esta não é "apenas uma história"; podemos ver nela aspectos que devem ter feito Deus decidir por sua inclusão nesse livro.

Um motivo recorrente é a necessidade de estar preparado para agir quando Deus está prestes a agir. Ló parece ser uma figura dividida. No Novo Testamento, 2Pedro 2 enfatiza o seu conhecimento quanto à perversidade que imperava em Sodoma. Mas a história também mostra como Ló foi enredado por isso, a julgar pela atitude de oferecer as suas filhas (será que o fim do relato também retrata quanto elas próprias foram direta ou indiretamente afetadas pela cidade ou pela influência do pai?). Ele tem que ser arrastado para fora de Sodoma, literal e metaforicamente, e expressa o desejo de permanecer o mais próximo possível de lá. Parece que Ló não consegue entender. A expressão "corra para as montanhas", nas versões tradicionais, não é uma exortação a que ele deseja obedecer.

É imperativo também não olhar para trás. O verbo sugere mais do que um mero e breve olhar casual. A esposa de Ló também está dividida, talvez pensando nos potenciais genros que foram obrigados a abandonar. O seu olhar é outra demonstração de hesitação, uma consciência do que irá perder ao permitir que Deus a remova de uma cidade como Sodoma, e ela se perde naquele olhar. Salmos 139 fala sobre a necessidade de odiar pessoas que são contrárias a Deus e aos caminhos divinos. Quando Jesus fala sobre odiar os próprios pais, ele não está se referindo ao sentimento de ódio em si, mas ao total repúdio a pessoas que nos levem para o caminho errado. "Lembrem-se da mulher de Ló", Jesus ordena aos seus discípulos (Lucas 17:32).

Em tudo isso, sobressai o fato de Deus estar atento em relação a Abraão. Foi "por causa da misericórdia de Deus" que os **ajudantes** não reagiram às táticas proteladoras de Ló, dizendo: "Como quiser; estamos indo embora." Ló "encontrou graça" não por ter algum mérito. Igualmente, os ajudantes mostraram **compromisso** a ele; Ló, por certo, sabe usar as palavras teológicas certas mesmo quando está tentando evitar fazer o que os agentes divinos lhe dizem. Por inferência, Abraão tinha tentado persuadir Deus a não destruir Sodoma, mas em nenhum momento ventilou a ideia de resgatar a família de Ló. No entanto, aparentemente, isso ocorreu em razão da oração de Abraão, o que influenciou a ação de Deus, em que pese essa influência não ter sido da forma imaginada por Abraão.

E há a lembrança das medidas desesperadas às quais as pessoas podem ser levadas por eventos tumultuosos da vida. Como de costume, Gênesis não expressa um julgamento explícito sobre as duas filhas. Até onde podem ver, a ação que adotam é o resultado lógico da posição em que foram colocadas, embora a convicção que expressam sobre a destruição de Sodoma significar que não há mais nenhum homem no mundo insinue uma estranha ignorância sobre a família de Abraão, seu tio. Todavia, as filhas foram levadas por seus pais a um destino sombrio que reflete a maneira na qual todos foram moldados por viverem perto de Sodoma. O que mais as garotas podem fazer?

GÊNESIS **20:1-13**
SERÁ QUE NUNCA APRENDEMOS?

¹Abraão viajou dali para a região do Neguebe e viveu entre Cades e Sur. Quando estava em Gerar, **²**Abraão disse de Sara, sua esposa: "Ela é minha irmã." Então, Abimeleque, o rei de Gerar, mandou buscar Sara. **³**Mas Deus veio a Abimeleque à noite, em um sonho, e lhe disse: "Agora, você é um homem morto por causa da mulher que tomou. Ela é uma mulher casada." **⁴**Ora, Abimeleque ainda não havia se aproximado dela. Ele disse: "Senhor, assassinarias uma nação mesmo se ela for fiel? **⁵**Aquele homem não me disse: 'Ela é minha irmã', e ela também disse: 'Ele é meu irmão'? Foi com integridade de atitude e com inocência de mãos que eu fiz isso." **⁶**Deus disse a ele, no sonho: "Sim, sei que você fez isso com integridade de atitude e eu mesmo, de fato, o impedi da ofensa contra mim. Por isso, não permiti que a tocasse. **⁷**Então, agora, devolva a esposa daquele homem. Porque ele é um profeta e pode interceder por você. Salve a sua vida. Mas, se você não a devolver, reconheça que, certamente, morrerá, você e tudo o que é seu."

⁸De manhã bem cedo, Abimeleque convocou todos os seus servos e repetiu todas essas coisas para que ouvissem. E os homens ficaram muito assustados. **⁹**Abimeleque convocou Abraão e lhe disse: "O que você nos fez? Como eu o ofendi para que você trouxesse uma grande ofensa sobre mim e sobre todo o meu reino? Você praticou contra nós ações que não deveriam ser praticadas." **¹⁰**E Abimeleque disse a Abraão: "O que você viu para fazer tal coisa?" **¹¹**Abraão disse: "Eu disse: 'Certamente, não há nenhuma reverência a Deus neste lugar, e eles me matarão por causa da minha esposa'. **¹²**E também ela realmente é minha irmã, filha de meu pai, reconhecidamente não é filha de minha mãe. Então, ela se tornou a minha esposa, **¹³**e, quando Deus me fez vaguear desde a casa de meu pai, eu disse a ela: 'Esse é o compromisso que você deve mostrar a mim: Em todos os lugares que chegarmos, diga sobre mim: Ele é meu irmão'."

Havia um homem que costumava me procurar para conversar, de tempos em tempos, quando se metia em confusão com uma mulher (bem, ele veio em outras ocasiões também). Ele era casado e deveria pensar duas vezes, mas não o fazia. Ele acusava as mulheres: elas eram atraentes, ou carentes, ou se jogavam para cima dele. Acusava a esposa: ela não demonstrava mais interesse por ele, apenas pelo trabalho, e também não tinha mais interesse em sexo. Ele tinha muita dificuldade em enxergar a própria culpa, embora com o passar do tempo tenha sido capaz disso. Expressar dessa forma reflete como tudo pode ter sido o resultado de uma atitude imatura após outra. Por fim, ele conseguiu fazer a transição de apenas jogar a culpa nos outros para aceitar a responsabilidade por seus atos de um modo mais construtivo. O agente da mudança foi o fato de, na última vez, ele ter se envolvido na maior confusão de todas. Mas, como resultado, ele veio a reconhecer com mais profundidade onde residia a sua fraqueza e enxergar onde precisava ser mais prudente em sua relação com as mulheres. Se ele estava certo quanto ao fato de, pelo menos, algumas mulheres se jogarem em seus braços, não sei se permanecerá invulnerável caso isso ocorra novamente. A questão, contudo, é que ele está muito mais consciente e mais propenso a fazer a coisa certa.

Não sei se Abraão chegou a atingir esse estágio, mas a trama que ele tenta emplacar em Gerar é a mesma que já tentara no Egito (Gênesis 12), e nesse relato ele termina por revelar que essa ação, aqui e naquela ocasião, eram apenas dois exemplos de uma política empregada regularmente enquanto eles viajavam! Há muito que ele espera que Sara demonstre o seu **compromisso** com ele dessa forma! Isaque, seu filho, cometerá o mesmo erro (Gênesis 26), sugerindo como nós, homens casados, somos propensos a confusões com o sexo oposto. Sua tentativa de defesa junto a Abimeleque aprofunda ainda mais a confusão em que ele já estava (como, usualmente, ocorre quando nos defendemos), pelo menos aos nossos olhos.

Outro aspecto irônico na história é a sua ênfase mais explícita (em comparação com o relato de Gênesis 12) quanto à integridade do rei estrangeiro. Abraão está convencido de que não há reverência a Deus ali e nenhum respeito por outros seres humanos (ele acha que o rei Abimeleque o mataria para ficar com Sara). Acontece que Abraão está projetando a sua própria irreverência a Deus e o desrespeito por outros seres humanos. Alguns cristãos, às vezes, incomodam-se pelo fato de os não cristãos se comportarem com mais integridade do que os que creem, e devemos nos sentir assim. Todavia, pelo menos, podemos nos sentir confortados pela constatação de sempre ter havido essa dinâmica nos relacionamentos entre as pessoas de Deus e as demais.

Abimeleque sabe que ter relações sexuais com Sara, sendo ela esposa de outro homem, seria um ato terrível, não podendo nem mesmo ser minimizado pela argumentação de inocência. A convicção de que o adultério é uma "ofensa grave" aparece em textos de outros povos do Oriente Médio, embora, até onde sabemos, eles não explicitam a razão de terem essa consideração. Trata-se de uma grande tentação. Homens casados, de fato, metem-se em confusão por causa de sexo, e, quando isso ocorre, apresenta a característica distinta de destruir comunidades, bem como de devastar famílias. (O assassinato é, sem dúvida, um pecado pior, mas, decerto, a tentação é menor.) Deus confirma a seriedade com que Abimeleque avalia a situação. Talvez Deus exagere ao insinuar que o adultério leva à morte; ele não exige a pena de morte a adúlteros como Davi. No entanto, ao falar nesses termos, o texto deixa claro que Deus também vê esse ato como "a grande ofensa" ou, pelo menos, "uma grande ofensa". No caso de Abraão e Sara, isso também coloca em perigo o cumprimento da intenção divina de abençoar o mundo por meio dessa família, razão pela qual Deus se envolve de modo dramático nessa situação em particular. O fato de Abraão estar pronto a arriscar o cumprimento do propósito divino não significa que Deus também esteja disposto a isso.

Vemos, então, com certa surpresa, Deus encorajando o relativamente piedoso Abimeleque a ir ao relativamente ímpio Abraão para que este ore pelo rei, com base no fato de ele ser um profeta. Embora seja essa, com efeito, a posição ocupada por Abraão, ao orar por Sodoma no capítulo 18, é a primeira vez que a palavra "profeta" é usada nessa conexão, ou em qualquer outra. Um profeta é alguém admitido ao gabinete divino e livre para falar, e é essa liberdade que Deus convida o rei a fazer Abraão usar. Essa membresia de Abraão ao gabinete celestial não foi fundamentada em sua piedade, mas com base apenas na escolha de Deus por ele para ocupar tal posição. Assim, a sua impiedade não significa que Abraão seja incapaz de cumprir o papel que Deus escolheu para ele, porque isso depende da soberania e da escolha divina, não de algo elogiável que o torne merecedor de receber esse papel.

GÊNESIS 20:14—21:14
FINALMENTE

14Abimeleque tomou ovelhas e bois, servos e servas, os deu a Abraão e devolveu Sara, sua esposa, a ele. **15**Abimeleque disse: "Agora, a minha terra está à sua frente; viva onde você quiser." **16**A Sara, disse: "Agora, estou dando ao seu irmão mil peças de prata. Será uma cobertura para todos os que estão com você e com relação a tudo, e você está justificada." **17**Abraão intercedeu a Deus, e Deus curou Abimeleque, sua esposa e suas criadas, e elas tiveram filhos (**18**porque *Yahweh* tinha fechado totalmente todos os ventres da casa de Abimeleque, por causa de Sara, esposa de Abraão).

CAPÍTULO 21

¹*Yahweh*, de fato, lidou com Sara como ele dissera. Quando *Yahweh* fez a Sara conforme havia falado, **²**Sara ficou grávida e deu a Abraão um filho em sua velhice, na época em que Deus havia falado. **³**Abraão chamou a seu filho, que lhe tinha nascido, que Sara havia gerado para ele, Isaque. **⁴**Abraão circuncidou Isaque, seu filho, quando ele tinha oito dias de vida, conforme Deus lhe ordenara. **⁵**Abraão tinha cem anos de idade quando Isaque, seu filho, lhe nasceu. **⁶**Sara disse: "Deus fez risadas para mim, pois todos os que ouvirem vão rir em conexão comigo." **⁷**E ela disse: "Quem teria anunciado a Abraão: 'Sara tem amamentado filhos'? Mas eu gerei um filho na sua velhice."

⁸A criança cresceu e foi desmamada, e Abraão deu uma grande festa no dia em que Isaque foi desmamado. **⁹**Mas Sara viu o filho de Hagar, a egípcia, que ela gerou de Abraão, rindo. **¹⁰**Ela disse a Abraão: "Expulse essa criada e o filho dela, porque o filho dessa criada não vai herdar com meu filho, com Isaque." **¹¹**A questão foi muito angustiante para Abraão por causa de seu filho. **¹²**Mas Deus disse a Abraão: "Não se angustie pelo menino ou por sua criada. Seja o que for que Sara lhe diga, ouça a voz dela, porque é por meio de Isaque que a sua descendência será chamada. **¹³**O filho da criada, eu farei dele uma grande nação também, porque ele é sua descendência." **¹⁴**Na manhã seguinte, bem cedo, Abraão pegou comida e uma vasilha de água e as entregou a Hagar. Ele as colocou sobre o ombro dela, e a criança, e mandou-a embora. Ela foi e perambulou pelo deserto de Berseba.

Meus pais se casaram mais tarde do que o normal naquela época, e já mencionei que isso ocorreu alguns anos antes de eu nascer. Minha mãe costumava me contar que não conseguia imaginar um bebê mais desejado no mundo que eu. Na geração posterior, quando minha esposa e eu nos casamos, achamos que seria possível programar quando começar uma família, mas descobrimos que essa decisão não era nossa. Uma semana depois da confirmação da gravidez inesperada de Ann, o *British Medical Journal* publicou um artigo reportando que a pílula anticoncepcional que a minha esposa estava tomando era menos eficaz do que outras, um fato que confirmamos na prática. A vinda inesperada do bebê, ainda assim, foi muito celebrada. Uma geração depois da nossa, é comum as pessoas escolherem adiar o casamento e, por consequência, filhos, por motivos profissionais, decidindo então quando a hora certa chegar. Às vezes, esse processo funciona bem, mas, em outras, as pessoas descobrem que exercem menos controle nessa área do que pensam.

Imagino que, se houvesse um tipo de competição pelo título de bebê mais desejado do mundo, Isaque seria um dos concorrentes favoritos. Todavia, antes de entrarmos nessa história, há alguns ventres que precisam ser descerrados. Outra implicação do relato de Abraão e Abimeleque é a forma assustadora como as nossas ações podem trazer consequências negativas à vida de outras pessoas. Assim é, obviamente, para Sara, quando Abraão permitiu que ela fosse levada ao harém do rei (de novo!), embora o texto de Gênesis não teça nenhum comentário a respeito. Apesar de sua concordância, podemos imaginar que a temperamental Sara que conhecemos do capítulo 16 teria uma palavra ou duas para dizer sobre essa situação, caso fosse questionada. No entanto, a ação de Abraão também traz consequências para o rei e o povo de Gerar, sobre quem a história mantém o foco. Próximo ao término da narrativa, descobrimos que Deus impediu que qualquer mulher da casa real pudesse conceber não como uma esterilidade permanente, mas como uma perda temporária dessa capacidade, forçando o rei a verificar o que estaria acontecendo.

A exemplo de Gênesis 12, a ironia aqui está no fato de que todas as nações do mundo devem se abençoar por meio dele. Ainda, Gênesis 18 nos lembra não somente desse fato, como também da vocação de Abraão de ensinar a sua família a fazer o que é certo uns aos outros e, portanto, guardar o caminho de Deus. Tudo isso se desenrola diante dos nossos olhos. Abraão falha em fazer o que é certo em favor de Sara e de sua futura família, como também acarreta problemas, em lugar de bênçãos, a Abimeleque e sua casa. Podemos até imaginar Deus revirando os olhos e dizendo para si mesmo: "Terei que consertar a situação de novo."

Então, Deus aparece a Abimeleque. Há outra clara reversão, pois Abraão deveria ser um meio de bênção, não de problemas, como aqui. Em vários outros lugares, Abraão é aquele a quem Deus aparece, mas pode aparecer também a um rei estrangeiro, seja pelo bem do próprio rei, seja para salvaguardar o seu propósito divino. Há ainda aquela ironia final, pois, mesmo Abraão agindo de modo tão reprovável, ele ainda possui cadeira cativa no gabinete de Deus a ponto de ele rogar pelo caso de Abimeleque e obter uma resposta.

As mulheres na casa de Abimeleque são, portanto, capazes de conceber novamente. De maneira ainda mais surpreendente, Sara também é curada, sendo o nascimento de Isaque recebido com grande júbilo. Bem, há o nascimento, a amamentação, a nomeação, a circuncisão, o crescimento, o desmame e a festa. Ah, sim, há um menino cujo nome fala de risos, cuja mãe ri e cujo nascimento trará um sorriso para incontáveis ouvintes dessa história.

No entanto, o seu nascimento não pode ser o evento descomplicado que foi planejado para ser. Na realidade, da maneira em que a história é contada, ela logo será obscurecida pelos eventos subsequentes. Isaque é aquele cujo nome representa riscos que, para Sara, são riscos de alegria. Há, entretanto, alguém mais rindo na história, e Sara não consegue lidar bem com isso. Ao ver Ismael "rindo", aos olhos de Sara é como se ele estivesse fingindo ser Isaque, como se estivesse tentando ocupar o lugar de seu filho. Então, ela age para administrar isso.

Deus concorda que existe um problema ou um perigo aqui. Ismael não fazia parte do plano divino, e Deus não queria alterar o planejado em consequência de Sara e Abraão usarem Hagar para dar um filho a Abraão em lugar de Sara. Por que Deus não queria isso? Gênesis não revela o motivo. Por que Deus não tornou Hagar estéril? Isso teria simplificado tudo. Gênesis também silencia-se quanto a isso. Não obstante, já que Sara, Abraão, Hagar e Deus trabalharam juntos para trazer Ismael a este mundo, o garoto não pode ser simplesmente ignorado. Sara deseja que seja assim; Abraão não pode escapar ao fato de Ismael ser seu filho. Sara pode se recusar a aceitar qualquer responsabilidade por ele e por Hagar, mas Deus não. Em Gênesis 16, Deus já fez uma intervenção com relação a Ismael; no relato de Gênesis, o capítulo 21 é uma reedição do capítulo 16, assim como o capítulo 20 é uma reprise do capítulo 12 (repetindo, será que nunca aprendemos?).

GÊNESIS **21:15-32**
SOBRE OLHAR O SEU FILHO MORRER

15Quando a água na vasilha acabou, ela deixou a criança debaixo de um dos arbustos, **16**foi e sentou-se a distância, a um tiro de flecha distante, porque (ela disse): "Não irei olhar a criança morrer." Então, ela permaneceu sentada a distância e chorou em alta voz. **17**Deus ouviu a voz do menino, e um ajudante de Deus chamou Hagar dos céus e disse a ela: "O que está acontecendo com você, Hagar? Não tenha medo, porque Deus ouviu a voz do menino onde ele está. **18**Levante-se, erga o menino, tome-o pela mão, porque eu irei fazer dele uma grande nação." **¹⁹**E Deus abriu os seus olhos, e ela viu um poço de água. Ela foi, encheu a vasilha com água e levou ao garoto para beber. **²⁰**Deus estava com o menino. Ele cresceu e viveu no deserto, tornando-se um arqueiro. **²¹**Ele viveu no deserto de Parã. Sua mãe conseguiu uma esposa para ele da terra do Egito.

²²Naquele tempo, Abimeleque e Ficol, o comandante de seu exército, disseram a Abraão: "Deus está contigo em tudo o que fazes. **²³**Então, agora, jura-me aqui por Deus que não lidarás falsamente comigo ou com a minha descendência ou posteridade; tu agirás com relação a mim e com relação à terra na qual tens vivido de acordo com o compromisso que eu tenho mostrado em relação a ti." **²⁴**Abraão disse: "Eu juro." **²⁵**Mas Abraão reclamou com Abimeleque a respeito de um poço de água que os servos de Abimeleque haviam tomado. **²⁶**Abimeleque disse: "Eu não sei quem fez isso. Tu nunca me disseste; eu não ouvi sobre isso até hoje." **²⁷**Abraão tomou ovelhas e bois e os entregou a Abimeleque, e os dois selaram uma aliança. **²⁸**Abraão separou sete ovelhas do rebanho. **²⁹**Abimeleque disse a Abraão: "O que são essas sete ovelhas aqui que separaste?" **³⁰**Ele disse: "Tu deves aceitar as sete ovelhas da minha mão para que isso seja um testemunho de que eu cavei este poço." **³¹**Por isso, aquele lugar foi chamado de Berseba, porque os dois fizeram um juramento ali. **³²**Quando eles tinham selado uma aliança em Berseba, Abimeleque e Ficol, o comandante de seu exército, partiram e voltaram para a terra dos filisteus.

Hoje, li sobre a morte do jovem filho do líder do partido de oposição no parlamento britânico. O garoto nascera com paralisia cerebral e uma forma severa de epilepsia e, em certo sentido, seus pais estiveram assistindo à sua morte, ao longo dos seus seis anos de vida. Eles, de vez em quando, dormiram no chão de hospitais para estar com o filho durante as crises.

Para seus pais, ele era a mais bela e preciosa criança do mundo, mas tiveram que observá-lo morrer. O principal adversário político de seu pai, o primeiro-ministro, que também perdera um filho, comentou que "a morte de um filho é uma tristeza insuportável pela qual nenhum pai deveria passar".

Mesmo que Deus ou Abraão contassem a Hagar sobre o renovado compromisso feito por Deus, pode-se imaginar que isso não conta muito quando uma mãe perambula errante pelo deserto por tempo suficiente para ficar sem água, quando ela sabe que o seu filho está desidratado e que é dessa forma que as pessoas morrem ali. Todavia, Deus intervém, de uma forma que não interveio no caso daquele garotinho com paralisia cerebral.

Deus assim age porque ouviu o choro de Ismael não por ver as lágrimas de Hagar, mas creio que ela não se aborreceu com isso. Ela sabe que Deus é aquele que vê e que ouve; esse é o significado do nome de Ismael, segundo o relato de Gênesis 16:11. Deus aqui faz jus ao nome do menino. Se você tiver passado pela experiência de ver um filho morrer, creio que sentirá uma mistura de sentimentos ao ler a história desse menino. Em certo sentido, os relatos sobre Deus levantando pessoas dentre os mortos e curando ou resgatando outras da opressão têm pouca utilidade para a maioria de nós, porque Deus não faz isso por nós; assim, eles parecem mais dolorosos que confortadores. Não obstante, eles também podem ser encorajadores, pois declaram que a nossa experiência não é a única realidade existente, abrindo possibilidades para a esperança e sendo base para a oração. Deus é conhecido por resgatar pessoas dessa maneira, de modo que ele pode fazer isso também por mim.

Será que o poço estava lá o tempo todo, mas Hagar não conseguia vê-lo? Às vezes, há recursos disponíveis que não conseguimos enxergar e, assim, não devemos culpá-la por não ver os recursos à sua disposição. A história não responsabiliza Hagar pela provável tragédia, caso Deus não os socorresse, mas celebra a intervenção divina.

Assim, a história de Hagar e Ismael ganha um novo começo. Deus está com Ismael, sendo ele o primeiro a quem isso é atribuído, e essa declaração se repetirá como uma promessa a Isaque (Gênesis 26:24), mas, antes, é feita a um menino que não conta muito em termos do grande propósito que Deus busca cumprir. Você não precisa ser Isaque (ou judeu) para que Deus esteja com você, tornando-o uma grande nação; pode ser Ismael (ou árabe).

Após a pungente narrativa sobre Hagar e Ismael, o relato sobre Abraão e Abimeleque é bem mais terreno. Abraão permanece assentado na parte sul da região, compreendida "de Dã até Berseba", sendo Dã situada na fronteira norte (ainda é a fronteira entre Israel, Líbano e Síria), e Berseba a cidade localizada no extremo sul, antes de a terra se tornar desértica. A região sudoeste daquele território foi, mais tarde, habitada pelos filisteus, ocupando a área e os arredores do que chamamos, hoje, de "Faixa de Gaza". Eles ainda não estavam lá, ao tempo de Abraão, mas para os leitores futuros de Gênesis a referência à "terra dos filisteus" faria todo o sentido. A antiga Berseba é, em particular, um espetacular sítio arqueológico, e um de seus locais mais impressionantes é um poço, situado fora do principal portão da cidade. É possível permanecer ali e imaginar a cena retratada nesse capítulo (infelizmente, não há indicação de que esse poço específico existisse nos dias de Abraão, mas para a imaginação esse é apenas um detalhe). *Beer* é a palavra para poço, e *sheba* é o termo para "sete", embora também seja similar à palavra "juramento". Gênesis trabalha com os dois fatos.

A história explica mais do que a origem do nome Berseba, iniciando com uma notável confissão por parte de Abimeleque: "Deus está contigo em tudo o que fazes." O rei continua sendo um estrangeiro dotado de algum discernimento. Em Gênesis 20, ele pode reclamar (com efeito) que Abraão, que supostamente deveria ser um meio de bênção, tenha se tornado um agente de problemas. Aqui ele expressa um testemunho oposto ao anterior. O relato de Gênesis acabou de nos revelar que Deus estava "com" Ismael. Embora isso não tenha sido dito sobre ninguém, antes do filho de Hagar, pode-se considerar a sua aplicação à várias pessoas. Agora, Abimeleque testemunha o mesmo sobre Abraão, pois vê como as situações o beneficiam. Isso corrobora a promessa que Deus fez a Abraão de ser o Deus dele. O rei de Gerar é sábio o bastante para preferir estar associado a Abraão a ser seu adversário. Assim, outro aspecto da promessa divina está sendo cumprido. Abimeleque deseja manter um relacionamento positivo com as pessoas com as quais Deus está.

Na negociação daquele relacionamento, Abimeleque usa duas palavras-chave do Antigo Testamento, ou seja, **compromisso** e **aliança**. Ele as utiliza não dentro de um contexto teológico ou religioso, mas em termos políticos, o que expressa como o Antigo Testamento considera o entrelace da política com a religião. As relações pessoais e políticas nos propiciam formas de pensamento sobre o relacionamento de Deus conosco. Portanto, a maneira de Deus se relacionar conosco deveria ter um efeito na forma com que os relacionamentos políticos e pessoais funcionam.

Em conexão a isso, está a lisura com que Abraão e Abimeleque lidam um com o outro. As histórias de Abraão surgem em pares: há dois relatos sobre Deus estabelecer uma aliança com ele, dois relatos sobre Hagar, e assim por diante. Essa é a segunda história de Abraão lidando com um conflito. Quando houve tensão entre a sua comitiva e a de Ló, ele tomou a iniciativa de fazer algo a respeito (Gênesis 13). Dessa feita, há um aumento de tensão com os servos de Abimeleque, mas Abraão, novamente, busca resolver a questão. Do mesmo modo, ele está preparado para agir de modo assertivo e decisivo quando alguém é tratado inadequadamente (Gênesis 14). Quando seus interesses pessoais estão envolvidos, ele é decisivo e direto, mas o faz com o intuito de ser um pacificador.

GÊNESIS 21:33—22:2
O TESTE

³³Ele plantou uma tamargueira em Berseba e, ali, chamou o nome de *Yahweh*, Deus Eterno. ³⁴Abraão permaneceu na terra dos filisteus por um longo tempo.

CAPÍTULO 22

¹Algum tempo depois disso, Deus testou Abraão. Ele lhe disse: "Abraão!" E ele disse: "Estou aqui." ²Ele disse: "Tome o seu filho, o seu único filho, a quem você ama, Isaque, vá para a região de Moriá e o ofereça como uma oferta queimada, ali, em uma das montanhas que eu lhe direi."

Estou escrevendo no início da Quaresma e tenho pensado sobre a história dos quarenta dias de Jesus no deserto, quando ele foi levado pelo Espírito para ser tentado pelo Diabo. Cada vez que chego ao fim dessa sentença, volto ao início e me pergunto como essas duas metades se encaixam. Jesus foi levado pelo Espírito Santo ao deserto, sim; Jesus foi tentado pelo Diabo, sim. Todavia, Jesus foi levado ao deserto *para ser tentado*? Ao que tudo indica, sim. Uma das dicas para compreender o que está ocorrendo ali é que, embora o nosso idioma tenha diferentes palavras para "provação" e "tentação", o Antigo e o Novo Testamentos usam os mesmos vocábulos para um teste positivo designado a edificar e uma tentação negativa, cujo objetivo é derrubar. A versão King James (em inglês) e a Revista e Corrigida Fiel, na verdade, apresenta Deus aqui "tentando" Abraão. Da mesma forma, a tentação de Jesus foi uma prova da qual ele sairia fortalecido, antes de iniciar o seu ministério. No caso de Adão e Eva, a tentação também foi um teste, mas eles falharam. Cada provação é uma tentação; cada tentação, uma provação. Quando aquele homem sobre quem falei, ao comentar a passagem de Gênesis 20:1-13, é tentado a se envolver com outra mulher, isso também constitui um teste. Se e quando ele resiste àquela tentação, ele também passa no teste e sai daquela experiência um homem melhor, mais maduro.

A provação de Abraão tem como objetivo fazê-lo alcançar um novo discernimento sobre quem é Deus. Ele resolveu o seu problema com Abimeleque e acompanhou o rei desaparecer no horizonte, deixando-o em uma posição segura na região de Berseba. Ao suspirar de alívio, Abraão volta-se para Deus a fim de expressar o seu reconhecimento de que Deus tornou aquilo possível. Em outras ocasiões, ele ergueu um **altar**; dessa vez, contudo, ele planta uma árvore. Não sabemos o que motivou essa diferença, mas ela corresponde à importância dada às árvores em outras passagens de sua história, aparentemente como locais naturais de adoração. O primeiro lugar onde Deus apareceu a Abraão foi junto ao carvalho de Moré (Gênesis 12). Agora, há uma tamargueira, uma árvore pequena, mais apropriada ao clima árido da região de Berseba.

Para Melquisedeque, em Gênesis 14, Deus é ***El Elyon***, "Deus Altíssimo", e Abraão estava preparado para falar sobre Deus em termos similares, embora tenha visto a necessidade de tornar explícito que esse Deus também era "**Yahweh**".

Em Gênesis 16, Hagar mostra ser uma teóloga, ao reconhecer que *Yahweh* também era *El Roi*, "O Deus que me vê". Em Gênesis 17, *Yahweh* apareceu a Abraão como **El Shadday**. Na passagem em questão, Abraão chama Deus também de *El Olam*. Como a maioria dos demais nomes divinos, este é difícil de traduzir com uma palavra sucinta e equivalente em nosso idioma. *Olam* significa algo como "a era" ou "eras", quando expressamos que algo tem durado ou durará "durante eras". Para Abraão, chamar *Yahweh* de *El Olam* é expressar que, desde o mais remoto passado que se possa imaginar, *Yahwe*h tem sido Deus, bem como continuará sendo Deus no mais longínquo futuro imaginável. Ele é Deus Eterno, o que implica para sempre o passado, como o futuro. Trata-se da única ocorrência desse título no Antigo Testamento, embora sintetize uma suposição presente em toda a Escritura. Deus afirmou que tanto a **aliança** com Noé quanto a aliança com Abraão durariam "para sempre" ou seriam "perpétuas" e que daria aquela terra a Abraão "para sempre" ou como uma posse "perpétua". Abraão, agora, associa essa palavra à própria pessoa de Deus, expressando, de modo indubitável, a convicção de que Deus será sempre Deus para ele.

Você pode estar pensando que a história de Abraão e Sara está se encaminhando para o fim e, de certa forma, está. Eles têm um filho, e a posição deles na terra está segura. A terra ainda não lhes pertence (seja qual for o significado disso), mas ninguém está contestando o seu direito de viver ali. A história avança um longo período. Sim, *Yahweh* tem provado ser o "Deus Eterno" para eles, e qualquer que seja a idade real deles, com certeza, alcançaram a velhice. Sim, a história desse casal está, certamente, caminhando para o seu fim. Então, algum tempo depois, algo bombástico ocorre; Deus decide colocar Abraão à prova.

De modo retrospectivo, podemos ver que o capítulo constitui um clímax adequado a toda a história de Abraão. Ela, novamente, forma um par com uma narrativa anterior. A ordem de Deus: "vá para a região de Moriá, para um lugar que eu lhe mostrarei" traça um paralelo com a ordem original de Deus no capítulo 12: "Saia [...] da casa de seu pai e vá para a terra que eu lhe mostrarei." Estas são as únicas passagens no Antigo Testamento onde essa expressão aparece. É quase como se a história de Abraão não pudesse chegar ao fim sem Deus repetir: "Vá [...]." Todavia, a diferença crucial é que, agora, a história principia-se não apenas na terra para onde Deus enviou Abraão, mas ela também pressupõe que Deus já lidou com uma das grandes questões no cenário do primeiro episódio. Lá, Deus estava prometendo fazer de Abraão o ancestral de uma grande nação, a despeito da infertilidade de Sara. Desta feita, Sara possui o filho cuja existência escancara o caminho para o cumprimento da promessa divina. Não obstante, a segunda ordem, "vá", põe em perigo aquela promessa.

As palavras de Deus sublinham a natureza comovente daquela ordem. "Abraão!" "Sim?" "Sabe o seu filho?" "Sim." "Ele é o seu único filho, não é?" "Sim." Podemos achar que é um diálogo estranho, já que Abraão tem dois filhos. No tocante a Deus, entretanto, Isaque é o único filho que conta em termos do cumprimento do propósito divino. Além disso, apesar de Abraão ter dito a Deus: "Se apenas Ismael puder viver na tua presença", por causa da infertilidade de Sara, talvez Isaque seja, agora, o único filho que importa para Abraão também. Outra consideração, todavia, está por trás daquela designação. Sara é a única "esposa primária" de Abraão. Hagar também é sua esposa e, no capítulo 25, leremos sobre uma terceira esposa, Quetura, e, nesse caso, ela é explicitamente uma "esposa secundária", o que subentende ser essa a mesma posição de Hagar. A condição de esposa principal ou secundária nada tem a ver com o amor ou comprometimento que o marido tem por ela. O mais provável é que esteja relacionado aos direitos de herança dos filhos. Nessa inferência legal, Isaque era, de fato, o "único" filho de Abraão.

Assim, Deus diz: "Sabe o seu filho, o seu único filho?" "Sim. Isaque." (No caso de haver alguma dúvida aqui, ele é o filho que trouxe uma jubilosa risada.) "Sim", Abraão responde. "Você ama o seu filho, não?" (Essa é a primeira referência a amor na Bíblia.) "Claro que sim", replica Abraão. "Mate-o por mim, então, certo?"

"Deus testou Abraão." Talvez a nossa tendência seja a de distorcer a história e não considerar o sacrifício de seu filho como uma provação de Deus, mas como uma tentação à qual Abraão deveria resistir. Uma tradição judaica que levanta uma inversão dessa questão aparece no Talmude, uma coletânea de tradições transmitidas na forma escrita durante os séculos seguintes aos tempos do Novo Testamento. Tais histórias lidam com as perguntas que uma pessoa reflexiva poderia suscitar ao ouvir os relatos bíblicos. Decerto, poderia Deus emitir uma ordem assim? Na elaboração do Talmude, Satanás aparece a Abraão durante a jornada deles a Moriá e o tenta para sacrificar um cordeiro em vez de seu filho. Abraão deve resistir à tentação. Em outra versão, Satanás argumenta com Abraão quão inconcebível era Deus lhe dar um filho em sua velhice e, então, esperar que ele o sacrificasse. Isso não fazia nenhum sentido, apontando também a imoralidade daquele ato. Contudo, Abraão sabe que deve resistir a essa lógica ao ouvir Deus falar.

No texto de Gênesis, o foco reside especialmente no fato de Isaque não ser qualquer filho, mas o filho por meio do qual Deus confirmará a promessa feita a Abraão sobre cumprir um propósito que beneficiará o mundo. As histórias de Abraão e Sara incluem várias situações que colocaram em risco a promessa divina, seja por circunstâncias fora de controle (como a infertilidade de Sara), seja pela falha humana (como a tendência de Abraão a abrir mão de Sara). Agora, o próprio Deus ameaça aquela promessa.

> ## GÊNESIS 22:3-10
> ### SOBRE DEIXAR O SEU FILHO MORRER
>
> ³Assim, na manhã seguinte, bem cedo, Abraão selou o seu jumento, tomou dois de seus rapazes com ele e seu filho, Isaque. Ele cortou madeira para a oferta queimada, saiu e foi ao lugar que Deus lhe tinha falado. ⁴No terceiro dia, Abraão olhou e viu o lugar a distância. ⁵Abraão disse aos seus rapazes: "Fiquem aqui com o jumento. O menino e eu iremos até lá, adoraremos e voltaremos a vocês." ⁶Abraão pegou a madeira para a oferta queimada, colocou sobre seu filho, Isaque, e levou, em sua própria mão, o fogo e a faca, e os dois caminharam juntos. ⁷Isaque disse a Abraão, seu pai: "Pai!" Ele disse: "Estou aqui, meu filho." Ele disse: "Aqui está o fogo e a madeira, mas onde está a ovelha para a oferta queimada?" ⁸Abraão disse: "Deus cuidará da ovelha para a sua oferta queimada, meu filho." Então, os dois caminharam juntos. ⁹Eles chegaram ao lugar que Deus lhe tinha falado. Ali, Abraão construiu o altar, depositou a madeira, amarrou o seu filho, Isaque, e o colocou no altar, em cima da madeira. ¹⁰Abraão estendeu a mão e pegou a faca para matar seu filho.

Por que razão o seu pai tentaria matar você? O que isso acarretaria à sua relação com ele e à sua visão de Deus? Certa ocasião, um colega de seminário, na Inglaterra, que (como eu) era um clérigo da Igreja Anglicana e servia em uma igreja paroquial local, reencenou a história da oferta de Isaque durante um culto. Nossas famílias viviam em casas vizinhas, no *campus* do seminário, e nossos filhos tinham idades similares, o que os levava a sempre estarem nas casas uns dos outros (lembro-me de ter ouvido o filho deles ensaiando ao piano a sua participação na encenação, em um sábado de manhã, quando achei que podia desfrutar de uma hora adicional de sono). Assistir à encenação foi chocante, pois mostrou a natureza horrível daquele evento (embora não pareça ter causado nenhum dano a Isaque; ele cresceu e se tornou um adulto equilibrado e sensato).

É significante Deus ordenar a Abraão que sacrifique o seu filho e também que, no fim, não permita que ele faça isso. Deus quer testar a obediência e confiança de Abraão, e ele é aprovado. Instruído por Deus a realizar essa tarefa, ele se levanta bem cedo, na manhã seguinte, para iniciar a jornada. Gênesis parece pressupor que todos conheciam a localização do monte Moriá. 2Crônicas 3:1 identifica esse monte como o local onde o templo foi construído. Abraão devia conhecer o lugar, ou a história inclui o nome, nessa passagem, porque esse será o local que Deus, no devido tempo, lhe indicará. Da mesma forma, não sabemos por que ele diz aos seus "rapazes" para ficarem para trás, enquanto ele e Isaque foram ao local de adoração. Seria pela razão de que eles tentariam impedi-lo, ou pelo fato de esse evento ser apenas entre Deus e Abraão?

Há um contraste entre a reação de Abraão a essa ordem de Deus e sua reação ao saber o que Deus pretendia fazer a Sodoma. A ordem anterior o levou a orar, perguntando se Deus realmente faria isso. A ordem atual não teve o mesmo efeito. Por quê? Uma diferença entre as duas histórias é que a primeira diz respeito à preocupação de Abraão com alguém mais, enquanto a segunda está relacionada a uma preocupação pessoal. Podemos imaginar que a relação é com Isaque, mas o relato mantém o foco em Abraão, não em Isaque. A narrativa é sobre testar Abraão, sobre ele estar disposto a fazer tudo o que Deus diz, mesmo quando é ultrajante, quando envolve o cumprimento do propósito divino e quando vai contra os sentimentos paternos de Abraão. Podemos comparar essa circunstância à declaração de Jesus de que é impossível ser seu discípulo sem odiar pai, mãe, esposa e filhos, irmãos e irmãs, e até mesmo a própria vida (Lucas 14:26).

A história é sobre Deus e Abraão, chamando a nossa atenção para a possibilidade de enxergarmos a nossa relação com Deus como uma questão de — bem, *nós* e nosso relacionamento com ele. A oração é, então, sobre eu convencer Deus a fazer o que desejo para mim. Gênesis 18 sugere que a nossa relação com Deus, bem como a nossa oração, não têm por foco nós e o que necessitamos, mas outras pessoas e as necessidades delas. Gênesis 22, agora, reforça que o foco não está em nós, mas em Deus. Não diz respeito à realização de meus anseios e à eliminação de meus temores, mas sobre a minha submissão a Deus. Isso não é tudo o que Gênesis ou o Antigo Testamento dizem sobre a oração. De fato, o Antigo Testamento retrata, mais caracteristicamente, a oração como um meio de lançar meus anseios, temores e sofrimentos sobre Deus e pressioná-lo a fazer algo sobre isso. Todavia, aqui e em outras passagens, também somos lembrados de que o nosso relacionamento com Deus é aquele em que, quando as circunstâncias forem difíceis, devemos nos submeter ao fato de que Deus é Deus.

Os relatos do Antigo Testamento, raras vezes, revelam diretamente os pensamentos e sentimentos das pessoas. Essa ausência nos parece estranha em razão do grande interesse que temos sobre o que uma pessoa pensa e sente. As histórias revelam os pensamentos e sentimentos humanos pela descrição das suas ações. Quando o Antigo Testamento nos conta que alguém se levantou bem cedo para fazer algo, essa ação sugere o seu compromisso. A nossa tendência é supor que Abraão deve ter passado por alguma busca interior e ter conversado com Sara durante toda a noite (e também com Isaque) sobre essa agonizante ordem divina. Podemos questionar como Abraão sabia que fora Deus, não Satanás, quem lhe dera a ordem. A história considera tudo isso como desimportante, porque o seu foco reside no compromisso de Abraão e na sua confiança em Deus. "O menino e eu iremos até lá, adoraremos e voltaremos a vocês." O que ele quer dizer? Como Abraão diz que os dois irão voltar se ele está prestes a matar Isaque? De novo, está sendo econômico com a verdade? Ele tem noção do que está dizendo? Disse aquelas palavras sem pensar? Está evitando as implicações do que está prestes a fazer? Ou está agindo assim por saber que Deus é capaz de ressuscitar o seu filho ou por não conseguir acreditar que Deus, no fim das contas, deseja a morte de Isaque?

A mesma indagação surge quando Isaque observa a ausência da ovelha para a oferta. Abraão está também economizando a verdade com o seu filho? Como ser capaz de contar ao seu filho que irá matá-lo? Abraão tem consciência do que quer dizer? Ele respondeu sem pensar? Ou fala dessa maneira porque sabe quem é Deus e, portanto, não acredita que essa história terminará com ele matando Isaque? E como devemos retratar a cena quando ele amarra Isaque ao **altar** improvisado? Será que Isaque não se debate ao compreender a resposta à sua pergunta? Ele não luta para se livrar de seu pai?

E como lidamos com o desconhecimento dessas respostas? Após um filme, é normal conversarmos com amigos sobre o seu significado. Um dos resultados dessas argumentações é que aprendemos a razão de ver as coisas sob determinada ótica. Uma das vantagens da tendência, nas histórias bíblicas, de omitir ao leitor o que as pessoas estavam pensando ou sentindo é nos atrair e nos fazer refletir sobre essas questões. Então, por meio de nossas respostas, descobrimos coisas sobre nós mesmos e como compreendemos Deus e o nosso relacionamento com ele.

Contudo, o interesse direto da história reside no que Deus está fazendo e no que está acontecendo entre Deus e Abraão. Quando Abraão mostra claramente que irá levar a cabo aquela terrível tarefa, então Deus o impede. O objetivo do teste foi alcançado.

GÊNESIS 22:11–19
AGORA EU SEI

11Mas o ajudante de *Yahweh* o chamou dos céus e disse: "Abraão, Abraão!" Ele disse: "Estou aqui." **12**Ele disse: "Não estenda a mão sobre o menino; não faça nada a ele, porque agora sei que você reverencia a Deus; você não negou o seu filho, o seu único filho, a mim." **13**Abraão ergueu os olhos e viu, ali, um carneiro preso a um arbusto por seus chifres. Abraão foi, pegou o carneiro e o ofereceu como uma oferta queimada em lugar de seu filho. **14**Abraão nomeou aquele lugar de "*Yahweh* vê", de modo que é dito hoje: "No monte de *Yahweh* é visto."

15O ajudante de *Yahweh* chamou Abraão uma segunda vez dos céus **16**e disse: "Juro por mim mesmo (proclamação de *Yahweh*) que, por ter feito isso e não negado o seu filho, o seu único filho, **17**eu o abençoarei abundantemente e farei a sua descendência muito numerosa, de modo que seja como as estrelas nos céus e a areia que está na praia do mar. A sua descendência assumirá as cidades de seus inimigos, **18**e todas as nações na terra abençoarão a si mesmas por sua descendência, porque você ouviu a minha voz." **19**Abraão, então, voltou aos seus rapazes, e eles partiram juntos para Berseba. Assim, Abraão viveu em Berseba.

Em 1969, quando a Guerra do Vietnã estava no auge, o poeta e compositor judeu canadense Leonard Cohen gravou uma canção sobre "The Story of Isaac" [A história de Isaque]. Os dois primeiros versos, de modo imaginativo, recontam a história da perspectiva de Isaque, mas, então, a música alterna e passa a abordar pessoas que estão construindo **altares** hoje para o sacrifício de crianças. A estrofe final traz: "Tenha clemência em nosso uniforme, homem de paz ou homem de guerra; o pavão abre o seu leque." A referência ao pavão sugere uma ligação a um poema da Primeira Guerra Mundial, de Wilfred Owens, "Parable of the Young Man and the Old" [Parábola do jovem e do ancião]. Como a canção, o poema começa recontando a história de Gênesis 22, mas passa a descrever Abraão construindo barricadas e trincheiras e amarrando Isaque com cintos e correias. O anjo, então, o chama do céu, aponta para "o cordeiro do orgulho", preso a um denso arbusto, e lhe ordena que sacrifique o animal em lugar de seu filho. "Mas o ancião não o quis fazer e imolou o seu filho e metade das sementes da Europa, uma a uma." A irmã mais velha de minha mãe, então uma adolescente ao término daquela guerra, costumava falar sobre como simplesmente não havia rapazes suficientes para flertar, naquela época, pois muitos haviam sido mortos.

Um jovem amigo meu foi recentemente destacado ao Iraque. Ele é capelão, mas essa posição não garante imunidade aos perigos da convocação. Creio que nenhum capelão tenha sido morto no Iraque, mas não se pode afirmar que sempre foi assim; e capelães também podem ser feridos e afetados como os demais combatentes. As sociedades modernas aceitam a maneira pela qual os países entram em conflitos armados uns com os outros e que a sua juventude, homens e mulheres, pague o preço máximo por isso. Em teoria, pelo menos os jovens têm consciência disso ao se alistarem. Talvez Isaque não se tenha debatido por ter uma consciência análoga a essa. O Antigo Testamento condena o sacrifício de crianças, mas uma das razões dessa condenação é o fato de os israelitas, a exemplo de outros povos do Oriente Médio, às vezes terem sacrificado suas crianças, tal qual fazemos ao enviar os jovens à guerra. Isaque, quiçá, sabia disso e aceitava. Seja essa hipótese verdadeira ou não, a importância desse relato para os seus ouvintes é a implicação de que Deus não pede esse tipo de sacrifício. Deus olhou para essa ideia e virou, em repulsa, o rosto. Então, um cordeiro é providenciado para o sacrifício. A exemplo de muitas histórias do Antigo Testamento, essa narrativa não objetiva fornecer um exemplo de algo que deveríamos ou poderíamos fazer (ou de algo que não deveríamos fazer). Se há alguma intenção, é o contrário. Trata-se de um episódio da singular história do que Deus está realizando por meio de Abraão e, portanto, não é algo a ser repetido.

Há uma exceção a essa declaração; esse evento foi repetido sim e, na segunda vez, não havia nenhum animal preso ao arbusto. No batismo de Jesus, Deus lhe disse: "Tu és o meu Filho amado; em ti me agrado" (Marcos 1:11). As palavras ecoam aquelas que comissionam Abraão em Gênesis 22 (bem como as palavras de Salmos 2) e prosseguem ecoando a descrição do servo de Deus em Isaías 42. Elas oferecem a Jesus uma compreensão de sua importância que tanto é assertiva quanto solene. "Aquele que não poupou a seu próprio Filho, mas o entregou por todos nós" (Romanos 8:32). Deus colocou uma demanda monumental sobre Abraão, mas essa era uma expectativa que Deus também estava preparado para cumprir.

Entretanto, quando Abraão demonstra que estava disposto a fazer o que Deus, por fim, fará, o **ajudante** divino o chama com certa urgência. No começo da história, Gênesis nos relata que o próprio Deus fala; aqui a maneira com que o ajudante prossegue falando sugere que, na realidade, o ajudante é Deus. Ele fala sobre "reverência a Deus, mas também sobre o fato de Abraão não ter se negado a entregar o seu filho a "mim" (Deus). Essa forma de relacionar os eventos é recorrente quando o Antigo Testamento fala sobre Deus, ou o ajudante divino, aparecendo e falando, e isso pode parecer confuso. O que isso faz é tanto afirmar a realidade do próprio Deus falando com Abraão quanto salvaguardar o fato de que, se Deus, no pleno sentido, falasse a um ser humano, então isso teria o mesmo efeito que o trovão mais estrondoso que poderia haver; decerto, destruiria a audição de Abraão. Deus realmente fala, mas o faz no modo silencioso, assim como em outras passagens nas quais Deus realmente aparece, mas sob uma forma velada. O ajudante vem para reafirmar a promessa divina a Abraão, de uma forma ainda mais cinematográfica, por sua aprovação naquele teste.

Nomear uma montanha propicia à audiência muitas razões de reflexão. Abraão tinha declarado a sua convicção de que Deus proveria o animal necessário para o sacrifício, e assim foi feito. Portanto, aquele é um lugar onde "Deus vê" no sentido de cuidar das pessoas e ver o que elas necessitam. O nome dado por Abraão àquele lugar ecoa o nome de Hagar para Deus como "O Deus que me vê/olha para mim/cuida de mim". Além disso, esse monte está localizado na região de Moriá. Embora desconheçamos a real origem do nome, ele lembra termos para "visão", de modo que o próprio nome recordaria as pessoas de que naquele lugar Deus "viu", nesse contexto. E, se Moriá ou "o monte de *Yahweh*" é o lugar onde o templo foi construído, também é conhecido pelas pessoas como o local onde elas e suas necessidades são vistas e atendidas. Fora do contexto, pode-se traduzir a expressão como "No monte de *Yahweh*, *ele* é visto". Eis onde Deus aparece, local de encontro com Deus. A Mesquita do Domo da Rocha, com sua cúpula dourada, foi construída no local do antigo templo de Jerusalém, que, antes do advento do islamismo, era reverenciado como o lugar onde Abraão fez a sua oferta (embora a tradição islâmica considere Ismael o filho que Abraão concordou em oferecer em sacrifício e que o fato ocorreu na cidade de Meca).

Contudo, por que Deus precisou testar Abraão? O relato, uma vez mais, leva-nos a questionar se Deus já não sabia como Abraão reagiria a uma ordem como aquela. Os testes, às vezes, são feitos em benefício da pessoa submetida à prova. Se aquele homem, que citei em relação a Gênesis 20:1-13, experimentar uma tentação sexual novamente e resistir a ela, decerto aprenderá algo sobre si mesmo. No entanto, a história em questão claramente expressa que o teste ocorre para que Deus possa descobrir algo. Essa foi a referência ao teste, no começo da história. Foi assim que o ajudante impediu Abraão de executar o ato sacrificial: "agora eu sei que você reverencia a Deus; você não negou o seu filho, o seu único filho, a mim." A Bíblia ignora a lógica do questionamento quanto a Deus conhecer ou não como Abraão reagiria ao ter tamanha demanda colocada sobre si. Talvez Deus pudesse saber, de fato, como seria a sua reação, mas Deus não se relaciona conosco e com o mundo por meio de jogos mentais disputados dentro da mente divina. Uma situação é imaginar que alguém faria qualquer coisa por amor a você; outra, totalmente diferente, é saber que aquela pessoa, realmente, fez um sacrifício monumental por você.

GÊNESIS 22:20—23:20
QUANDO O SEU CÔNJUGE MORRE

[20]Algum tempo depois disso, disseram a Abraão: "Agora, Milca também gerou filhos a Naor, seu irmão: [21]Uz, seu primogênito, Buz, seu irmão, Quemuel, pai de Arã, [22]Quésede, Hazo, Pildas, Jidlafe e Betuel"; [23]Betuel se tornou o pai de Rebeca. Estes oito,

Milca gerou a Naor, irmão de Abraão. **²⁴**Sua esposa secundária, cujo nome era Reumá, também gerou Tebá, Gaã, Taás e Maaca.

CAPÍTULO 23

¹Sara viveu 127 anos, como a duração de sua vida. **²**Sara morreu em Quiriate-Arba (ou seja, Hebrom), na terra de Canaã. Abraão foi lamentar por Sara e prantear por ela. **³**Então, Abraão levantou-se da presença de sua esposa morta e falou aos hititas: **⁴**"Sou um estrangeiro residente entre vocês. Deem-me uma posse para sepultura com vocês para que eu possa enterrar a minha esposa morta distante de minha habitação." **⁵**Os hititas responderam a Abraão, dizendo-lhe: **⁶**"Ouça-nos, meu senhor. O senhor é um poderoso líder entre nós. Enterre a sua morta na mais nobre de nossas sepulturas. Nenhum de nós negaria o seu local de sepultamento para o senhor enterrar a sua morta." **⁷**Abraão levantou-se e curvou-se diante do povo da terra, os hititas, **⁸**e lhes falou: "Se for do seu desejo que eu enterre a minha esposa distante de minha habitação, ouçam-me e intercedam por mim a Efrom, filho de Zoar, **⁹**para que ele possa me ceder a caverna em Macpela, que é dele e que está na divisa de seu campo. Que ele a ceda a mim pelo preço total de uma posse para sepultura entre vocês." **¹⁰**Ora, Efrom estava sentado entre os hititas. Efrom, o hitita, respondeu a Abraão, aos ouvidos de todos os hititas, todos que tinham vindo ao portão de sua cidade: **¹¹**"Não, meu senhor, ouça-me: O campo, eu o dou ao senhor, bem como a caverna que está nele; à vista de todo o meu povo, eu os dou ao senhor. Enterre a sua morta." **¹²**Abraão curvou-se diante do povo da terra **¹³**e falou a Efrom aos ouvidos de todo o povo da terra: "Mas, se você mesmo, por favor, me ouvisse. Eu dou a você o preço do campo. Tome-o de mim para que eu possa enterrar minha morta ali." **¹⁴**Efrom respondeu a Abraão, dizendo-lhe: **¹⁵**"Meu senhor, ouça-me: a terra vale quatrocentos siclos — entre você e mim, o que é isso? Vá e enterre a sua morta." **¹⁶**Abraão deu ouvidos a Efrom. Abraão pesou a Efrom o preço que ele tinha falado aos ouvidos

> dos hititas, quatrocentos siclos de prata, como corrente entre os mercadores. **¹⁷**Assim, o campo de Efrom, que estava em Macpela, que ficava a leste de Manre (o campo e a caverna que estava nele e todas as árvores no campo, que estavam em todas as suas divisas ao redor), passaram **¹⁸**a Abraão como sua propriedade à vista dos hititas, todos os que tinham vindo ao portão de sua cidade. **¹⁹**Depois disso, Abraão enterrou a sua esposa, Sara, na caverna do campo, em Macpela, a leste de Manre (ou seja, Hebrom), na terra de Canaã. **²⁰**O campo e a caverna que estava nele passaram a Abraão como posse para sepultura dos hititas.

Sei onde quero sepultar a minha esposa, bem como onde quero ser sepultado. Na verdade, sei onde quero que as nossas cinzas sejam espalhadas. A primeira noite de nossa lua de mel foi em um hotel, em Dovedale, na Inglaterra (podíamos apenas pagar uma pernoite), um adorável vale nas colinas de Derbyshire, percorrido por um pequeno riacho, não muito distante do centro de retiro onde nos conhecemos. Após o café da manhã, passeamos pelo vale, sob fulgurantes raios solares, até um local onde havia um caminho de pedras atravessando o riacho. Ann vestia uma saia curta de verão, com uma estampa florida em azul e verde, que ela mesma tinha feito. Ainda bem que consigo me lembrar dos detalhes, porque, acidentalmente, perdi a maioria das fotos de nossa lua de mel, mas essa é outra história. No fim das contas, vivemos 27 anos bem próximo a Dovedale e, às vezes, voltávamos lá nos fins de semana com nossos filhos e até mesmo almoçávamos no pátio do hotel. Assim, imagino Ann morrendo e sendo cremada aqui, nos Estados Unidos, e eu levando as suas cinzas de volta à Inglaterra, andando naquela mesma trilha e espalhando as cinzas perto do caminho de pedras, no riacho, bem como, depois, tomando um chá no pátio do hotel. Espero que meus filhos espalhem as minhas cinzas lá também. (Ou talvez tudo isso ocorra ao contrário, o que será igualmente bom.)

O mais tradicional é querer uma sepultura com uma lápide, e é algo assim que Abraão deseja para Sara. Ele quer ter um lugar que seja "distante de sua habitação", ou seja, não quer enterrá-la em seu quintal, mas também não quer um local que seja muito longe. Por dedução, presumo que ele quer ser enterrado junto a Sara, quando sua hora chegar, e que seus filhos façam isso por ele. A ideia de uma caverna como sepultura se deve ao fato de haver espaço suficiente para toda a família. Quando você morre, vai estar com os seus familiares. Com isso em mente, Abraão negocia a compra de uma caverna que funcione como um cemitério familiar na região onde ele vive. Ampliando o contexto, os hititas eram uma das maiores civilizações do Oriente Médio ao tempo de Abraão, mas aqueles hititas moravam na Turquia. No Antigo Testamento, os hititas normalmente aparecem como um dos muitos grupos étnicos habitantes de **Canaã**, que os israelitas, no devido tempo, irão substituir (veja Gênesis 15:20). Talvez esse seja um grupo daqueles outros hititas que migraram para a região de Hebrom, ou pode ser que sejam um grupo diferente com o mesmo nome. Obviamente, no entanto, são eles que controlam aquela área e é com eles que Abraão deve negociar a aquisição de um local para a sepultura de Sara. A história reflete a etiqueta graciosa da vida comunitária no Oriente Médio, que envolve um educado diálogo entre os líderes das famílias hititas, reunidos na praça junto à entrada da cidade. Todavia, Abraão sabe que deverá pagar o preço justo pela terra se quiser realmente possuí-la; ele apenas precisa descobrir qual é esse valor.

Abraão fala como um mero residente estrangeiro naquele território, mas acaba como proprietário de um pedaço de terra lá. Embora os hititas estejam dispostos a garantir-lhe um espaço entre as suas sepulturas, Abraão deseja que a sua família tenha um local de sepultamento próprio. Talvez haja algum simbolismo em possuir isso. Toda aquela terra está destinada como posse à sua descendência, sendo essa a primeira porção que, de fato, ele possui, constituindo, então, um antegozo do que virá (uma vez que Deus declarou a intenção de dar a terra a Abraão, alguém pode questionar se ele deveria mesmo comprá-la).

Para a própria Sara, isso significa que ela sempre estará em casa, na terra que Deus prometeu à sua família. Ainda é possível visitar o mausoléu construído sobre a sua sepultura, caso essa tradicional localização da caverna de Macpela estiver mesmo correta (parece razoável imaginar que a sua família preservou o conhecimento da localização exata onde Sara e Abraão foram sepultados), além da suposição de que os relacionamentos entre israelenses e palestinos não fossem muito frágeis. Sara merece a nossa lembrança, pois ela é a principal predecessora dos judeus e dos cristãos (as considerações dos muçulmanos quanto a ela são naturalmente mais equivocadas pela maneira com que ela tratou Hagar e Ismael). Ela foi uma briosa mulher que viveu durante anos com a dolorosa tristeza de sua infertilidade, a quem seu marido sabia que não podia provocar (embora tenha se esforçado para isso) e de trato difícil, mesmo para Deus. Todavia, Sara foi uma mulher que, no devido tempo, viu o cumprimento das promessas de Deus e foi capaz de sorrir. "Olhem [...] para Sara, que lhes deu à luz", incentiva Deus, mais tarde, ao povo de **Judá**, quando eles são apenas uma sombra do que já foram (Isaías 51:2). Se Deus pode fazer milagres com Sara, ele pode fazer milagres com seus descendentes.

Os versículos de abertura de Gênesis 22:20-24 fornecem aos ouvintes um cenário importante dos eventos que virão. Eles estão relacionados à família que permaneceu em Harã, e o seu significado para a história ficará mais claro na fase seguinte.

GÊNESIS 24:1–20
ONDE ENCONTRAR UMA ESPOSA PARA ISAQUE

¹Ora, Abraão era velho, avançado em anos, e *Yahweh* tinha abençoado Abraão de todas as maneiras. **²**Abraão disse ao servo mais antigo de sua casa, que controlava tudo o que ele possuía: "Ponha a sua mão debaixo da minha coxa, **³**e eu o farei jurar por *Yahweh*, o Deus dos céus e o Deus da terra, que você não tomará uma esposa para o meu filho das filhas dos cananeus entre os quais estou vivendo, **⁴**mas irá à minha terra, à minha casa, e tomará uma esposa para o meu filho." **⁵**O servo disse a ele: "Talvez a mulher não esteja disposta a me seguir para esta terra: deveria eu, então, levar o teu filho de volta à terra de onde vieste?" **⁶**Abraão lhe disse: "Tenha a certeza de não levar o meu filho de volta para lá. **⁷***Yahweh*, o Deus dos céus, que me tirou da casa de meu pai e da minha terra, que falou comigo e me jurou: 'À sua descendência darei esta terra', ele enviará o seu ajudante adiante de você, e você tomará de lá uma esposa para meu filho. **⁸**Se a mulher não estiver disposta a seguir você, então você estará livre desse juramento a mim. Apenas não leve o meu filho de volta para lá."

⁹Então, o servo colocou a sua mão debaixo da coxa de seu senhor Abraão e jurou a ele sobre essa questão. **¹⁰**O servo tomou dez dos camelos do seu senhor e foi com todas as boas coisas pertencentes ao seu senhor. Ele partiu e chegou a Arã Naaraim, à cidade de Naor. **¹¹**Ele fez os camelos se ajoelharem fora da cidade, junto a um poço de água, ao cair da tarde, à hora em que as mulheres que tiram água saem. **¹²**Ele disse: "*Yahweh*, Deus do meu senhor Abraão, faz as coisas acontecerem a mim hoje. Age em compromisso com meu senhor Abraão. **¹³**Ora, estou junto à fonte de água, e as filhas do povo da cidade estão vindo para tirar água. **¹⁴**Que a garota a quem eu disser: 'Abaixe

> o seu cântaro para que eu possa beber', e ela disser: 'Beba, e eu também darei água aos seus camelos', seja ela a que tu escolheste para o teu servo Isaque. Por meio disso, eu reconhecerei que agiste em compromisso com meu senhor."
>
> **15** Antes que ele terminasse de falar, lá estava Rebeca, que havia nascido a Betuel, filho de Milca, esposa de Naor, irmão de Abraão, vindo com seu cântaro sobre o ombro. **16** A garota era muito bonita em aparência, uma jovem mulher com quem ninguém havia dormido. Ela desceu à fonte, encheu o seu cântaro e subiu. **17** O servo correu ao encontro dela e disse: "Deixe-me beber um pouco da água do seu cântaro." **18** Ela disse: "Beba, senhor" e rapidamente abaixou o seu cântaro à mão dele e o deixou beber. **19** Quando ele acabou de beber, ela disse: "Tirarei água para os seus camelos também, até que todos bebam." **20** Rapidamente, ela esvaziou o seu cântaro no cocho, correu de volta ao poço para tirar água e tirou para todos os camelos dele.

Ao fazer uma lista de pedidos de oração para os seus filhos, decerto o pedido para eles se casarem com a pessoa "certa" (e preservarem o casamento) está próximo do topo da lista. Nossos filhos se casaram com mulheres fortes e belas, que amamos e admiramos, e nos sentimos aliviados por poder confiar nossos filhos a elas a fim de que, como esposas, possam suprir as nossas falhas com eles. Brinco (talvez) que apenas quando confiamos nossos filhos aos braços de excelentes mulheres é que nos sentimos capazes de fugir do país. Ao se casarem, nossos filhos eram um pouco mais velhos do que nós quando casamos, mas o filho, quando tem os seus próprios filhos, às vezes fala com certa melancolia sobre não ter energia suficiente para ser pai em sua idade. E ele está apenas na casa dos trinta anos! Ao ler sobre homens com cinquenta ou sessenta anos que se casam com uma mulher mais jovem e começam uma família, pergunto-me como seria ser pai de adolescentes com sessenta ou setenta anos de idade. Igualmente, imagino como seria para a mãe, cujo marido tenha grande probabilidade de morrer antes de seus filhos e filhas se casarem. Deve ser estranho, preocupante e penoso ter que arrumar um casamento para o seu filho quando a sua esposa já faleceu. Em uma sociedade tradicional, normalmente as pessoas se casam ainda adolescentes, como Rebeca está prestes a fazer, e, por conseguinte, os seus filhos começariam a se casar antes de você chegar à meia-idade. Todavia, você pode morrer ainda jovem, como ocorreu a um dos irmãos de Abraão e a uma de suas noras. Uma vez mais, uma mãe ou um pai pode ter que arranjar um casamento sem a companhia de seu cônjuge.

Em certo sentido, essa situação levanta questões mais fáceis no Ocidente, onde deixamos a decisão sobre com quem casar para a pessoa menos propensa a tomar uma decisão sensata. (Meu futuro sogro me desaprovava tanto que chegou a ameaçar não comparecer ao casamento, mas isso não nos fez pensar em terminar o relacionamento.) Em uma sociedade tradicional, como a de Abraão, ele deve assumir a responsabilidade por essa questão. Deve, igualmente, fazê-lo por conta própria como resultado de Sara ter tido Isaque em sua velhice (seja o que isso signifique em termos de idade "real"). Em uma sociedade como aquela, é costume desposar alguém de fora de sua casa, mas dentro de sua família estendida (embora "família estendida" signifique algo muito mais amplo do que no Ocidente). Em grande parte, isso envolve uma questão de praticidade, não de genética, mas de relacionamentos. Casar-se com alguém dentro da família é algo sobremodo perturbador para o funcionamento e a relação familiar. Por outro lado, os israelitas viviam tipicamente em vilas, compreendendo duas ou três famílias que podiam traçar os seus inter-relacionamentos a famílias comuns de origem. (A própria história de Abraão ilustra como uma família podia ser muito mais ampla do que se imaginaria no Ocidente. Bem, não tão diferente do pensamento ocidental quanto a uma família estendida. Em uma vila, eles ocupariam um número de famílias reais, mas todas debaixo de um único líder.) O lugar natural de encontrar um cônjuge é dentre as outras famílias da vila.

O problema de Abraão é que a sua família está separada das outras de sua família estendida ou clã, de modo que precisa "retornar para casa" em busca de uma esposa para Isaque. A narrativa não fornece nenhuma razão racional para isso, apenas que é óbvio o bastante, tão óbvio quanto em um contexto ocidental, os jovens escolherem o [a] seu [sua] parceiro[a] e seus pais descobrirem apenas quando todos os detalhes do casamento já estão definidos e tratados.

A enfática insistência de Abraão sobre Isaque não desposar alguém dentre os **cananeus** ilustra tudo isso. Esse fato, decerto, faria soar o alarme dentre os ouvintes desse relato de Gênesis, em cujo contexto os cananeus são praticantes de uma religião que, com frequência, atrai e influencia os israelitas de modo a ter a reprovação da fé "adequada" do Antigo Testamento. Já mencionamos um exemplo, ou seja, o fato de a religião do Oriente Médio aprovar o sacrifício infantil, enquanto a **Torá** e os Profetas não. O pensamento ocidental mantém considerações étnicas e religiosas em compartimentos separados, pelo menos em teoria, mas essa é outra das idiossincrasias de nossa cultura singular. Considerações étnicas e religiosas, em geral, estão entrelaçadas. Na superfície dessa história, o fato de Isaque não desposar uma mulher cananeia constitui um princípio cultural e étnico, mas isso também pressupõe um princípio religioso. Uma esposa cananeia levará você a adotar as práticas dos cananeus.

É de crucial importância que isso não ocorra com Isaque e que ele despose o tipo certo de garota, porque é por meio dele que Deus intenciona trazer bênção ao mundo. Paradoxalmente, ele deve permanecer separado do mundo para trazer bênção a ele. Portanto, não é a mera precisão cronológica que torna essa história de Gênesis a última sobre Abraão. Assegurar que Isaque despose o tipo certo de mulher é o último ato importante de Abraão. Depois disso, ele poderá morrer, pois sua missão estará concluída. Isso também explica por que Abraão pode ter absoluta confiança na garantia divina de que a busca de seu **ajudante** será bem-sucedida. O próprio plano de Deus depende disso.

Essas considerações também estão conectadas com a insistência de Abraão para que o servo não leve Isaque de volta à sua terra natal. A permanência na terra de Canaã está diretamente ligada ao cumprimento daquele propósito divino. Deixar a terra significaria um tipo de retrocesso no desígnio de Deus. Isso será necessário para Jacó e sua família, embora as razões para tal saída, bem como suas consequências, não sejam felizes.

GÊNESIS **24:21–48**
COMO ENCONTRAR UMA ESPOSA PARA ISAQUE

[21]O homem ficou olhando para ela, em silêncio, para saber se *Yahweh* tinha tornado a sua jornada bem-sucedida ou não. [22]Quando os camelos acabaram de beber, o homem pegou uma argola de nariz de ouro (com o peso de meio siclo) e dois braceletes de ouro (com o peso de dez siclos). [23]Ele disse: "De quem você é filha? Diga-me. Há lugar na casa de seu pai para passarmos a noite?" [24]Ela lhe disse: "Sou filha de Betuel, filho de Milca, que ela gerou a Naor." [25]Ela lhe disse: "Há muita palha e forragem lá e também um lugar para passar a noite." [26]O homem caiu, prostrando-se diante de *Yahweh*, [27]e disse:

"*Yahweh*, o Deus de meu senhor Abraão, seja louvado, pois não abandonou o seu compromisso e a sua firmeza em relação ao meu senhor. Eu mesmo — *Yahweh* me conduziu no caminho até a casa dos parentes de meu senhor." **28**A jovem correu e contou à família de sua mãe todas essas coisas que tinham acontecido.

29Ora, Rebeca tinha um irmão chamado Labão, e Labão correu à fonte para encontrar o homem. **30**Quando ele viu a argola de nariz, os dois braceletes de sua irmã e ouviu as palavras de Rebeca, sua irmã, dizendo: "Foi assim que o homem falou comigo", ele foi até o homem. Lá estava ele, em pé junto aos camelos, junto à fonte. **31**Ele disse: "Venha, você que é bendito por *Yahweh*. Por que ficar aí fora, quando eu já preparei a casa, com um lugar para os camelos?" **32**Então, o homem entrou na casa e desatrelou os camelos. Ele deu palha e forragem aos camelos e água para lavar os seus pés e os pés dos homens que estavam com ele. **33**Puseram diante dele algo para comer. Mas ele disse: "Eu não comerei até que tenha dito minhas palavras." Assim, ele disse: "Fale."

34Ele disse: "Sou servo de Abraão. **35**Como *Yahweh* tem abençoado grandemente o meu senhor, ele se tornou um grande homem. Ele tem lhe dado ovelhas e gado, prata e ouro, servos e servas, camelos e jumentos. **36**Sara, a esposa de meu senhor, gerou a meu amo um filho em sua velhice, e ele lhe tem dado tudo o que ele tem. **37**Meu senhor me fez jurar, dizendo: 'Você não tomará uma esposa para o meu filho das filhas dos cananeus entre os quais eu estou vivendo, na terra deles, **38**mas irá à casa de meu pai, aos meus parentes, e tomará uma esposa para o meu filho'. **39**Eu disse ao meu senhor: 'Talvez a mulher não me siga'. **40**Ele me disse: '*Yahweh*, diante de quem eu tenho andado, ele enviará o seu ajudante com você, e ele fará a sua jornada ser bem- sucedida. Você tomará uma esposa para meu filho da minha parentela. **41**Então, estará livre do meu juramento se, quando você for à minha parentela, eles não a entregarem a você. Você estará livre do meu juramento'.

> **⁴²**Eu cheguei hoje à fonte e disse: '*Yahweh*, Deus do meu senhor Abraão, se puderes realmente ser aquele que concede sucesso à jornada que estou fazendo! **⁴³**Ora, estou junto à fonte de água. Que a garota que vier tirar água e a quem eu disser: "Poderia me deixar beber um pouco de água do seu cântaro?", **⁴⁴**e ela me disser: "Beba, e eu também tirarei água para os seus camelos", seja ela a mulher que *Yahweh* escolheu para o filho do meu senhor'. **⁴⁵**Antes de terminar de falar em meu coração, lá estava Rebeca, vindo com seu cântaro sobre os ombros. Ela desceu à fonte e tirou água. Eu disse a ela: 'Poderia dar-me de beber?' **⁴⁶**Ela rapidamente abaixou o cântaro de seus ombros e disse: 'Beba, e eu darei água aos seus camelos também'. Então, bebi, e ela deu água aos camelos também. **⁴⁷**Eu perguntei a ela: 'De quem você é filha?', e ela disse: 'Filha de Betuel, o filho de Naor, a quem Milca deu à luz'. E eu coloquei a argola em seu nariz e os braceletes em seus braços. **⁴⁸**Eu caí e me prostrei diante de *Yahweh*, o Deus de Abraão, meu pai, que me conduziu no caminho certo para encontrar a filha do irmão do meu senhor para o seu filho."

A primeira das "Quatro leis espirituais", que têm sido o ponto de partida para muitas pessoas chegarem à fé em Cristo, é que "Deus ama você e tem um plano maravilhoso para a sua vida". A lei é apoiada por versículos bíblicos, confirmando o amor e o desejo divinos de que tenhamos vida e que ela seja abundante. Contudo, de alguma forma, ao explicitar as implicações dessa lei, as pessoas, em geral, deduzem que Deus tem um plano detalhado, contendo a escola que devemos cursar, o emprego que devemos ter e com quem devemos nos casar. Eu mesmo, ocasionalmente, acabo sendo impopular com meus alunos por sugerir que não existe nenhuma indicação disso na Bíblia (e que isso seria estranho, porque Deus é um Pai amoroso, e pais genuinamente amorosos não têm planos sobre como os seus filhos deveriam viver a sua vida). Todavia, há raras exceções em que Deus possui um plano para a vida de alguém por existir um papel particular que Deus deseja que essa pessoa desempenhe. Moisés é um exemplo, bem como Jeremias (e eles ilustram como o plano de Deus para uma vida pessoal pode ser um tanto indesejado). Assim é para Abraão e Isaque.

O servo presume que Deus tem um plano com relação a quem Isaque deveria desposar e ele parte em sua missão à luz dessa convicção. Ele parte na direção de Arã Naaraim, "**Arã dos dois rios**", a região onde está Harã e onde ele faz uma oração insanamente ousada. Não é o tipo de oração à qual se poderia, usualmente, esperar por uma resposta, mas ele ora ao "Deus de meu senhor Abraão" e é capaz de desafiar Deus a manifestar o seu **compromisso** a Abraão (a palavra aparece três vezes nos lábios do servo). Deus fez promessas a Abraão quanto à importância de seu filho, levando o servo a orar com ousadia, fundamentado em tais promessas.

O lugar especial ocupado por Isaque no propósito divino significa que não podemos esperar fazer uma oração como a do servo e ter confiança de que ela será respondida (embora possamos fazer esse tipo de oração e ter esperança de recebermos uma resposta). Nesse sentido, não há um grande encorajamento a meros mortais nessa história. Por outro lado, há um encorajamento muito maior que podemos vislumbrar, porque a implicação do relato é de que, quando se trata do cumprimento do propósito divino para o mundo (no qual nós, meros mortais, estamos incluídos), podemos confiar em Deus para cumpri-lo. Jesus, certa ocasião, disse aos discípulos que, se eles pedissem qualquer coisa em seu nome, o receberiam (João 14:14). Essa é uma promessa intrigante. Para muitas pessoas, não adianta pedir, em nome de Jesus, pela cura de alguém ou por um emprego quando se está desempregado. Contudo, é possível que a expressão "em nome de Jesus" signifique algo "que é ou pode fazer parte da realização do propósito de Deus no mundo". Há sempre uma resposta para esse tipo de oração.

Assim, Abraão obriga o servo a jurar que fará tudo de acordo com a sua instrução. Colocar a mão sob a coxa de Abraão e, portanto, em contato com a sua genitália, de algum modo enfatiza a solenidade do juramento (não sabemos exatamente a razão disso). Dada a importância daquela comissão, surpreende o fato de Abraão confiá-la a um mero "servo", o que mostra a posição responsável e honrada que um "servo" ou "escravo" (a mesma palavra) pode ocupar. A forma de o servo realizar a sua tarefa expressa quão bem fundamentada era a confiança de Abraão nele. Ele sabe como orar, bem como manter o silêncio, observar e esperar. Conhece igualmente como honrar e prestar culto ao Deus que respondeu à sua insana oração, além de saber como manter o foco em sua missão, mesmo quando o costume social o obrigasse a aceitar a hospitalidade e não insistir em nada de sua missão, aguardando o momento oportuno para retomá-la. Há momentos para viver pelos costumes sociais e momentos para ignorá-los.

Esse servo é importante, embora o seu nome não seja revelado, pois a sua importância reside naquilo que ele faz. Dessa forma, é provável que ele não se importe por desconhecermos o seu nome. Não há nenhum fotógrafo a segui-lo, mas, de fato, ele é uma pessoa "abençoada por ***Yahweh***". É possível que Labão não saiba o seu nome e essa expressão seja apenas um cumprimento educado, mas a proeminência do tema da bênção na história de Abraão significa que os ouvintes desse relato sabem que aquela saudação aponta para algo significativo. O capítulo principia-se com a observação de como Deus havia abençoado Abraão e, agora, o servo repete o que Gênesis já nos contou, enfatizando como "*Yahweh* tem abençoado grandemente o meu senhor". Estar associado a uma pessoa abençoada por Deus e ser envolvido no cumprimento do propósito divino por meio dessa pessoa significa receber uma bênção também. O servo não estava em busca dela, mas apenas realizando o seu trabalho.

GÊNESIS 24:49—25:6
O PRIMEIRO ROMANCE?

⁴⁹"Assim, agora, se vocês irão agir com compromisso e fidelidade para com o meu senhor, digam-me. Se não, digam-me, para que eu possa virar à direita ou à esquerda." ⁵⁰Labão e Betuel responderam: "É de *Yahweh* que essa questão procede. Não podemos lhe falar mal ou bem. ⁵¹Eis Rebeca diante de você. Tome-a e vá, e que ela possa ser uma esposa para o filho do seu senhor, como *Yahweh* disse." ⁵²Quando o servo de Abraão ouviu essas palavras, ele curvou-se até o chão diante de *Yahweh*. ⁵³O servo trouxe objetos de prata e de ouro e roupas e os deu a Rebeca. Também deu presentes ao seu irmão e à sua mãe. ⁵⁴Eles comeram e beberam, ele e os homens que estavam com ele, e passaram a noite. Eles se levantaram de manhã, e ele disse: "Enviem-me ao meu senhor." ⁵⁵O irmão e a mãe dela disseram: "A garota deveria permanecer conosco (digamos) dez dias. Depois, você pode ir." ⁵⁶Ele lhes disse: "Não me façam demorar agora que *Yahweh* tornou a minha jornada bem sucedida. Enviem-me para que eu possa ir ao meu senhor." ⁵⁷Eles disseram: "Chamaremos a garota e perguntaremos o que ela diz." ⁵⁸Então, eles chamaram Rebeca e disseram a ela: "Você irá com esse homem?" Ela disse: "Eu irei." ⁵⁹Assim, eles enviaram Rebeca, sua irmã, com sua ama, o servo de Abraão e seus homens. ⁶⁰Eles abençoaram Rebeca e lhe disseram: "Nossa irmã, que você cresça para ser milhares de miríades e que a sua descendência tome posse da cidade de seus inimigos." ⁶¹E Rebeca e suas servas se levantaram, montaram em seus camelos e seguiram o homem. Assim, o servo tomou a Rebeca e

partiu. **⁶²**Ora, Isaque tinha voltado de Beer-Laai-Roi; ele estava vivendo na região do Neguebe. **⁶³**Isaque tinha saído para caminhar e pensar no campo, ao cair da tarde, e ele ergueu os olhos e viu: havia camelos vindo. **⁶⁴**Rebeca ergueu os olhos e viu Isaque. Ela saltou de seu camelo **⁶⁵**e disse ao servo: "Quem é aquele homem caminhando no campo prestes a nos encontrar?" O servo disse: "Aquele é o meu senhor." Ela pegou o seu véu e se cobriu, **⁶⁶**e o servo contou a Isaque tudo o que tinha feito. **⁶⁷**Então, Isaque a levou à tenda de Sara, sua mãe. Ele tomou Rebeca, ela se tornou sua esposa e ele a amou. Assim, Isaque encontrou consolação após a morte de sua mãe.

CAPÍTULO 25

¹Abraão, novamente, tomou uma esposa, cujo nome era Quetura. **²**Ela gerou a ele Zinrã, Jocsã, Medã, Midiã, Isbaque e Suá. **³**Jocsã foi o pai de Sabá e Dedã, enquanto os descendentes de Dedã foram os assuritas, os letusitas e os leumitas, **⁴**e os descendentes de Midiã foram Efá, Éfer, Enoque, Abida e Elda. Todos esses foram descendentes de Quetura. **⁵**Abraão deu tudo o que tinha a Isaque, **⁶**mas, para os filhos de suas esposas secundárias, Abraão deu presentes enquanto ele ainda estava vivo e os enviou para longe de seu filho Isaque, para o leste, para a terra oriental.

Ann e eu estávamos sentados à mesa de um restaurante, aguardando o nosso jantar ser servido. Ali deveria estar tocando *jazz*, mas o restaurante havia sido multado pelas autoridades municipais por não ter licença para música, de modo que o ambiente estava silencioso, e eu aproveitei para ler o livro de memórias de Barack Obama, *A audácia da esperança*, para Ann. De súbito, para meu espanto (e emoção), li que o sogro de Obama sofria de esclerose múltipla, a mesma doença de minha esposa. No caso de Frasier Robinson, a enfermidade foi diagnosticada quando ele tinha trinta anos, e pelos 25 anos seguintes, enquanto lutava bravamente, ele e sua família mantiveram uma vida "cuidadosamente circunscrita", onde "mesmo o menor passeio era cautelosamente planejado para evitar problemas e constrangimentos" (podíamos nos identificar com tudo isso). Ele faleceu aos 55 anos, e Obama relata a promessa de cuidar da garota do senhor Robinson (eles ainda não eram casados), enquanto acompanhava o caixão sendo baixado à sepultura.

Talvez haja um sentido para todo aquele que se casa, no qual o cônjuge assume o lugar de seus pais. Assim foi para Isaque.

O servo fala, novamente, sobre **compromisso**, mas dessa vez a circunstância diz respeito não ao compromisso de Deus, mas de Betuel e Labão. A questão é se eles ainda sentem um compromisso familiar com relação a Abraão, apesar de ele ter se separado da família décadas atrás. Se a resposta for negativa, o servo terá que prosseguir a sua busca em outro lugar. Todavia, os dois reconhecem não ter o direito de agir como se a decisão fosse deles. Deus já havia decidido. Rebeca, a jovem filha e irmã deles (ela não deveria ser mais do que uma adolescente), havia sido envolvida no propósito divino, quer eles gostassem quer não — bem como Moisés, Jeremias, Jonas, Saulo, na estrada de Damasco, e o próprio Abraão. Claro que, em teoria, você pode ter a oportunidade de responder "Não" (embora, muito provavelmente, Deus não venha aceitar a sua recusa, a julgar pelos exemplos citados). Assim, uma vez mais, o servo se curva em adoração diante de Deus, que continua levando a sua missão a bom termo. E, com o acordo realizado, bens podem ser dados e a hospitalidade, aceita.

Bem, e quanto a visão de Rebeca sobre essa questão? Parece que o seu destino está sendo selado em uma reunião de homens. Como já sabemos da história de Sara e Isaque, acontece que uma mulher sabe como trilhar o seu caminho em um mundo patriarcal e que a sua simples cooperação com os projetos dos homens não pode ser considerado algo garantido. Nessa história, pode ser apenas para efeito dramático que a questão quanto à concordância de Rebeca aos planos de Deus tenha sido levantada somente no dia seguinte. "Eu irei", ela responde.

Não sabemos, exatamente, o que Isaque estava fazendo quando a comitiva de camelos chegou a Berseba; a expressão singular que traduzi por "caminhar e pensar" surge apenas aqui, embora pareça um cruzamento entre uma palavra para "perambular" e outra para "meditar". Então, segue-se um momento um pouco parecido com aquela cena de *Amor, sublime amor*, em que os olhares de Tony e Maria se cruzam em uma sala, com Rebeca, então, saltando de seu camelo (o significado usual do verbo). Uma vez mais, a história combina propriedade (ela tinha sido enviada para esse encontro por outras pessoas, e, agora, ela se cobre com um véu, porque Isaque não pode vê-la ainda) com humanidade (eles se casam e se apaixonam). A ordem dos eventos parece estranha ao pensamento ocidental, mas corresponde ao testemunho de pessoas acostumadas a casamentos arranjados (embora Isaque e Rebeca não vivam, exatamente, felizes para sempre, em nada diferenciando de pessoas que se casam pelo modo ocidental).

Deve haver um sentido no qual Isaque e sua família se tornam uma nova família para Rebeca, compensando o fato de ela ter sido separada de sua família de nascimento, a que nunca mais voltará a ver. Barack Obama prometeu cuidar da filha de Frasier Robinson, mas também testifica à vida da família de Michelle Robinson, dando-lhe uma experiência de família como ele nunca teve. O que a história de Gênesis observa é a maneira pela qual Rebeca se torna a pessoa que traz cura ao sofrimento de Isaque pela morte de sua mãe, quando ele mesmo, presumidamente, não passa de um adolescente.

Nada sabemos sobre a cronologia do terceiro casamento de Abraão. No relato, o interesse reside em permitir que os israelitas saibam qual a ligação deles com outros povos como Midiã, Sabá e Dedã, que aparecem no limiar da história do Antigo Testamento, e outros povos que são apenas nomes para nós, mas podem ser familiares aos ouvintes da história, como povos à margem de suas vidas. Embora a definição de "esposa secundária" possa significar que os filhos de Quetura não tivessem direitos hereditários, Abraão, todavia, lhes dá uma partilha na herança da família antes de morrer, mas confirma o esperado reconhecimento primário a Isaque, "seu único filho".

GÊNESIS 25:7–22
IRMÃOS UNIDOS E DIVIDIDOS

7Esta é a soma dos anos da vida que Abraão viveu: 175 anos. **8**Então, ele deu o seu último suspiro. Abraão morreu em uma boa idade, velho e satisfeito, e juntou-se aos seus parentes. **9**Seus filhos, Isaque e Ismael, o enterraram na caverna em Macpela, no campo de Efrom, filho de Zoar, o hitita, que ficava a leste de Manre, **10**o campo que Abraão comprou dos hititas. Ali, Abraão e Sara, sua esposa, foram enterrados. **11**Após a morte de Abraão, Deus abençoou Isaque, o seu filho. Isaque vivia perto de Beer-Laai-Roi.

12Essa é a linhagem de descendentes de Ismael, filho de Abraão, que Hagar, a egípcia, criada de Sara, gerou a Abraão. **13**Estes são os nomes dos filhos de Ismael, com seus nomes por ordem de nascimento: Nebaiote, o primogênito de Ismael, Quedar, Adbeel, Mibsão, **14**Misma, Dumá, Massá, **15**Hadade, Temá, Jetur, Nafis e Quedemá. **16**Estes são os filhos de Ismael e estes são os seus nomes, por seus assentamentos e por seus acampamentos, doze líderes pertencentes aos seus povos. **17**Estes são os anos da vida de Ismael: 135 anos. Então, ele deu o último suspiro e morreu, e juntou-se aos seus parentes. (**18**Eles habitaram de Havilá a Sur, que fica a leste do Egito, quando se vai a Assur. Ele assentou-se contra todos os seus irmãos.)

19Esta é a linhagem de descendentes de Isaque, filho de Abraão. Abraão gerou Isaque, **20**e, quando Isaque tinha quarenta anos, ele tomou para si, como esposa, Rebeca, filha de Betuel, o arameu de Padã-Arã, irmã de Labão, o arameu. **21**Isaque suplicou a *Yahweh* em favor de sua esposa porque ela era estéril. *Yahweh* respondeu à sua súplica, e Rebeca, sua esposa, ficou grávida. **22**As crianças se empurravam dentro dela, e ela disse: "Se é assim, por que estou assim?" e foi inquirir *Yahweh*.

Não muito tempo atrás, minha esposa e eu fazíamos parte de uma família regular de três gerações. Minha mãe, o nosso único ancestral vivo, estava no topo, enquanto nós estávamos no meio. Nossos filhos e suas esposas estavam na base. Então, no período de dois anos, minha mãe faleceu e nosso primeiro neto nasceu, de maneira que, subitamente, passamos ao topo, nossos filhos e suas esposas ficaram no meio e nosso neto (agora, netos) na base. Isso me fez pensar no fato de que (em termos sociobiológicos) meu trabalho estava concluído e poderia então morrer. A minha incumbência era ter filhos e desempenhar a minha parte para garantir a continuidade da espécie humana, o que fiz. Posso deixar o futuro a cargo da próxima geração e da posterior a essa e morrer satisfeito com a minha vida. Mais recentemente, assinei um contrato para escrever essa série de livros intitulada *O Antigo Testamento para todos* e, claro, gostaria de viver para completá-la, caso contrário parecerei tolo.

Fico feliz em pensar que a minha morte não será o meu fim e que, após um período indeterminado de sono, levantarei no dia da ressurreição, mas, se não fosse assim, isso não me incomodaria muito. Gênesis presume que Abraão está contente ao iniciar o seu sono profundo. Ele se reunirá à sua família. (O Antigo Testamento, em outras passagens, deixa claro que as pessoas que morrem antes do seu tempo têm direito a uma atitude diferente, e eu tenho uma atitude distinta em nome da minha mulher, cuja vida tem sido tão limitada por sua enfermidade; fico feliz por ela poder dançar no dia da ressurreição e aguardo ansiosamente por me reunir a ela.)

Abraão sabe que o seu trabalho está concluído. Com Sara, ele teve um filho, que cresceu, e Abraão assegurou que ele tenha uma vida correta. Embora Isaque ainda não tenha tido um filho, Abraão sabe que Deus é capaz de resolver isso e que, agora, pode confiar o futuro da promessa divina às mãos de Deus e de Isaque. É por meio dele que o propósito de Deus será cumprido.

Ao mesmo tempo, o retrato de Isaque e Ismael enterrando juntos o pai é claro. Morte na família constitui uma daquelas ocasiões em que todas as tensões vêm à tona, e ninguém poderia culpá-lo, caso se sentisse excluído pelo fato de Deus ter dado a Isaque primazia sobre ele, assim como Abraão o fizera ao não tratá-lo como filho legítimo quando isso importava, ou seja, em seu testamento (veja os versículos de abertura de Gênesis 25). No entanto, Ismael é um grande homem. Ele está lá, ao lado de Isaque, enterrando o pai de ambos.

A importância secundária aparece novamente na maneira de Gênesis prosseguir fornecendo um relato sobre os seus descendentes. Como ocorre em Gênesis 1—11, a genealogia primeiramente citada está lá para abrir caminho antes de a história chegar à linhagem que realmente importa. Uma vez mais, a narrativa fornece aos ouvintes uma estrutura para compreender a posição dos povos que vivem ao redor deles, povos do deserto que conhecemos de outras partes do Antigo Testamento, como Quedar, Dumá e outros dos quais nada conhecemos. Ao contrário de listas anteriores, essa passagem deixa mais claro que a lista traz nomes de indivíduos que deram origem a grupos ou povos, da mesma forma que "**Israel**" remonta a "Israel". O derradeiro comentário sobre Ismael de que ele se "assentou" contra a sua família mais ampla sugere o cumprimento de uma profecia ou promessa feita pelo **ajudante** de Deus a Hagar, sua mãe (Gênesis 16:12). Mais literalmente, ele "caiu", no sentido de "saltar", como Rebeca saltando de seu camelo (Gênesis 24:64). A exemplo de Gênesis 16, o capítulo 25 indica que Ismael é um sobrevivente. Ninguém o derruba e, se ele cair, cai de pé.

É paradoxal, tanto quanto lógico, que Gênesis não tenha muito a falar sobre Abraão depois de ele ter o seu filho prometido (a narrativa discorre apenas sobre a morte de Sara e os arranjos do casamento de Isaque) e que o primeiro fato que o texto nos conta sobre Isaque é como ele e Rebeca vieram a ter filhos. É disso que depende o cumprimento do propósito divino. Como os pais de Isaque e muitos outros casais em Gênesis e outros livros bíblicos, Isaque e Rebeca enfrentam problemas para iniciar a sua própria família e, semelhantemente a outros futuros pais, a gravidez é, então, apenas o início de seus problemas. O que diferencia Isaque e Rebeca é a forma com que reagem a tudo isso. Primeiro, isso leva Isaque a orar. A palavra que Gênesis usa não é a que aparece com mais frequência. Ela é usada, principalmente, em conexão com a oração que Moisés faz a Deus, pedindo para remover as aflições que o próprio Deus traz sobre os egípcios, como também surge no contexto de algumas outras doenças e aflições. Portanto, a sugestão é confiar em Deus para eliminar possíveis desastres. De fato, será um verdadeiro desastre se Isaque e Rebeca não puderem ter filhos. De modo típico, a história pressupõe que o problema está em Rebeca. Essa presunção, em geral, pode ser justificada pelo fato de que, ao tentar com outra mulher, como no caso de Abraão, a gravidez ocorre. Em outros casos, como no episódio em questão, o problema pode estar em Isaque. Mas, de qualquer modo, Deus lida com o problema, eliminando-o.

Mais diferenciada é a rodada de oração, que vem a seguir. À semelhança de outras mulheres nesses relatos, como Sara e Raquel, Rebeca não é o tipo de pessoa que se resigna a ficar em casa, em paciente submissão ao seu marido e aceitando a própria sorte. Ela entra em ação. Nesse ponto, ela age presumindo que também pode falar com Deus sobre o que está acontecendo. Rebeca não delegou a oração ao seu marido ou foi a Deus por meio dele como se não tivesse nenhum relacionamento direto com Deus. Ela tem a liberdade, ilustrada por Salmos, de clamar a Deus diretamente pelas questões de sua vida. Em um cenário onde não existem clínicas de ginecologia e obstetrícia, a gravidez era uma boa forma de morrer, sendo ainda mais amedrontador sentir os estressantes eventos ocorrendo em seu interior (uma de suas futuras noras morrerá no parto). Desconhecemos como, precisamente, ela questionou Deus. Se essa fosse uma história passada, mais tarde, em Israel, poderíamos concluir que Rebeca foi a um santuário e que Deus lhe respondeu por meio de algum profeta. Talvez algo similar a isso tenha ocorrido. O que a história deixa claro é a simples possibilidade de levar os questionamentos a Deus e obter uma resposta, embora o relato não estabeleça que isso sempre ocorria. Cada mulher israelita ouvindo a história teria conhecimento disso, mas, por outro lado, a narrativa mostra que pode ocorrer e, portanto, vale a pena orar.

GÊNESIS 25:23—26:5
DOIS JOVENS QUE PRECISAM BATER CABEÇAS JUNTOS

²³*Yahweh* disse a ela: "Duas nações estão em seu ventre, dois povos se separarão de seu corpo. Um povo será mais forte que o outro povo, e o mais velho servirá ao mais jovem." **²⁴**Chegou o tempo de dar à luz, e havia gêmeos em seu ventre. **²⁵**O primeiro a sair era todo ruivo como um manto "peludo". Eles o chamaram de Esaú. **²⁶**Depois, saiu seu irmão, com a mão "agarrada" ao calcanhar de Esaú. Eles o chamaram de Jacó. Isaque tinha sessenta anos quando eles nasceram.

²⁷Os meninos cresceram, e Esaú tornou-se um homem que sabia caçar, um homem do campo aberto, enquanto Jacó era um homem íntegro, que permanecia nas tendas. **²⁸**Isaque amava a Esaú, por causa de seu gosto por caça, enquanto Rebeca amava a Jacó. **²⁹**Jacó cozinhou um guisado, e Esaú chegou do campo. Ele estava faminto. **³⁰**Esaú disse a Jacó: "Enche-me com a coisa "vermelha", essa coisa vermelha, porque estou faminto"; por isso, ele foi chamado de Edom. **³¹**Jacó disse: "Venda-me a sua primogenitura hoje." **³²**Esaú disse: "Está bem, estou prestes a morrer. De que me serve uma primogenitura?" **³³**Jacó disse: "Jura-me hoje." Então, jurou-lhe. Ele vendeu a sua primogenitura a Jacó, **³⁴**e Jacó deu a Esaú pão e guisado de lentilha. Ele comeu, bebeu, levantou-se e saiu. Assim, Esaú desprezou a primogenitura.

CAPÍTULO 26

¹Houve fome na terra, além da fome anterior que ocorreu nos dias de Abraão. Isaque foi a Gerar, a Abimeleque, rei dos filisteus. **²***Yahweh* apareceu a ele e disse: "Não desça ao Egito. Permaneça na terra em que estou lhe falando. **³**Resida nesta terra. Eu estarei com você e o abençoarei, porque darei a você e à sua descendência todas estas terras. Cumprirei o juramento que fiz a Abraão, seu pai. **⁴**Farei a sua descendência tão numerosa

> quanto as estrelas nos céus e darei à sua descendência todas estas terras, e todas as nações da terra abençoarão a si mesmas por sua descendência, **⁵**visto que Abraão ouviu a minha voz e guardou minhas ordenanças, meus mandamentos e minhas instruções."

Há uma coisa estranha sobre bebês (bem, há muitas). Com frequência, penso em meus dois filhos, nascidos de mesmo pai e mesma mãe, educados praticamente da mesma forma pelos mesmos pais e que vieram a ser pessoas muito diferentes entre si, desde o nascimento, aliás. Na humanidade em geral, sempre há pessoas almejando o primeiro lugar e outras que não dão a mínima para isso. Existe aquele que deseja chegar à presidência, ser famoso no mundo musical, ganhar uma competição na televisão, ser o filho favorito dos pais, ser o primeiro aluno da turma, entrar para o *Guinness*, o livro dos recordes, ou escrever um romance de sucesso (ou livro de teologia). Então, por outro lado, há pessoas que não têm a menor preocupação com isso, sem ambições, sem grandes realizações em seu currículo, desprovidas de planos para a sua vida, tornando-se meras desconhecidas na multidão. Um tipo não é melhor que o outro. Os dois podem ser nocivos a si mesmos e aos outros. A ambição ou letargia deles pode significar a ruína de suas vidas ou evitar que sejam o que poderiam ser e/ou que falhem em servir a outras pessoas por causa de seu egocentrismo. Eclesiastes olharia com desdém para ambos os tipos; tais pessoas superestimam ou subestimam as conquistas.

Jacó e Esaú personificam os dois tipos. Ao que tudo indica, eram gêmeos bivitelinos e, portanto, não idênticos, em oposição aos univitelinos ou monozigóticos, gêmeos idênticos. Em suma, como ocorre às vezes com os tratamentos médicos de fertilidade, a oração de Isaque revelou-se espetacularmente eficaz ao fazer Deus descerrar o ventre de Rebeca; dois de seus óvulos foram fertilizados. Poderia se dizer que eles incorporavam já em seu nascimento os dois tipos de pessoas que acabamos de descrever. Esaú era o número um, mas não se incomodava com isso, enquanto Jacó, o número dois, sempre desejou ser o número um. Eles nasceram gêmeos, sendo Esaú o mais velho, por apenas alguns segundos, mas, ao sair do ventre de Rebeca, era como se Jacó já estivesse tentando alcançar seu irmão. O seu nome significa "ele agarra" (o nome poderia também significar "[Deus] protege", e talvez esse significado seja também sugerido). É estranho que ele seja descrito como íntegro, uma vez que esse adjetivo não estaria entre os seis primeiros que, à luz de sua história, poderiam ser atribuídos a ele.

Os ouvintes da história sabem como compreender a explicação de Deus do que estava acontecendo no ventre de Rebeca algumas semanas antes, pois eles mesmos são Jacó. Embora, no devido tempo, Jacó receba Israel como seu novo nome, que também é o nome regular de seus descendentes, o Antigo Testamento segue citando-o como Jacó. Da mesma forma, Esaú recebe como seu novo nome Edom, que é o nome do povo que habitava uma região localizada a sudeste de Israel e vivia em constante conflito com **Israel** pelo domínio do território. Por muito tempo, Jacó-Israel será o maior dentre esses dois povos. Isso é um pouco estranho, pois o irmão mais velho deve ser o dominante. No entanto, exatamente por este ser o costume social regular, Deus aprecia contrariar as regras, de modo que os irmãos mais velhos são, no fim das contas, superados por seus irmãozinhos (pense em José ou Davi).

Do mesmo modo que havia um significado no nome de batismo de Jacó e em seu novo nome, havia mais ainda no de Esaú. Inicialmente, **Esaú** é muito parecido com o termo para cabelo. Daí a referência à aparência de Esaú como um manto peludo, o que sugere uma aparência rústica, de alguém que se sente à vontade na natureza. Sua personalidade e destino, como o de Jacó, pareciam estar prenunciados por sua característica ao nascer. A abundância de pelos não foi o único aspecto de seu nascimento a ser lembrado por Rebeca. Ele também nasceu todo ruivo, e "vermelho" é ainda mais próximo do nome "Edom" do que "cabelo" é de Esaú. Assim, essa história será sobre Agarrador e Vermelho. Todavia, o relato aguarda para tornar explícito que Esaú ganhou esse segundo nome até nos contar sobre o guisado vermelho de lentilhas que Esaú estava tão ávido por comer.

É possível que Esaú estivesse exagerando quando disse estar faminto, prestes a morrer de fome; pelo menos, isso sempre ocorria com nossos dois filhos. Além disso, ele não se importava em ser o número um. Se isso é tão importante para Jacó, então que ele fique com a primogenitura. Quem se importa quando tudo o que você precisa é de algo para comer? Jacó se importa. Quando você necessita ser o número um e não é, isso tem profunda importância, e você fará tudo para chegar lá. Nesse caso, entretanto, Jacó não precisou fazer muito — apenas cozinhar uma porção de guisado na hora certa.

O relacionamento inquieto entre os filhos de Jacó, pressagiando a relação tensa entre os povos que descenderam deles, não é o único paralelo entre a história de Isaque e a de seu pai (isso tem o efeito de sugerir que Isaque jamais fez algo interessante, ou que nada notável tenha ocorrido a ele, e que apenas preenche o espaço entre Abraão e Jacó). À semelhança de Abraão, Deus aparece a Isaque e promete que ele será um povo numeroso, que (pelo menos por meio dele) receberá a posse da terra e será um padrão de oração para bênção aos povos. Como Abraão, Isaque precisa lidar com a fome e, também como o seu pai, ele busca refúgio em Gerar, no território de um rei chamado Abimeleque (possivelmente um diferente). Os paralelos prosseguirão com o desenrolar da história.

No entanto, há características notadamente distintas nas palavras de Deus a Isaque. Uma delas é a proibição de descer ao Egito, recordando a ordem de Abraão ao seu servo para não deixar Isaque sair da terra naquela direção a fim de encontrar uma esposa. *Esta* é a terra prometida, não a deixe mesmo sob pressão. Há a promessa relacionada: "Eu estarei com você." Deus, certamente, esteve com Abraão, como Abimeleque pôde testificar (Gênesis 21:22), mas Deus não expressou um real compromisso com Abraão nesses termos. Desse modo, essa poderia ser chamada como a promessa de Isaque (ela será repetida a outras pessoas, e a Israel também, mas começa como a promessa de Isaque). Deus estar com Isaque não significa meramente que este sente a presença de Deus durante tempos difíceis, ou mesmo que Deus estará ao seu lado em meio a situações complicadas, quer Isaque sinta isso quer não. Na Bíblia, Deus estar com você é algo que faz uma diferença prática em como as coisas funcionam. Assim, quando circunstâncias externas parecem trabalhar contra você, a presença de Deus fará isso resultar em bênção (fecundidade e florescimento). Paradoxalmente, isso será verdade porque o pai de Isaque obedeceu ao que Deus disse e estava preparado para sacrificar seu filho! O compromisso de Abraão, ao tratar Isaque como sacrificável, é a base do compromisso de Deus em abençoar Isaque. A atitude dos pais em relação aos filhos, a Deus, bem como a maneira em que veem a conexão entre essas duas atitudes, podem resultar em profundas implicações na forma de Deus lidar com seus filhos.

GÊNESIS **26:6–33**
SERÁ QUE NUNCA APRENDEMOS? — PARTE DOIS

⁶Assim, Isaque viveu em Gerar. **⁷**As pessoas do lugar perguntaram sobre a sua esposa, e ele disse: "Ela é minha irmã", porque teve medo de dizer "Minha esposa" caso "as pessoas do lugar me matem por causa de Rebeca, porque ela parece atraente." **⁸**Ora, quando ele já estava lá fazia algum tempo, Abimeleque, rei dos filisteus, olhou para baixo de uma janela e viu: lá estava Isaque flertando com Rebeca, sua esposa. **⁹**Abimeleque chamou Isaque e disse: "Ora, realmente ela é sua esposa! Como você veio a dizer: 'Ela é minha irmã'?" Isaque lhe disse: "Eu pensei: 'No caso de eu morrer por causa dela'." **¹⁰**Abimeleque disse: "O que é isso que você nos fez? Pois qualquer um do povo poderia ter dormido com a sua esposa e trazido culpa sobre nós." **¹¹**Abimeleque ordenou a todo o povo: "Qualquer um que tocar nesse homem ou na sua esposa certamente será colocado à morte."

¹²Isaque semeou naquela terra e naquele ano colheu cem vezes mais. *Yahweh* o abençoou. **¹³**O homem cresceu muito, e continuou assim, até ter crescido muitíssimo, de fato. **¹⁴**Ele tinha gado, rebanhos e manadas e um grande corpo de servos, e os filisteus ficaram com inveja dele. **¹⁵**Todos os poços que os servos de seu pai tinham cavado, ao tempo de Abraão, seu pai, os filisteus obstruíram e encheram com terra. **¹⁶**E Abimeleque disse a Isaque: "Afaste-se de nós, porque você é poderoso demais para nós."

¹⁷Então, Isaque saiu dali, acampou no vale de Gerar e viveu ali. **¹⁸**Isaque, novamente, cavou os poços de água que eles haviam cavado ao tempo de Abraão, seu pai, e que os filisteus tinham obstruído após a morte de Abraão. Ele os chamou pelos mesmos nomes que seu pai os havia chamado. **¹⁹**Os servos de Isaque cavaram no vale e descobriram lá um poço de água nascente, **²⁰**e os pastores de Gerar arguíram com os pastores de Isaque, dizendo: "A água é nossa." Ele chamou o poço de "Contenda", porque contenderam com ele. **²¹**Eles cavaram outro poço, e os filisteus arguíram sobre ele também, por isso o chamou de "Oposição". **²²**Ele se mudou dali e cavou outro poço, e eles não arguíram sobre esse, de modo que ele o chamou de "Alargamento" e disse: "Agora *Yahweh* nos deu espaço, e seremos prósperos na terra."

²³De lá, ele subiu para Berseba. **²⁴** *Yahweh* apareceu a ele naquela noite e disse: "Eu sou o Deus de Abraão, seu pai. Não tenha medo, porque eu estarei com você, o abençoarei e farei a sua descendência numerosa por causa de meu servo Abraão." **²⁵**Ele construiu um altar ali, invocou o nome de *Yahweh* e armou suas tendas ali. Os servos de Isaque cavaram um poço ali. **²⁶**Abimeleque veio a ele de Gerar, com Auzate, seu conselheiro, e Ficol, o comandante do seu exército. **²⁷**Isaque lhes disse: "Por que vêm a mim, quando foram hostis a mim e me mandaram embora?" **²⁸**Eles disseram: "Vimos claramente que *Yahweh* está contigo; então, dissemos: 'É necessário haver um acordo juramentado entre nós', entre nós e tu. Assim, queremos selar uma aliança contigo, **²⁹**de que não nos fará mal, assim como não tocamos em ti e nada fizemos a ti, exceto o bem, e o despedimos em paz. Tu és agora o abençoado por *Yahweh*." **³⁰**Então, Isaque preparou-lhes um banquete, e eles comeram e beberam. **³¹**Na manhã seguinte, bem cedo, eles fizeram juramentos, um ao outro, e Isaque os despediu, e eles partiram em paz. **³²**Naquele dia, os servos de Isaque vieram e lhe contaram sobre um poço que eles tinham cavado, dizendo-lhe: "Achamos água." **³³**Ele o chamou de "Seba". Por isso, o nome da cidade é Berseba até os dias de hoje.

Algumas semanas atrás, o grande romancista norte-americano John Updike faleceu. Tentei ler um de seus romances há alguns anos, mas fracassei. À luz dos elogios, achei que devia tentar novamente, de modo que comecei com *Too Far to Go*

[Longe demais para ir], que recebeu elogios entusiásticos. Na realidade, trata-se de uma coletânea de histórias curtas sobre um casal, Richard e Joan Maple. Eles têm uma relação estranhamente disfuncional e codependente. Na noite passada, aconteceu de estar lendo uma história na qual os dois revelam, um ao outro, os seus casos. A história é, na sua maior parte, contada da perspectiva de Richard; pelo menos, sabemos mais sobre o que está acontecendo na mente de Richard do que na de Joan. Uma característica surpreendente do romance é a bizarra fascinação de Richard pelos casos de sua esposa e seus amantes. Ele quer saber quantos houve e a quantidade de vezes que ela se encontrou com eles e onde. Ele parece não ser repelido por tudo isso, mas atraído.

Isso me fez lembrar de um comentário sobre Abraão, Isaque e suas esposas. É óbvio que Gênesis fala aqui de Isaque estar "flertando" com Rebeca, porque o verbo é ligado ao próprio nome de Isaque, o verbo que surge, repetidas vezes, entre Gênesis 17 e 21, com o significado de "rir". Isaque estava acariciando Rebeca. Desse modo, essa narrativa sobre Isaque e sua esposa é contada distintamente. Todavia, a ocorrência de outra história similar, sobre Abraão e Sara, levanta a questão sobre o motivo de esses homens agirem tão estupidamente. Será que ainda não aprenderam? Além do mais, por que Gênesis inclui três histórias sobre alguém mentindo sobre sua esposa ser sua irmã, arriscando a colocá-la na cama do rei? Havia, decerto, muitas outras histórias que Gênesis poderia ter incluído. Talvez a resposta resida no fato de os homens possuírem uma estranha ambivalência quanto à sexualidade de suas esposas. Como Richard Maple, queremos que a nossa esposa seja apenas nossa, mas há algo intrigante sobre outros homens a desejarem. É um tipo de elogio. Não há meios de saber se havia uma motivação consciente para a inclusão de tais histórias em Gênesis; pode ser apenas um motivo subconsciente (ou nem mesmo isso). Seja qual for a resposta, esses relatos, agora, podem levar homens a refletirem sobre seu subconsciente e, ao mesmo tempo, chamar a atenção das mulheres para isso. No Ocidente, de fato, as políticas sexuais, com frequência, precisam abranger ambas as formas, de modo que as histórias possam encorajar as mulheres a refletir sobre o seu próprio subconsciente quanto ao marido e, igualmente, este deve ter ciência disso.

Em extraordinário contraste com o relato da estupidez de Isaque, Gênesis prossegue descrevendo como Isaque prosperou na terra de Abimeleque. Bem, a sua mãe deve ter provavelmente dito que, caso se comportasse bem, as circunstâncias lhe seriam benéficas e também que (mais importante), caso se comportasse mal, pagaria por isso. Geralmente, isso prevalece, mas nem sempre. Deus não parece considerar tão importante ser justo (em vez de dizer que Deus é justo, Jesus observa que Deus faz o sol brilhar e a chuva cair sobre justos e injustos, e, provavelmente, não foi isso o que sua mãe disse a você). A questão sobre justiça e injustiça está subordinada a outras prioridades. Em Gênesis, a prioridade é Deus fazer de Abraão e sua descendência uma personificação da bênção divina que atrairá o mundo, e a história de Isaque ilustra esse propósito em ação. Na verdade, abençoar Isaque quando ele não merece constitui uma importante expressão de algo sobre Deus que pode atrair pessoas, mesmo contrariando a sua mãe. No Antigo Testamento, Deus opera com base na graça em vez de no mérito. Quanto mais patéticos os personagens da história são (e eles se esforçam para isso), tanto mais claro o princípio do evangelho se torna.

Somos tomados de sentimentos mistos sobre essa motivação bíblica, porque isso torna a nossa vida menos sujeita ao cálculo e ao controle. Abimeleque e seu povo, decerto, tinham sentimentos diversos sobre isso. Nesse contexto, um assunto que vem à tona é quanto ao suprimento de água. A região do Neguebe, onde essas histórias acontecem (Berseba, Beer-Laai-Roi, Gerar), está mais próxima de ser árida; Berseba recebe cerca de dez dias de chuva por ano. Essa condição suscita questões quanto a alguém poder viver lá. No entanto, há água no subsolo, e cavar poços, portanto, torna possível a vida naquele território. A escavação de poços, contudo, pode exigir um grande contingente de mão de obra, de modo que, após serem concluídos, esses locais passam a ser motivo de disputa.

Uma canção observa que nunca chove no sul da Califórnia, mas "eles jamais previnem como chove", quando a chuva vem (eu jamais usei galochas na Inglaterra). O Oriente Médio pode ser similar. Um vale pode ser um leito seco de um rio que corre apenas quando há uma tempestade (em árabe é um ***wadi***; no hebraico, um ***nahal***). Viver lá tem os seus perigos; é preciso manter os olhos bem abertos e vigilantes com respeito a tempestades que podem varrer você e seu acampamento. Por outro lado, quando a chuva cai, é possível coletar e ter uma boa reserva de água e, quando ela cessa, a pastagem crescerá para os seus rebanhos.

GÊNESIS 26:34—27:33
QUÃO ESTÚPIDOS OS PAIS PODEM SER

³⁴Quando Esaú tinha quarenta anos de idade, ele tomou como esposa a Judite, filha de Beeri, o hitita, e Basemate, a filha de Elom, o hitita, ³⁵mas elas produziram amargura de espírito em Isaque e Rebeca.

CAPÍTULO 27

¹Quando Isaque era velho e seus olhos estavam muito fracos para enxergar, ele chamou o seu filho mais velho, Esaú, e lhe

disse: "Filho!" Esaú disse a ele: "Estou aqui." **²**Isaque disse: "Bem, estou velho. Não sei quando devo morrer. **³**Assim, agora, pegue o seu equipamento, a sua aljava e o seu arco, vá para o campo aberto e apanhe uma caça para mim. **⁴**Faça um prato do jeito que eu gosto e traga-o para eu comer, e lhe darei a minha bênção pessoal antes de morrer." **⁵**(Rebeca estava ouvindo quando Isaque falou a seu filho Esaú.) Então, Esaú foi ao campo apanhar uma caça e trazer para casa, **⁶**e Rebeca disse ao seu filho Jacó: "Bem, ouvi o seu pai falando a Esaú, seu irmão, dizendo: **⁷**'Traga-me uma caça e prepare um prato para eu comer, e abençoarei você diante de *Yahweh* antes de eu morrer'. **⁸**Mas agora, filho, escute o que digo, ao que estou lhe dizendo. **⁹**Vá ao rebanho e traga-me dois cabritos escolhidos de lá, e farei deles um prato para o seu pai, do jeito que ele gosta, **¹⁰**e poderá levá-lo ao seu pai para comer, de modo que abençoe você antes de ele morrer." **¹¹**Jacó disse a Rebeca, sua mãe: "Ora, Esaú, meu irmão, é um homem peludo, e eu sou um homem de pele lisa. **¹²**Suponha que meu pai me toque e veja que o estou enganando. Trarei sobre mim mesmo menosprezo, não bênção." **¹³**Sua mãe lhe disse: "O seu menosprezo estará sobre mim, filho. Apenas escute o que eu digo. Vá e apanhe-os para mim." **¹⁴**Então, ele foi, apanhou-os e os trouxe à sua mãe, e sua mãe fez um prato do jeito que seu pai gostava. **¹⁵**Rebeca pegou as roupas de seu filho mais velho, Esaú, as melhores, que estavam com ela na casa, e colocou-as sobre seu filho mais novo, Jacó. **¹⁶**A pele dos cabritos, ela colocou em suas mãos e na parte lisa de seu pescoço **¹⁷**e entregou ao seu filho Jacó o prato e o pão que ela tinha feito. **¹⁸**Ele foi ao seu pai e disse: "Pai!" Ele disse: "Estou aqui. Quem é você, filho?" **¹⁹**Jacó disse ao seu pai: "Sou Esaú, seu primogênito. Fiz como me falaste. Senta-te e come um pouco da caça, para que me possas dar a tua bênção pessoal." **²⁰**Isaque disse ao seu filho: "Como é que encontrou a caça tão rápido, filho?" Ele disse: "Porque *Yahweh*, o teu Deus, a trouxe a mim." **²¹**Isaque disse a Jacó: "Chegue mais perto para que eu possa sentir você, filho, se você é realmente o meu filho

Esaú ou não." ²²Jacó chegou mais perto de Isaque, seu pai, e ele o sentiu e disse: "A voz é de Jacó, mas as mãos são as de Esaú, seu irmão." ²³Ele não o reconheceu, porque suas mãos eram peludas como as de Esaú, seu irmão, e ele o abençoou.

²⁴Então, ele disse: "Você é realmente o meu filho Esaú?", e ele disse: "Sou." ²⁵Ele disse: "Traga isso perto para que eu possa comer um pouco da caça de meu filho e dar-lhe a minha bênção pessoal." Ele levou o prato perto dele, e ele comeu; e lhe trouxe vinho, e ele bebeu. ²⁶Isaque, seu pai, lhe disse: "Chegue mais perto e me beije, filho." ²⁷Ele chegou mais perto e o beijou, e ele cheirou as suas roupas. Então, ele o abençoou, dizendo: "Veja, o cheiro do meu filho é como o cheiro do campo que *Yahweh* abençoou. ²⁸Que Deus dê a você do orvalho dos céus e das riquezas da terra, muito grão e vinho novo. ²⁹Que os povos lhe sirvam, que as nações se curvem a você. Maldito seja o que o amaldiçoar e abençoados sejam aqueles que o abençoarem."

³⁰Assim que Isaque terminou de abençoar Jacó, e Jacó saiu da presença de Isaque, seu pai, Esaú, seu irmão, chegou de sua caçada. ³¹Ele também fez um prato e o trouxe ao seu pai, dizendo-lhe: "Que meu pai se levante e coma um pouco da caça de seu filho, para que possa me dar a sua bênção pessoal." ³²Isaque, seu pai, lhe disse: "Quem é você?" Ele disse: "Sou o teu filho, o teu primogênito, Esaú." ³³Isaque tremeu, tremeu com força, e disse: "Então, quem foi que, antes de você chegar, apanhou a caça, a trouxe a mim, e eu a comi toda e o abençoei? Sim, ele virá a ser abençoado."

É incrível como nós, pais, podemos ser tolos. Há pouco tempo, minha esposa e eu estávamos jantando com alguns amigos, e fiz uma observação sobre como as pessoas estão sempre falando sobre intimidade e a importância de ser relacional, mas tudo isso é pura conversa; todos, então, isolam-se em seus respectivos apartamentos. Uma terapeuta amiga protestou, com certa angústia resultante da experiência com seus clientes: "Mas eles são incapacitados para intimidade." Fiquei remoendo essa sentença em minha mente. O que os incapacitou? Eles jamais conheceram pais relacionando-se de um modo íntimo e comprometidos um com o outro, nem com seus filhos. Mesmo os pais que permaneceram juntos (mas considere a taxa de divórcios) nunca tiveram tempo real com seus filhos por estarem tão concentrados em seus respectivos trabalhos, paradoxalmente, em parte por que desejavam prover a seus filhos para o presente e o futuro. Ou pode ser que estivessem muito ocupados pressionando os filhos a irem bem na escola e a se envolverem em inúmeras atividades na comunidade, a fim de fortalecer o perfil deles quando se candidatassem a uma universidade.

Decerto, não somos como Isaque e Rebeca, mas temos outras formas de cometer tolices. Talvez, como pais, não disponhamos de tempo ou energia para favorecer um filho em detrimento de outro. Essa foi a tolice cometida por aquele casal: Isaque favorecia a Esaú, enquanto Rebeca favorecia a Jacó. Para esses pais, Esaú é "o filho dele", e Jacó é o "filho dela". Isso conduz a engano, blasfêmia, angústia e fúria.

Ao chegarmos à parte de Gênesis onde Jacó passa a ser o centro da história, vale ainda mais a pena imaginar que somos israelitas (jacobitas) ouvindo o relato. É possível que a audiência reagisse de alguma forma ao ouvir sobre Jacó agarrando o calcanhar de Esaú, em seu caminho para fora do ventre de Rebeca — ou, quiçá, eles sentissem orgulho. Talvez arrastassem inquietamente os pés ao ouvir sobre Jacó em uma negociação difícil com Esaú quanto a um pouco de guisado ou talvez sentiram Jacó ser vingado pelo pouco apego de Esaú à sua posição de primogênito, com os privilégios e responsabilidades correspondentes. Sentiram-se, porventura, ainda mais vingados ao ouvir sobre o casamento de Esaú com duas mulheres hititas, o povo que vivia ao redor de Hebrom. Os hititas foram bons vizinhos do avô de Esaú, mas os ouvintes não ficariam surpresos ao saber que Isaque e Rebeca ficaram amargurados por Esaú desposar mulheres do povo local. O próprio Abraão tomou providências para que Isaque não fizesse o mesmo, o que levou à vinda de Rebeca, desde Arã Naaraim, para desposar Isaque; e Jacó não se casará com uma garota local. Além do mais, os ouvintes saberão que nenhum amor foi desperdiçado entre eles e os edomitas, os descendentes de Esaú. Se sobrevivessem ao **exílio**, veriam esses mesmos edomitas tomando posse, gradualmente, de grande parte do território de **Judá**, incluindo Hebrom.

Se nutrem sentimentos negativos por Esaú, os ouvintes são colocados em seu devido lugar à medida que a história se desenrola. Embora Jacó seja o ancestral heroico deles, é ele que engana Esaú, retirando a sua bênção. É difícil imaginá-los considerando que a história aprova a ação de Jacó, o enganador e blasfemador. Deus, com frequência, os acusa de serem enganadores, pois se dizem comprometidos com o Deus de Abraão, mas oferecem sacrifícios aos deuses locais em busca de auxílio, bem como clamam confiar em Deus, mas cobrem as suas apostas estabelecendo astutas alianças políticas. No fim, a infidelidade religiosa não se revelou tão esperta assim, muito menos as alianças políticas. Todos são, como Jacó, enganadores que descobrem que o logro não compensa.

Ao mesmo tempo, descobrirão (como ocorreu no relacionamento entre Abimeleque e Isaque) que Deus não é moralista ao fazer as coisas funcionarem. Jacó não merecia receber a bênção, mas Deus não opera com base no mérito. E Deus até se alegra em usar a pecaminosidade de Jacó a fim de subverter a ordem social que estabelece que o primeiro filho deve ter privilégios e responsabilidades maiores.

GÊNESIS 27:34—28:5
PALAVRAS QUE NÃO PODEM SER APAGADAS

³⁴Quando Esaú ouviu as palavras de seu pai, ele gritou em alto e amargo lamento. Ele disse a seu pai: "Abençoa-me também, pai!" **³⁵**Isaque disse: "O seu irmão veio enganosamente e tomou a sua bênção." **³⁶**Ele disse: "Ele é chamado 'Jacó', não é? Ele me 'agarrou' essas duas vezes. Ele tomou a minha primogenitura, e sim, agora, tomou a minha bênção." Então, ele disse: "Tu não reservaste uma bênção para mim?" **³⁷**Isaque disse em resposta a Esaú: "Na verdade, eu o constituí senhor em relação a você. Dei-lhe todos os seus irmãos como servos e o sustentei com grão e vinho novo. Assim, o que posso fazer por você, filho?" **³⁸**Esaú disse ao seu pai: "Tu tens uma só bênção, pai? Abençoa-me também, pai!" Esaú chorou em alta voz. **³⁹**Isaque, seu pai, disse-lhe em resposta: "Sim, a sua habitação será longe da riqueza da terra e do orvalho dos céus acima. **⁴⁰**Por sua espada você viverá, mas servirá a seu irmão, embora, enquanto vagueia, quebre o jugo dele de seu pescoço."

⁴¹Esaú foi hostil com Jacó por causa da bênção com que seu pai o tinha abençoado e disse a si mesmo: "Quando os dias de luto de meu pai chegarem, eu matarei Jacó, meu irmão." **⁴²**Rebeca foi informada das palavras de seu filho mais velho, Esaú. Mandou chamar o seu filho mais novo, Jacó, e lhe disse: "Bem, Esaú, seu irmão, irá consolar-se, matando você. **⁴³**Agora, filho, ouça a minha voz. Retire-se e fuja para Harã, para o meu irmão Labão, **⁴⁴**e viva com ele por algum tempo, até a fúria de seu irmão desaparecer, **⁴⁵**até que a raiva de seu irmão por você vá embora e ele esqueça o que você lhe fez. E mandarei buscar você lá. Por que eu deveria perder os dois em um só dia?"

⁴⁶Então, Rebeca disse a Isaque: "Odeio a minha vida por causa das mulheres hititas. Se Jacó obtiver uma esposa dentre as mulheres hititas como essas, dentre as mulheres desta terra, como a vida será boa para mim?"

CAPÍTULO 28

¹Então, Isaque chamou Jacó, o abençoou e lhe ordenou: "Você não deve obter uma esposa dentre as mulheres cananeias. ²Retire-se para Padã-Arã, para a casa de Betuel, o pai de sua mãe, e obtenha para si uma esposa de lá, dentre as filhas de Labão, o irmão de sua mãe. ³Que *El Shadday* o abençoe e faça você fértil e numeroso, para que se torne uma comunidade de povos. ⁴Que ele dê a você a bênção de Abraão, a você e aos seus descendentes com você, para que você possa a terra na qual está residindo, que Deus deu a Abraão." ⁵Então, Isaque enviou Jacó, e ele foi a Padã-Arã, a Labão, o filho de Betuel, o arameu, o irmão de Rebeca, a mãe de Jacó e Esaú.

De inúmeras maneiras, as palavras são armas poderosas. Podemos dizer coisas e desejar que não as tivéssemos dito, mas, ainda assim, seremos incapazes de evitar as suas consequências. Uma mulher que conheço foi à frente da igreja e proferiu os votos nupciais. Então, logo depois, ela descobriu que seu marido havia escondido dela o fato de ser, na verdade, homossexual e não estar interessado em uma relação conjugal apropriada; ele apenas queria se casar para obter respeitabilidade no cenário de uma igreja homofóbica. Ela desejou tanto nunca ter declarado aqueles votos que fez por causa do embuste de alguém, mas não podia ficar livre deles. Após algum tempo, ela obteve o divórcio, mas isso não a restabeleceu como uma pessoa solteira aos olhos da igreja e aos próprios olhos.

Como o chefe da família, Isaque carrega a responsabilidade de garantir que as coisas funcionem bem após sua morte e ver o filho mais velho obter os recursos necessários para se tornar o novo líder da família. Abençoar o filho mais velho é o modo de ele realizar isso (não há testamentos escritos, advogados, leis sobre planejamento estatal ou poderes legais). A sua palavra, proferida solenemente no contexto de uma refeição que a torna como uma **aliança**, tem esse efeito. Assim, para Esaú e Jacó, as implicações do que ocorreu aqui são fundamentais e decisivas. Esaú perde a sua posição, sua responsabilidade e sua segurança. Por outro lado, Jacó recebe tudo isso; ele ganha a bênção. Por toda a sua vida, até mesmo antes de nascer, ele tem buscado agarrar isso. Eis o que ser Jacó, o agarrador, significa.

Isso faz toda a diferença, exceto por algo.

Algum tempo atrás, recebi um *e-mail* do meu chefe sobre um ex-aluno que se havia transferido para outro seminário, comentando que ele não parecia estar mais contente do que estava quando estudava em nosso seminário. Comentei de volta que o fator determinante da felicidade das pessoas não parece residir (por exemplo) na natureza do seminário ou das igrejas com as quais se envolvem. A felicidade é sobremaneira determinada pelo interior. Diz-se que as pessoas, ao ganharem na loteria, se casarem ou iniciarem um novo emprego, sentem uma felicidade maior por essas coisas, mas que dura pouco tempo, pois, quando a novidade passa, retornam aos seus níveis de felicidade anteriores. Por outro lado, quando perdem o emprego, o seu cônjuge ou contraem uma doença crônica, por alguns meses esses fatores as levam a uma grande tristeza, mas, então, elas retornam aos seus níveis de felicidade prévios. Mais tarde, eu mesmo enviei um *e-mail* àquele ex-aluno, e ele comentou que, embora os elementos individuais de sua vida fossem bons, sua vida poderia ser diferente se não tivesse feito algumas escolhas estúpidas. E, pessoalmente, creio ser isso verdade, embora, repito, se ele se sentiria mais realizado ou mais eficaz no serviço a Deus é outra questão, dado o fato de a felicidade, largamente, advir do íntimo. Tampouco tenho certeza (disse-lhe eu) se a autoacusação, também conhecida como "assumir a própria responsabilidade", ajuda ou não (por mais importante que seja, de pleno direito, assumirmos a nossa responsabilidade).

Embora a desesperada reação de Esaú àquela fraude seja plenamente compreensível, o engano parece não fazer, no fim das contas, muita diferença para ele e para Jacó. A história futura de Jacó não parecerá totalmente cumprida, apesar de obter a bênção de Esaú. Ele continuará a parecer tão dividido quanto em sua saída do ventre. E a história futura de Esaú não parecerá especialmente desoladora. Por ora, ele está tão mortalmente furioso que Jacó terá que fugir para preservar a sua vida, mas Esaú voltará a olhar com casualidade para isso, como fizera no dia em que entregou a sua primogenitura por um guisado de lentilhas, recebendo Jacó de braços abertos.

Nesse meio-tempo, o conflito fornece uma razão para Rebeca manipular Isaque a fim de enviar Jacó para fazer o mesmo que o servo de Abraão fizera por Isaque, ao conseguir uma esposa para ele do "leste". Isso assegura à audiência que, entre todas as suas falhas, não haveria nenhum casamento duvidoso entre Jacó e as mulheres locais. Para aqueles de gerações posteriores, tratava-se de um importante princípio, em razão da facilidade de miscigenação com os povos locais que, naquela época, desviaram os descendentes de Jacó de seu compromisso com Deus. Repetindo, em outras palavras, a questão subjacente aqui não diz respeito a saber se é correto o casamento envolvendo etnias diferentes, mas se é correto uniões envolvendo religiões distintas.

As quatro formas complementares pelas quais esses capítulos falam sobre Deus são instrutivas. Elas são recorrentes em Gênesis (veja os comentários sobre Gênesis 17:1-6): (1) Em seu diálogo inicial com Esaú sobre a bênção, Isaque refere-se a Deus como **Yahweh**, aquele que será revelado a Moisés e, portanto, a Israel, como envolvido com eles e ativo em seu meio; esse mesmo Deus estava em ação nos dias dos ancestrais. (2) Isaque ora para que **El Shadday** conceda a bênção de Abraão a Jacó. Em termos gerais, os ancestrais de Israel compartilharam essa forma de falar sobre Deus com os povos locais, de tal modo que Melquisedeque pode falar de Deus como *El Elyon*, "Deus Altíssimo". Tais expressões completam o distintivo nome israelita "*Yahweh*", pressupondo uma sobreposição entre o que os demais povos sabem sobre Deus e o que Israel conhece. (3) Ao falar a seu pai, o próprio Jacó fala de "seu Deus" e, por seu turno, Deus já havia aparecido a Isaque com a apresentação "Eu sou o Deus de Abraão, seu pai" (Gênesis 26:24). Esse tipo de expressão chama a atenção para o envolvimento diferenciado de Deus com os ancestrais de Israel, enquanto guia essa família. Deus não permanece estabelecido em um lugar, porque esse povo não está estabelecido em um lugar, mas Deus possui um envolvimento firmado com esse clã, liderando, guiando e mantendo-os no caminho rumo ao cumprimento da intenção de abençoar o mundo por meio deles. Deus é o Deus de Abraão e, então, de Isaque; quando Jacó for o cabeça da família, ele será o Deus de Jacó. (4) Deus é, bem, Deus é simplesmente Deus. O único.

GÊNESIS 28:6–15
A ESCADA PARA O CÉU

⁶Esaú viu que Isaque, seu pai, tinha abençoado Jacó e o mandado a Padã-Arã para tomar uma esposa de lá e, ao abençoá-lo, tinha lhe ordenado, dizendo: "Você não deve obter uma esposa dentre as mulheres cananeias", ⁷e Jacó tinha obedecido a seu pai e à sua mãe, indo para Padã-Arã. ⁸Então, Esaú viu que Isaque, seu pai, não gostava das mulheres cananeias. ⁹Esaú foi a Ismael e tomou como esposa a Maalate, filha de Ismael, filho de Abraão, irmã de Nebaiote, em adição às esposas que ele tinha.

GÊNESIS 28:6-15 • A ESCADA PARA O CÉU

> ¹⁰Jacó deixou Berseba e foi a Harã. ¹¹Ele chegou a um lugar e passou a noite ali, porque o sol já havia se posto. Ele pegou uma das pedras do lugar, colocou-a sob a sua cabeça e deitou naquele lugar. ¹²E ele teve um sonho. Eis que uma rampa estava colocada no chão com seu topo alcançando os céus, e os ajudantes de Deus subiam e desciam por ela. ¹³*Yahweh* estava ao lado dele. Ele disse: "Eu sou *Yahweh*, o Deus de Abraão, seu pai, e o Deus de Isaque. O solo no qual está deitado, darei a você e à sua descendência. ¹⁴A sua descendência será como o pó da terra. Você se espalhará para o oeste, o leste, o norte e o sul. Todas as famílias da terra abençoarão a si mesmas por meio de você e da sua descendência. ¹⁵Sim, estarei com você. Guardarei você aonde quer que for e o trarei de volta a esta terra, porque não o deixarei até ter feito o que lhe disse.

Quando eu, ocasionalmente, me lembrava de um sonho e o contava à minha esposa, Ann dizia que não havia sonhado. Na realidade, ela sabia que tinha, porque todos nós sonhamos; é a única razão de dormirmos. Todavia, o normal é não nos lembramos de nossos sonhos, talvez porque façam parte de nosso processamento mental. Agora, à medida que envelheço, não consigo dormir tão bem quanto antes, quando mais jovem. Contudo, por acordar com mais frequência durante a noite, eu lembro dos sonhos, que podem ser perturbadores, às vezes, e quase sempre engraçados. Algumas semanas atrás, sonhei que um dos nossos professores de história da Igreja estava jogando pela seleção de Gales e marcou um magnífico gol. Não tenho a menor ideia do que se tratava. Na noite passada, sonhei que tinha três livros sobre o tema da sabedoria no Antigo Testamento para revisar e que as revisões estavam quase concluídas, de modo que acordei satisfeito ao lembrar que tinha apenas um único livro sobre Salmos para revisar, embora também tivesse alguns trabalhos de alunos sobre Sabedoria para corrigir. Em nossos sonhos, de fato, processamos questões, problemas e tarefas a serem feitas.

Jacó, com certeza, está fazendo isso. Ele está saindo de Canaã, em sua jornada para fora da terra prometida, iniciada na fronteira sul daquela terra, em Berseba, e ainda tem um longo percurso pela frente até Dã, a fronteira norte, para, então, pegar uma estrada ainda mais longa rumo a Padã-Arã. Até então, ele nunca havia ido tão longe de sua casa e, mentalmente, já está fora de Canaã. Não surpreende que Jacó tenha algum processamento mental a fazer.

Logo descobriremos que ele, na verdade, está no centro daquele território, próximo a um lugar no qual o seu avô, certa feita, armou suas tendas, edificou um **altar** e orou quando lá chegou (Gênesis 12:6-8). Pode até ser o mesmo lugar, embora o texto não confirme isso, e, ainda que seja, Jacó, ao que parece, não tem conhecimento disso. No entanto, Gênesis segue repetindo a palavra para "lugar", o que, em geral, faz menção a um santuário, um lugar santo (como é o caso; veja Gênesis 12:6). Certamente, isso resultou em um lugar santo.

O sonho de Jacó não é meramente uma questão de processamento subjetivo. Na Bíblia, os sonhos frequentemente constituem um meio de Deus falar a pessoas, às vezes com relação a assuntos sobre os quais elas precisam refletir, embora, às vezes, não. Jacó vê uma rampa ou uma escadaria, unindo os céus e a terra. Não sabemos exatamente como traduzir a palavra e, portanto, como retratá-la com precisão (a palavra é usada apenas aqui, mas parece referir-se a algo que "sobe" e está relacionada a palavras que significam uma estrada). Evidentemente, isso constitui uma ligação entre os céus e a terra, um caminho para os **ajudantes** de Deus se moverem de uma parte a outra (lembre-se, anjos não possuem asas; eles andam).

O que Deus faz no sonho de Jacó é abrir os olhos dele para algo que ocorre o tempo todo; a cena traça um paralelo com aquele episódio no qual Eliseu ora para que seu servo veja as forças sobrenaturais que os protegem quando estão em perigo (2Reis 6). Deus está, continuamente, envolvido com o mundo e enviando seus ajudantes em missões. Você não consegue vê-los, mas eles estão em ação. Jacó tem toda a razão de estar apreensivo sobre a situação em que se encontra. Ele mentiu a seu pai, o enganou, usou o nome de Deus em vão, fez Esaú querer matá-lo e, assim, foi obrigado a sair da terra prometida. Deus aparece para reafirmar a Jacó que tudo isso não significa que o propósito divino será frustrado. Os ajudantes de Deus permanecem em atividade não porque Jacó mereça a ação de Deus em sua vida, mas porque Deus não será desestimulado de agir apenas pela estupidez de Rebeca e Jacó. Ele não apenas capacita Jacó a ver os ajudantes em constante atividade, realizando o trabalho divino no mundo, mas pessoalmente aparece a Jacó no sonho, sem eletrocutar Jacó, a fim de transmitir uma mensagem especial de encorajamento.

Deus principia com outra expressão, que aqui aparece pela primeira vez, mas que será recorrente no Antigo Testamento a partir de então: "Eu sou **Yahweh**." É um tipo de autoanúncio. Agora, quando digo: "Eu sou John Goldingay", estou me apresentando a alguém com que nunca me encontrei. Por outro lado, quando o presidente norte-americano inicia um discurso, dizendo: "Eu sou o presidente dos Estados Unidos", isso não significa: "Vocês não sabem quem eu sou; então, aqui está a informação necessária", mas, sim: "Lembro a vocês quem eu sou, porque é a base do que estou prestes a falar quando declaro as minhas intenções ou faço promessas." É assim que Deus fala a Jacó. Todo o poder e toda a autoridade de *Yahweh* estão por trás das promessas que seguirão.

Há uma espécie de abreviação envolvida na expressão "Eu sou *Yahweh*". Os israelitas sabem que *Yahweh* é o Deus único. Então, em certo sentido, dizer "Eu sou *Yahweh*" é como afirmar "Eu sou Deus". No entanto, expressa mais que isso, porque lembra aos ouvintes desse autoanúncio que o Deus deles é simplesmente Deus. É como se o presidente dos Estados Unidos se apresentasse com o seu nome, dizendo: "Eu sou John F. Kennedy e [...]" ou "Eu sou Barack Obama e [...]." Todo o poder e toda a autoridade do presidente estão incorporados nessa pessoa. Assim, todo o poder e toda a autoridade de Deus estão representados em *Yahweh*. Acrescentar "o Deus de Abraão, seu pai, e o Deus de Isaque" sublinha o ponto. Historicamente, é mais provável que tenha sido isso o que Deus falou a Jacó (considerando que o nome "*Yahweh*" tenha sido revelado primeiramente a Moisés). E essa descrição adicional é que traz de volta a Jacó o poder e a autoridade do Deus que tem estado envolvido com seu avô e com seu pai, fazendo-lhes promessas e demonstrando fidelidade ao guiá-los rumo ao cumprimento daquelas promessas.

Isso leva diretamente aos compromissos que Deus continua assumindo com Jacó. De certa forma, tudo o que Deus diz é: "Você conhece as promessas feitas a Abraão e Isaque? Elas se aplicam a você também, ainda que, neste momento, você esteja fugindo da terra prometida. Elas significam que estarei com você durante essa jornada que tanto é vergonhosa (porque você está em fuga) quanto auspiciosa (porque irá encontrar uma esposa dentre o seu próprio povo)." A promessa de estar com Jacó é a mesma feita a Isaque, quando ele estava sob pressão (Gênesis 26:1-5), e ela novamente implica que Deus estará com Jacó não apenas para que ele se *sinta* bem, mas para assegurar que ele *esteja* bem, mantido em segurança naquela terra desconhecida, até que seja capaz de retornar.

GÊNESIS 28:16—29:14A
COMO VIVER EM UMA RELAÇÃO CONTRATUAL COM DEUS

16 Jacó acordou de seu sono e disse: "*Yahweh* está certamente neste lugar, e eu mesmo não sabia!" **17** Ele estava assombrado e disse: "Quão temível é este lugar! Não é outro senão a 'casa de Deus'! Este é o portão dos céus!" **18** Na manhã seguinte, bem cedo, Jacó pegou a pedra na qual havia assentado a sua cabeça e colocou-a em pé, como um pilar, e derramou óleo sobre o seu topo. **19** Ele nomeou o lugar de Betel (embora o nome da cidade, antes, fosse Luz). **20** E Jacó fez um voto, dizendo: "Se Deus estiver comigo e me guardar nessa jornada na qual estou indo, e me der comida para comer e roupas para vestir, **21** e eu retornar em paz à casa de meu pai, então *Yahweh* será Deus para mim, **22** e esta pedra que eu coloquei como um pilar será a casa de Deus, e de tudo que me concederes eu rigorosamente te darei o dízimo."

CAPÍTULO 29

1 Jacó seguiu e chegou à terra dos orientais. **2** Ele olhou e viu ali um poço no campo aberto e três rebanhos de ovelhas deitadas ao lado dele, porque as pessoas davam de beber aos rebanhos daquele poço. A pedra na boca do poço era grande. **3** Todos os rebanhos se reuniam ali, e eles rolavam a pedra da boca do poço e davam água às ovelhas, colocando a pedra de volta ao seu lugar, na boca do poço. **4** Jacó lhes disse: "Irmãos, de onde vocês são?" Eles disseram: "Somos de Harã." **5** Ele lhes disse: "Vocês conhecem Labão, o filho de Naor?" Eles disseram: "Conhecemos." **6** Ele lhes disse: "Ele está bem?" Eles disseram: "Ele está bem." "Lá vem Raquel, sua filha, com o rebanho." **7** Ele disse: "Ora, ainda é o meio do dia. Não é hora para os rebanhos serem reunidos. Deem água às ovelhas e vão apascentá-las." **8** Eles disseram: "Não podemos, até todos os rebanhos estarem reunidos e a pedra for rolada da boca do poço e dermos de beber às ovelhas." **9** Enquanto ele ainda falava com eles, Raquel veio com as ovelhas pertencentes ao seu pai, porque ela era pastora. **¹⁰**Quando Jacó viu Raquel, a filha de Labão, o irmão de sua mãe, e as ovelhas de Labão, o irmão de sua mãe, Jacó foi e rolou a pedra da boca do poço e deu de beber às ovelhas de Labão, o irmão de sua mãe; **¹¹**e Jacó beijou Raquel e chorou em alta voz. **¹²**Jacó contou a Raquel que era um parente de seu pai e que era filho de Rebeca, e Raquel correu e contou ao seu pai. **¹³**Quando Labão ouviu a notícia sobre Jacó, o filho de sua irmã, ele correu ao encontro dele, o abraçou e o beijou, levando-o à sua casa. Ele contou a Labão tudo o que tinha acontecido, **¹⁴ᵃ**e Labão lhe disse: "Sim, você é minha própria carne e o meu próprio sangue."

Certa feita, eu tentava explicar a um grupo de cristãos a diferença entre uma **aliança** e um contrato, com o intuito de sugerir que o relacionamento de Deus conosco está mais para o primeiro do que para o segundo caso. Tenho um contrato com a companhia telefônica e com os editores deste livro. Pago a minha conta de telefone, e a empresa telefônica faz o meu telefone funcionar. Produzo um manuscrito, e os editores me pagam os direitos autorais. Sem pagamento, sem linha telefônica. Sem linha telefônica, sem pagamento. Sem manuscrito, tenho que devolver o adiantamento. Todavia, tenho um relacionamento pactual com a minha esposa. Tenho um compromisso com ela, não importa o que aconteça, quer ela consiga "entregar" o que espero de uma esposa quer não. Ao casar-se com alguém, você não diz: "Comprometo-me com você na condição de que você se comprometa comigo". "Ah, sim, você diz", interveio um dos presentes. Fiquei um pouco incomodado por esse comentário, a tal ponto que não me ocorreu de perguntar se ele era casado. Tudo o que consegui dizer foi que eu achava que ele tinha uma concepção estranha do casamento. Claro que o matrimônio é um **compromisso** de mão dupla, mas me parece que descrevê-lo em termos de contrato e condicionantes obscurece a natureza do relacionamento.

Suspeito que Jacó também tinha uma compreensão contratual de sua relação com Deus. Não seria uma surpresa, pois essa é a forma de Jacó operar em seus próprios relacionamentos. Sua reação inicial ao sonho parece poderosa e profunda. O lugar no qual ele tem o sonho é "Casa de Deus", Betel. Sabemos sobre Betel dos relatos das experiências de Abraão. Talvez Gênesis 12 e 13 use esse nome porque era do conhecimento dos ouvintes desse relato (embora, na época, o lugar fosse conhecido como Luz). Ou pode ser que Casa de Deus já fosse o nome de um santuário próximo a Luz e, como ocorre com outros nomes, Jacó visse um novo significado nele. Se Jacó estivesse pensando em dar um novo nome, então poderia ter pensado em "Portão de Deus" ou "Escadaria de Deus" em vez de "Casa de Deus". Para os ouvintes da história, isso poderia sugerir algo mais. Após Israel ser dividido em duas nações, em sequência aos reinados de Davi e Salomão, Betel e Dã foram os dois lugares nos quais **Efraim** estabeleceu seus dois principais santuários, em substituição a Jerusalém. Portanto, esse relato forneceria tanto uma base para valorizar Betel como local em que Deus apareceu quanto mostrar como um lugar em que Deus apareceu pode ser equivocadamente utilizado, dependendo do lado em que a pessoa estava.

As reflexões subsequentes de Jacó é que levantam a questão sobre a sua forma de compreender o relacionamento com Deus. Primeiramente, há uma série de condicionais "se", o que não ocorre com as palavras de Deus a Jacó (nenhuma condição como "se você me obedecer" ou "se você começar a dizer a verdade", ou, ainda, "se você desistir dessa obsessão pela bênção"). É simples assim. Embora Deus possa usar condicionantes "se", em geral, ele não tem a sorte de as pessoas as cumprirem. As palavras a Caim em Gênesis 4:7 são o mais próximo que Deus chega a uma condicional nesse livro. Se Deus aguardasse por pessoas capazes de cumprir essas condicionais "se", antes de operar por meio delas, esperaria por toda a eternidade. Em contraste, Jacó transforma as promessas singulares de Deus em uma sequência completa de condicionais "se", de modo que acrescenta: "Está certo. Se *Yahweh* fizer tudo isso, *Yahweh* pode ser o meu Deus." A ironia está sublinhada pela seguinte garantia: "Você me dá tudo isso, e eu lhe darei de volta um décimo." É justo, não é? Não há nada contratual no relacionamento que Deus deseja estabelecer com Jacó, mas tudo é contratual na relação que Jacó pretende ter com Deus. Jacó está sempre fazendo cálculos.

Uma vez mais, isso faria a audiência pensar. Mais tarde, de fato, Deus dirá: "Se me obedecerem fielmente e guardarem a minha aliança, vocês serão o meu tesouro pessoal dentre todas as nações" (Êxodo 19:5), sendo esta a próxima condicional "se" depois de Gênesis 4:7. A essa altura, Deus já cumpriu a promessa de transformar a descendência de Abraão e Sara em uma grande nação e tirá-los do Egito, de modo que, agora, ele se sente livre para declarar um "se". Todavia, há o risco de subentender que o relacionamento é contratual. Nós, seres humanos, podemos até gostar disso, pois nos dá uma sensação de controle. Há uma lista de regras a cumprir e, se conseguirmos cumpri-las, então "sabemos" que Deus ficará satisfeito conosco. Mas, na verdade, isso não funciona nos relacionamentos pessoais, tampouco na relação com Deus. Ao ouvirem essa história, as pessoas que se autodenominam "Jacó-Israel" são convidadas a reconhecer esse instinto em si mesmas e perceber a diferença entre como Deus vê os relacionamentos e como Jacó os vê.

Ao chegar em Padã-Arã, Jacó descobre-se, novamente, beneficiário da graça, embora descubra, posteriormente, que um contrato lhe convém de novo, bem como ao seu futuro sogro.

GÊNESIS **29:14B-31**
O ENGANADOR ENGANADO

¹⁴ᵇEle permaneceu com ele por um mês inteiro. **¹⁵**Então, Labão disse a Jacó: "Você é meu parente, mas trabalhará para mim por nada? Diga-me qual deve ser o seu salário." **¹⁶**Ora, Labão tinha duas filhas. A mais velha era chamada Lia, e a mais jovem era chamada Raquel. **¹⁷**Os olhos de Lia eram suaves, mas Raquel tinha uma figura adorável e um rosto encantador, **¹⁸**e Jacó amava a Raquel. Então, ele disse: "Eu trabalharei sete anos para você por sua filha mais nova, Raquel." **¹⁹**Labão disse: "Dá-la a você será melhor do que dá-la a outro homem. Fique comigo." **²⁰**Assim, Jacó serviu sete anos por Raquel, mas eles pareceram como poucos dias por causa de seu amor por ela. **²¹**Então, Jacó disse a Labão: "Dê-me a minha esposa, uma vez que meu tempo está cumprido, de modo que eu possa dormir com ela." **²²**Então, Labão reuniu todo o povo do lugar e deu um banquete, **²³**mas, à noite, ele tomou a sua filha Lia e a trouxe a ele, e ele dormiu com ela. (**²⁴**Labão deu sua criada Zilpa à sua filha Lia, como criada.)

²⁵Assim, de manhã, lá estava Lia! Jacó disse a Labão: "O que foi que você fez comigo? Não foi por Raquel que eu lhe servi? Por que você me enganou?" **²⁶**Labão disse: "Não é assim que se faz entre nós, dar a mais nova antes da mais velha. **²⁷**Complete a semana por esta, e eu lhe darei aquela também, em retorno por me servir por mais sete anos." **²⁸**Jacó assim o fez. Ele completou a semana por uma, e ele lhe deu a sua filha Raquel como esposa. (**²⁹**Labão deu a sua criada Bila à sua filha Raquel, como criada.) **³⁰**Então, Jacó também dormiu com Raquel e, de fato, amava a Raquel mais do que a Lia, e serviu a ele por mais sete anos. **³¹**Mas *Yahweh* viu que Lia não era amada e abriu o seu ventre, enquanto Raquel era estéril.

Os capítulos em *Gênesis para todos*, regularmente, começam com uma história com o intuito de estabelecer uma conexão do relato com o nosso próprio mundo, mas quem precisa de uma história para introduzir o relato do casamento de Jacó? Se eu fizesse uma lista dos momentos na Bíblia em que mais gostaria de ter testemunhado (pelo menos, uma lista levemente frívola), então no topo dela estaria ver a expressão no rosto de Jacó na manhã seguinte. A forma pela qual Gênesis relata a história nos convida a imaginar a cena: na escuridão da noite, Jacó não pode ver quem estava vindo até ele, mas, quando amanhece, "lá estava Lia"! A pessoa com quem se casara não era a pessoa que imaginara (claro que, de um modo ou de outro, todos os casais passam por essa experiência). O grande enganador tornou-se o grande enganado. A mais jovem não poderia ter prioridade sobre a mais velha: esse foi exatamente o princípio que Jacó desafiou, ao enganar Isaque. O pobre Jacó viveu pelo princípio de que o "amor genuíno espera" e desejava ser capaz de expressar toda a libido que tinha armazenado ao longo de sete anos. Todavia, em Labão, Jacó encontra um enganador à altura. Ele expressa a sua libido, mas não com quem tinha em mente. Assim, ele completa a semana de lua de mel com Lia e, então, começa novamente com Raquel e se entrega ao jugo de mais sete anos de trabalho para Labão.

Como a maioria das sociedades, a cultura do Oriente Médio considera haver alguns arranjos econômicos associados ao casamento, sendo um dos mais importantes a intenção de selar relacionamentos benéficos entre famílias e fornecer uma estrutura para lidar com as consequências de uma ruptura do casamento ou morte de um dos cônjuges (no Ocidente moderno, temos chás de cozinha ou de panela, convites de casamento, recepções, acordos pré-nupciais e leis sobre a manutenção e direitos dos cônjuges sobreviventes). Entre os costumes, está o de dar presentes substanciais. Esses presentes, às vezes, podem ser dados pela família da noiva à família do noivo; as criadas que Lia e Raquel recebem fariam parte disso e elas ilustram como esse dote permanece sendo algo pertencente à noiva, embora o noivo também possa ser beneficiado. Algumas vezes, os presentes são dados pela família do noivo à família da noiva (falar sobre um "preço pela noiva" é enganoso, pois não há maior presunção de o noivo tomar posse de sua esposa do que a existente no casamento ocidental, quando envolve o pai entregando a sua filha ao noivo.) "Serviço pela noiva" é outra expressão desse princípio e envolve o noivo trabalhar para a família da noiva; esse é o padrão no relato de Gênesis.

Jacó está fazendo o que Gênesis 2 literalmente diz; ele deixou pai e mãe e está se unindo à sua esposa no contexto da família dela (usualmente, em Israel, uma garota se uniria ao seu marido no contexto da família dele). Caso sete anos pareça ser um longo tempo de espera, podemos considerar que Raquel deveria ser apenas uma jovem adolescente e, claro, ainda não preparada para se casar, quando Jacó e Labão fizeram a negociação.

O resto da história aceita de modo objetivo o funcionamento da vida familiar naquele contexto cultural, que sobrepõe-se ao e contrasta com o modo em que as coisas podem ocorrer em qualquer contexto cultural moderno. Como Abraão e Sara e, presumivelmente, Isaque e Rebeca, Labão tem uma casa que engloba um próspero negócio familiar. Ele é um grande fazendeiro, criador de ovelhas, possuindo uma casa grande o suficiente para permitir entregar criadas às suas duas filhas pelo casamento delas. Elas, por seu turno, auxiliarão suas senhoras a administrar as suas casas, em semi-independência da casa paterna. Existem presunções patriarcais escritas na maneira em que as coisas funcionam. A autoestima e a significância da mulher estão associadas à sua capacidade de gerar filhos, de modo que ser estéril constitui uma privação monumental.

Em tudo isso, Deus está envolvido. Raquel tem o amor, e Deus cuida para que Lia tenha os bebês. Há uma significativa separação entre o modo pelo qual Gênesis comenta sobre a infertilidade de Raquel e a fertilidade de Lia. Deus é que torna Lia fértil, mas não é Deus o responsável pela infertilidade de Raquel. De certo modo, claro, Deus é o responsável por ambas as condições, mas há uma intencionalidade positiva quanto à forma de Deus se envolver com Lia em sua tristeza. Gênesis fala de Deus cerrando ventres (veja Gênesis 20:18), contudo é mais provável que Deus dê atenção maior a descerrar ventres. Não se pode dizer que é sempre assim que as coisas funcionam. Às vezes, a mulher bonita e inteligente, casada com um homem que a ama, é também a mulher que tem filhos (sei disso porque sou esse marido). E, algumas vezes, a garota comum para quem o casamento e a maternidade significariam sua realização é a mulher que não pode ter filhos. Em outras oportunidades, no entanto, Deus entra em cena, fazendo as coisas funcionarem para corrigir os desequilíbrios.

Repetindo, Deus está envolvido em tudo isso. Pode-se até mesmo questionar se esse seria o plano divino. Afinal, Deus está comprometido em tornar a descendência de Abraão, de Isaque e de Jacó em um povo numeroso. Em algum ponto, alguém terá que gerar um monte de filhos. Essas duas mulheres e suas duas criadas irão produzir os ancestrais dos doze clãs de Israel (usualmente, nós as denominamos como tribos, mas, como eles pertencem ao mesmo povo, "clãs" é uma palavra mais adequada). Quando o povo israelita acompanhava essas histórias no seio da família, na vila ou em grandes festivais, e ouvia sobre Lia, Raquel, Zilpa e Bila e, consequentemente, sobre Rúben, Simeão, Levi, e assim por diante, eles estavam ouvindo sobre as suas origens e, às vezes, aprendendo sobre fatores subjacentes aos seus relacionamentos uns com os outros.

GÊNESIS 29:32—30:3
QUERO SABER O QUE É O AMOR

32Então, Lia ficou grávida e deu à luz um filho e o chamou de Rúben, porque (ela disse): "*Yahweh* 'viu' os meus maus-tratos, porque agora meu marido me 'amará'." **33**Ela ficou grávida novamente e deu à luz um filho e disse: "*Yahweh* 'ouviu' que eu não sou amada e deu-me também este"; assim, o chamou de Simeão. **34**Ela ficou grávida novamente e deu à luz um filho e disse: "Agora, desta vez, meu marido se tornará 'apegado' a mim, porque dei à luz três filhos." Por isso, o chamou de Levi. **35**Ela ficou grávida novamente e deu à luz um filho e disse: "Desta vez, 'confessarei' *Yahweh*." Por isso, o chamou de Judá. Então, ela parou de ter filhos.

CAPÍTULO 30

1Raquel viu que não dava à luz para Jacó e teve inveja de sua irmã, dizendo a Jacó: "Dê-me filhos! Senão, morrerei!" **2**Jacó ficou furioso com Raquel e disse: "Estou no lugar de Deus, que tem retido de você o fruto do ventre?" **3**Ela disse: "Aqui está a minha serva Bila. Durma com ela, para que ela possa dar à luz em meus joelhos, e eu possa ser edificada também por meio dela."

Assisti, há pouco, a um programa de televisão sobre poligamia nos Estados Unidos. A exibição, incidentalmente, observa como uma das motivações para a poligamia o fato de ser uma rota para mais filhos e mais dinheiro, o que se enquadra nos pressupostos sobre poligamia no Antigo Testamento (o texto bíblico acrescenta que a multiplicação de esposas é um sinal de posição social). O programa também inclui o seguinte comentário: "Apesar de sua aparente celebração dos diversos arranjos familiares, o programa mostra tanta dor que quase todos os personagens parecem marcados pela morte espiritual, da mesma forma que os personagens da série 'Os sopranos' costumavam ser marcados pela morte real." Tendemos a presumir que o casamento tem algo a ver com amor e, assim, podemos ter muitas dificuldades na tentativa de compreender a poligamia. (Pessoas de outras culturas podem concluir que o casamento tem algo a ver com compromisso e ter dificuldades em compreender o divórcio.) Qual é o lugar do amor e do compromisso em um casamento poligâmico?

Como no caso de Abraão e Hagar, dormir com Bila (e, mais tarde, com Zilpa), além de Lia e Raquel, não implica adultério por parte de Jacó. Todas as quatro mulheres são suas esposas. Gênesis não sugere que a poligamia seja imoral, embora reconheça as suas origens, em Gênesis 4, questionáveis; o notório Lameque foi o primeiro polígamo. A história em questão mostra quão infelizes podem ser os resultados da poligamia. A experiência de Israel com a poligamia é comparável, em grande parte, à experiência do Ocidente com relação ao divórcio. O jornal do último domingo trazia um longo artigo sobre as provações e tribulações de um casal de meia-idade na tentativa de reunir dois grupos de filhos adolescentes que traziam de seus casamentos anteriores. Eles estão logrando êxito nesse esforço, todavia mantêm consultas terapêuticas quinzenais e nem mesmo moram na Califórnia. Após uma sessão, a esposa comentou com o terapeuta: "Gostaria que você morasse conosco." O relato bíblico evidencia que a família de Jacó também precisava de um terapeuta residente, e não será surpresa se os relacionamentos entre todos esses irmãos se tornarem um tanto quanto frágeis. Um amigo meu, que tem trabalhado em um contexto poligâmico, relatou recentemente o comentário de um de seus alunos: a poligamia começa em desejo e termina em dor. No caso em questão, começa em dor e termina igualmente em dor.

O próprio envolvimento de Jacó com suas mulheres difere do que pareceria natural à maioria dos leitores ocidentais. De um lado, há o seu amor por Raquel. Quando ele chegou a Padã-Arã, ela foi a primeira mulher que ele encontrou. Com a presunção, que constitui um dos aspectos de seu caráter (um enganador decente precisa ser um presunçoso), o recém-chegado na cidade se apresenta tentando ensinar aos pastores locais como fazer o trabalho deles e, então, sob o olhar de Raquel, demonstrou que um verdadeiro homem não tem dificuldade em rolar uma pedra gigante por uma garota bonita. No entanto, também havia muitas lágrimas, abraços, beijos e histórias a serem contadas.

A cena repete aquela que descreve como o servo de Abraão encontra Rebeca, embora também chame a atenção para as diferenças em relação à primeira. O servo de Abraão é um cavalheiro; Jacó é um falastrão. A primeira história refere-se constantemente ao envolvimento de Deus; não há qualquer menção a isso no relato sobre Jacó, embora seja esse o processo pelo qual os ancestrais dos doze clãs israelitas virão a existir. Lá, o servo estava carregado de presentes necessários quando se está em busca de uma esposa. Aqui Jacó saiu em circunstâncias que excluíam presentes, o que pode ser uma das razões por que teve de cumprir sete anos de serviço em vez de selar o casamento com presentes.

Em que sentido Jacó amava Raquel e por quê? Raquel é uma jovem deveras atraente. Será este o motivo de seu amor? Que tipo de atração Jacó sentia? Ele, realmente, a "amava"? Poder-se-ia facilmente traduzir a expressão, dizendo que ele "gostava" dela. Jacó "amava" a Raquel mais que a Lia? Ou ele "gostava" mais dela do que de Lia por ela ter olhos mais bonitos e um porte atraente? Ou será esse mais um daqueles contextos nos quais "amor" é mais uma atitude de compromisso do que uma emoção, estando Jacó mais comprometido com Raquel do que com Lia? Todavia, em que pese "amar" a Raquel de modo especial, ele parece estar bem satisfeito em dormir com as outras três mulheres.

Ao que parece, Lia, pelo menos, presume não ser amada em todos esses sentidos. Não obstante, em alguns aspectos ela está, ao mesmo tempo, enganando a si mesma ou vivendo em negação. É possível ver ambas as possibilidades nos nomes dados aos seus filhos. Seu primeiro filho é Rúben, e a primeira parte de seu nome poderia levar as pessoas a pensar na palavra hebraica para "ver", enquanto a última parte sobrepõe-se à palavra para "me ama". Portanto, seu nome pode implicar que Deus "'viu' os meus maus-tratos, porque agora meu marido me 'amará'". A dor em seu coração é sugerida pelo uso do termo "maus-tratos", a palavra que Hagar usou para descrever os maus-tratos sofridos nas mãos de Abraão e Sara e a mesma palavra que o livro de Êxodo usará para expressar os maus-tratos dos israelitas no Egito. Seu segundo filho é Simeão, cujo nome lembraria o verbo que Hagar usou quando diz que Deus a ouviu. Lia, portanto, reflete que Deus "'ouviu' que eu não sou amada e deu-me também este". Uma vez mais, a dor em seu coração é sugerida pela expressão "não sou amada", que tradicionalmente é traduzida por "odiada". O termo não sugere tanto uma emoção, ou não apenas isso, mas uma atitude, uma postura e um modo de agir (um "odiador" é um inimigo). Contudo, isso sugere que, aos olhos de Lia, Raquel significa tudo para Jacó, e ela significa nada. Deus vê isso também.

Assim, Deus e Lia tentam novamente, e ela dá à luz Levi, cujo nome faria alguém pensar no verbo para apegar-se ou unir-se (é a palavra que surge para descrever a conversão de alguém ao judaísmo). Portanto, ela afirma equivocadamente: "Agora, desta vez, meu marido se tornará 'apegado' a mim." Então, ela tem o quarto filho, Judá, cujo nome lembra a palavra que significa "gratidão" ou "confissão", e, de modo intrigante, ela declara: "Desta vez, 'confessarei' *Yahweh*." Ela decidiu louvar a Deus, apesar de tudo? Ou trata-se de uma última e desesperada esperança de que Deus está prestes a lhe dar razão para tal testemunho?

GÊNESIS 30:4-21
O PROBLEMA DO DISCERNIMENTO

⁴Assim, ela lhe deu Bila, sua criada, como esposa, e Jacó dormiu com ela. ⁵Bila ficou grávida e deu à luz um filho a Jacó. ⁶Raquel disse: "Deus 'julgou' por mim. Sim, ele ouviu a minha voz e me deu um filho." Por isso, ela o chamou de Dã. ⁷Bila, a criada de Raquel, ficou grávida novamente e deu à luz um segundo filho a Jacó. ⁸Raquel disse: "Uma 'luta' sobrenatural tenho lutado com minha irmã. Sim, eu venci." Por isso, ela o chamou de Naftali.

⁹Lia viu que tinha cessado de ter filhos e tomou Zilpa, sua criada, e a entregou a Jacó como esposa. ¹⁰Zilpa, criada de Lia, deu à luz um filho a Jacó, ¹¹e Lia disse: "A 'sorte' chegou!" Por isso, ela o chamou de Gade. ¹²Zilpa, a criada de Lia, deu à luz um segundo filho a Jacó, ¹³e Lia disse: "Que 'boa fortuna' eu tenho, porque me chamarão 'afortunada'." Por isso, ela o chamou de Aser.

¹⁴No tempo da colheita do trigo, Rúben foi e encontrou plantas-amor no campo, trazendo-as a Lia, sua mãe. Raquel disse a Lia: "Dê-me um pouco das plantas-amor de seu filho." ¹⁵Ela lhe disse: "Não bastou ter tomado o meu marido e você ainda vai tomar as plantas-amor de meu filho?" Raquel disse: "Então, que ele durma com você esta noite em troca das plantas-amor de seu filho." ¹⁶À noite, Jacó veio do campo, e

Lia saiu para encontrá-lo e disse: "Eu sou aquela com quem você vai dormir, porque eu paguei uma taxa de aluguel por você com as plantas-amor de meu filho." Assim, ele dormiu com ela naquela noite, **17**e Deus deu ouvidos a Lia. Ela ficou grávida novamente e deu à luz um quinto filho a Jacó. **18**Lia disse: "Deus me deu a minha 'taxa de aluguel', porque entreguei a minha criada ao meu marido." Por isso, ela o chamou de Issacar. **19**Lia ficou grávida novamente e deu à luz um sexto filho a Jacó. **20**Lia disse: "Deus me deu uma boa 'doação'. Desta vez, meu marido me 'honrará', porque lhe dei seis filhos." Por isso, ela o chamou de Zebulom. **21**Mais tarde, ela deu à luz uma filha e a chamou de Diná.

Alguns de meus alunos estão em treinamento para serem terapeutas de família e, com frequência, eles se mostram intrigados com esses relatos de Gênesis. Sentem-se animados por descobrir quanto essas famílias eram disfuncionais, porque à sua própria maneira elas se equiparam às disfuncionalidades de nossas famílias. Então, para o desapontamento deles, descobrem quão diminutas são as soluções que os capítulos oferecem. De fato, eles sugerem soluções moralistas: não se case com mais de uma pessoa; não tenha inveja de quem tem um bebê; não acuse o seu cônjuge pelo fato de vocês não terem filhos (quer o problema esteja no marido quer na esposa). Estes são bons conselhos e seriam desnecessários caso não os considerássemos difíceis de ser atendidos. Para vivenciá-los, é preciso certo grau de maturidade espiritual e emocional, o que está em falta na maioria das pessoas. E saber como funcionam essas dinâmicas pode não ser de grande auxílio. No último fim de semana, assistimos ao filme *O casamento de Raquel*, que não tem qualquer relação com a Raquel bíblica, mas ilustra bem o ponto. Raquel é uma terapeuta prestes a concluir o seu doutorado, mas o seu "conhecimento" sobre relacionamentos em seu próprio contexto familiar apenas amplia a sua capacidade de colocar raivosos rótulos em coisas e usar toda a sua "bagagem" para desprezar outras pessoas. A importância dessas histórias em Gênesis não está em fornecer dicas sobre como evitar entrar em confusão ou sobre como sair de uma, mas enfatizar que todos nós entramos em confusão e que isso não impede Deus de continuar em ação.

É fácil ver essa dinâmica na família de Jacó. Há a dor de Lia, o ciúme e a raiva de Raquel, a fúria de Jacó e as estratégias de competição empregadas por Raquel e Lia. A história delas segue mais a história de Abraão e Sara do que a de Isaque e Rebeca. Imagino o último casal, em seus melhores dias, instintivamente contando histórias a seus filhos sobre os eventos que levaram ao nascimento deles (se Isaque e Rebeca fossem como minha mulher e eu). Contudo, Jacó aparentemente nada aprendeu com o envolvimento de Deus no processo pelo qual ele encontrou uma esposa (muito menos a necessidade de levar presentes de casamento com ele, para não ser obrigado a trabalhar durante sete anos pela mulher amada) e, com certeza, nada sobre o que fazer quando a sua mulher não consegue engravidar (Isaque orou). Deus foi lembrado na conversa sobre o tema, mas apenas de um modo retórico. Jacó falou a Raquel *sobre* Deus, mas ele não falou *a* Deus. De modo similar, Raquel abordou Jacó com respeito à sua incapacidade de engravidar em vez de seguir o exemplo de Rebeca, sua tia, que abordou Deus sobre seus problemas de gravidez. Além disso, ela seguiu o exemplo de sua tia-avó Sara, em sua proposta sobre como deveriam lidar com o problema. Bila, a exemplo de Hagar, era um tipo de substituta para Raquel (ela, literalmente, teria o seu bebê deitado entre as pernas de Raquel, como se Raquel desse à luz aquela criança). Aos nossos olhos, isso parece ser difícil para Bila, embora sob a ótica dela própria não houvesse problemas. Ela foi promovida à condição de esposa, ainda que secundária, e, mesmo que seus filhos fossem considerados como os de Raquel, todos saberiam que fora ela quem os dera à luz. O resultado, com certeza, foi mais feliz do que no caso envolvendo Abraão, Sara, Hagar e Ismael.

Como ocorre com os filhos de Lia, o significado deles está expresso nos comentários de Raquel sobre os nomes de "seus" filhos (o próprio relato de Gênesis os descreve como filhos que Bila gerou a Jacó). O primeiro deles é Dã, cujo nome sempre a recordará de que Deus "julgou" ou tomou decisão por ela. Deus ouviu a sua voz, ela acrescenta. Será que, no fim das contas, ela orou como sua tia Rebeca? Ou Deus simplesmente ouviu Raquel, quando ela foi abordar Jacó? Não seria a única ocasião em que Deus ouve alguém, quando ele ou ela não está orando, e responde. Deus já havia feito isso com Ismael, seu tio (Gênesis 21:17), bem como fará aos seus descendentes no Egito (Êxodo 2:23-25). O segundo filho é Naftali, cujo nome sempre lembrará Raquel de como ela "lutou" com Lia pelo amor de Jacó. Eram (literalmente) "lutas de Deus", nas quais ela se engajou, "lutas divinas", "lutas sobrenaturais". Como Jacó, Raquel está usando o nome de Deus apenas de forma retórica; tal como podemos dizer, "foi uma noite divina". Havia, de fato, uma batalha ferrenha entre as duas esposas. Raquel corria o risco de perder porque tinha o amor, mas não filhos; por fim, ela teve dois, de modo que a vitória coube a ela.

Lia não desiste. Sendo, agora, incapaz de engravidar, ela faz Jacó também desposar a sua criada Zilpa. (O que será que Jacó pensa de tudo isso? Sem sombra de dúvida, as esposas nessas histórias são plenamente capazes de fazer a cabeça do seu marido!) Os nomes dos dois filhos de Zilpa, Gade e

Aser, fariam pensar em "sorte" e "boa fortuna". Por seu turno, Raquel também não desiste. A palavra para "plantas-amor" é, usualmente, traduzida por "mandrágoras", mas assim parece mais com uma palavra relacionada a amor (não sabemos se elas correspondiam à planta conhecida como mandrágora, mas esta tem uma reputação sobreposta). A implicação é que ambas tenham um efeito afrodisíaco ou que elas (por isso mesmo?) encorajem a fertilidade. Notadamente, Gênesis não declara que as plantas-amor funcionaram, mas que "Deus deu ouvidos a Lia". Talvez Deus as tenha usado, ou pode ser que apenas fez o que planejava fazer, apesar das plantas e do elemento de "sexo de aluguel" na história. Uma vez mais, Deus dá de ombros e trabalha com ou apesar das bizarrices humanas. Assim, Lia tem um filho cujo nome será uma clara recordação do processo pelo qual ela o concebeu. Então, ela tem outro filho, cujo nome tanto a lembrará da maravilha dessa dádiva quanto lhe propiciará a oportunidade de indicar que ainda anseia o primeiro lugar no coração de seu marido; evidentemente, ela sabe que não ocupa esse posto. Depois, ela tem uma filha. Estatisticamente, presume-se como improvável que todas essas mulheres tenham dado à luz somente meninos ao longo de uma década; na realidade, mais tarde, Gênesis fará referência às filhas de Jacó. Diná é mencionada porque ela terá um importante e, ao mesmo tempo, infeliz papel a desempenhar poucos capítulos adiante. A omissão em não revelar mais sobre as outras filhas de Jacó não significa que as mulheres não contam, pois temos visto que as mulheres retratadas por Gênesis (Sara, Hagar, Rebeca e, agora, as quatro esposas de Jacó) não são pessoas fáceis de lidar. Mas, em uma sociedade patriarcal, os homens exercem a autoridade formal, ainda que sejam as mulheres a exercer o poder na prática e demonstrarem ser tão fortes quanto os homens. Além disso, serão os doze *filhos* de Jacó que darão os seus nomes aos doze clãs israelitas.

GÊNESIS **30.22-43**
A COMPETIÇÃO PARA SER O CRIADOR DE OVELHAS MAIS ASTUTO

²²Então, Deus se lembrou de Raquel. Deus deu ouvidos a ela e descerrou o seu ventre, ²³e ela ficou grávida e deu à luz um filho e disse: "Deus 'retirou' a minha desgraça." ²⁴Por isso, ela o chamou de José, dizendo: "Que *Yahweh* me 'acrescente' outro filho!" ²⁵Quando Raquel deu à luz José, Jacó disse a Labão: "Mande-me embora para que possa ir para a minha terra natal. ²⁶Dê-me as minhas esposas e os meus filhos por quem lhe servi, para que possa ir, porque você reconhece o serviço que lhe tenho prestado." ²⁷Labão lhe disse: "Se encontrei favor aos seus olhos, eu adivinhei que *Yahweh* tem me abençoado por sua causa." ²⁸Então, ele disse: "Especifique o seu salário, e eu o darei a você." ²⁹Ele lhe disse: "Você mesmo reconhece como tenho lhe servido e como o seu gado tem estado comigo, ³⁰porque o pouco que você tinha antes de eu chegar prosperou grandemente. *Yahweh* tem abençoado você onde quer que eu esteja. Mas, agora, quando eu mesmo também farei algo por minha própria casa?" ³¹Ele disse: "O que devo dar a você?" Jacó disse: "Não me dê nada. Se você fizer isto para mim, apascentarei os seus rebanhos novamente, cuidarei deles. ³²Eu passarei por todos os seus rebanhos hoje, removendo deles todas as ovelhas salpicadas ou malhadas e todas as ovelhas escuras dentre os cordeiros e as malhadas e salpicadas dentre as cabras. Esse será o meu salário. ³³Minha fidelidade testificará por mim no dia futuro, quando você vier ver o meu salário com você. Todo aquele que estiver comigo que não for salpicado ou malhado dentre as cabras ou escuro dentre os cordeiros: aquele terá sido roubado." ³⁴Labão disse: "Certo, sim, seja como você diz." ³⁵Mas naquele mesmo dia ele removeu os bodes listados e malhados, e todas as cabras salpicadas e malhadas, toda aquela que tinha mancha branca, e todo cordeiro escuro, e colocou-os aos cuidados de seus filhos. ³⁶Ele colocou três dias de jornada

entre ele e Jacó, enquanto Jacó estava pastoreando o resto dos rebanhos de Labão.

37Jacó apanhou para si varas verdes de álamo, de aveleira e de plátano e descascou-as em faixas, expondo o branco que havia nas varas. **38**As varas que havia descascado, ele fixou nas passagens, nos reservatórios de água nos quais os rebanhos vinham para beber, em frente aos rebanhos. Quando eles estavam no cio e vinham para beber, **39**os rebanhos acasalavam diante das varas e davam à luz crias listadas, salpicadas e malhadas. **40**Jacó separou os cordeiros e colocou os rebanhos de frente aos animais listados e completamente escuros do rebanho de Labão. Assim, colocou os rebanhos separadamente para si e não os colocou com os rebanhos de Labão. **41**Quando as fêmeas fortes estavam no cio, Jacó fixava as varas nas passagens, diante dos olhos dos rebanhos, para que acasalassem perto das varas. **42**Mas os animais fracos nos rebanhos, ele não os colocava lá. Assim, os fracos eram de Labão e os fortes eram de Jacó. **43**E o homem se tornou cada vez mais próspero. Ele teve grandes rebanhos, servos e servas, camelos e jumentos.

Após o culto nesta manhã, uma de nossas auxiliares leigas me perguntou sobre Hagar. Alguém tinha insinuado em um comentário que Hagar era uma prostituta e/ou uma concubina. Na verdade, expliquei que a condição de Hagar era a mesma de Bila e Zilpa, que eram esposas "legais" de Jacó, embora tivessem uma posição secundária. Então, iniciamos uma discussão sobre os acertos e erros no tratamento dado por Abraão a Hagar, e a mulher com quem eu estava conversando comentou: "E Abraão é nosso pai! Mas ele não agiu como pai!" "Está certo", repliquei, comparando-o com Davi. O pregador havia falado em seu sermão sobre Davi e como, durante a sua vida, ele mesmo teve de enfrentar questões sobre aspectos destrutivos de seu estilo de vida e estar disposto a abrir mão deles.

Abraão e Davi foram heróis da fé, mas também pessoas com pés de barro. Isso é algo encorajador, porque também somos pessoas com pés de barro.

Jacó, certamente, era um homem assim, com mãos, coração e mente de barro. Ele continua a ser o grande enganador, e nessa história, em especial, ele prossegue, ao lado de Labão, participando do concurso que elegerá o "Enganador do Ano". Mas, primeiro, após todos aqueles anos de anseio, esperança e ciúmes, Raquel tem um filho seu. O nome de José assemelha-se à palavra para "retirar", sendo exatamente o mesmo que a palavra para "possa ele acrescentar", o que nos sinaliza o fato de que ela não encerrou o ciclo de filhos ainda, agora que ele, enfim, começou. É um pouco estranho que Gênesis não faça menção de como José terminará em posição de autoridade sobre todos os irmãos e que o clã de José será tão grande a ponto de se dividir em dois outros que carregarão os nomes dos próprios filhos de José, **Efraim** e Manassés. Os dois clãs dominarão o norte de Israel de tal forma que o primeiro desses nomes se tornará uma referência padrão ao Estado israelita do norte; e, de sua sepultura, Raquel ficará satisfeita.

Nesse meio-tempo, Jacó decide que está na hora de voltar para **Canaã**. Ele já serviu mais que os catorze anos por Lia e Raquel. Labão possui uma razão reveladora por não querer que Jacó vá embora: Labão é um criador de ovelhas muito bem-sucedido e ele sabe que isso se deve a Jacó. A maneira de ele expressar essa consciência dá um exemplo da contínua mescla, nessas histórias, da religião tradicional com a natureza especial do envolvimento divino com aquelas famílias. É por meio de adivinhação que Labão sabe que Jacó é o segredo de seu sucesso. A adivinhação envolve olhar para algum sinal (por exemplo, na natureza) que possa dar a resposta a uma questão. Um modo tradicional britânico de fazer isso envolve buscar padrões nas folhas de chá, deixadas em uma xícara, após beber o líquido, enquanto Gênesis 44:5 faz referência a uma taça para adivinhação. Todavia, Gênesis 31 mencionará as **efígies** de Labão, que eram provavelmente relacionadas à adivinhação. O Antigo Testamento, mais tarde, irá desaprovar o uso de adivinhação por sua associação frequente com outras religiões e por ignorar os meios para encontrar orientação que Deus concedeu a Israel. Mas aqui Labão testifica que a adivinhação lhe mostrou que *Yahweh* o abençoara por causa de Jacó. Ele faz uso do nome especial do Deus de Israel e dá testemunho ao cumprimento da própria promessa de *Yahweh* de trazer bênção ao mundo por meio de Abraão, Isaque e Jacó. Deus tinha reafirmado essa promessa ao próprio Jacó, quando ele estava saindo de Canaã, a caminho de Padã-Arã (Gênesis 28:14). Labão, involuntariamente, testifica o cumprimento dessa promessa.

Não há qualquer indicação de Jacó dizer "Uau!" e curvar-se em adoração a Deus, como o servo de Abraão faz em Gênesis 24, mas isso não importa tanto. Como leitores, sabemos que é isso o que está acontecendo. A preocupação de Jacó é sair dali, o que é muito apropriado. Aquele mesmo propósito de Deus concede a Jacó um trabalho a ser realizado em Canaã, a terra que constitui a base para o cumprimento das promessas de Deus. Ele tem obrigações para com a sua própria casa e, assim, propõe um acordo razoável, que o obrigará a ficar um pouco mais de tempo ali. Então, a despeito da extensa prosperidade que trouxe a Labão, Jacó levará para casa apenas uma quantidade relativamente pequena de ovelhas que não sejam brancas e das cabras que não sejam escuras. Será fácil comprovar a sua honestidade. Labão sabiamente concorda, mas, então, remove tais ovelhas e cabras que estão em seu rebanho, no presente, para reduzir sobremaneira a chance de o rebanho que Jacó pastoreia, naquele momento, procriar filhotes daquele tipo. Contudo, como experiente criador de ovelhas que é, Jacó sabe como derrotar esse plano, que aparentemente envolve tornar ovelhas e cabras equivalentes a mandrágoras. Se você se sente confuso com os detalhes de como Jacó realiza esse trabalho, bem-vindo ao clube. Para mim, é como entender o funcionamento de um motor de combustão interna; por cinco minutos eu entendo, mas, após esse tempo, preciso de uma nova explicação. Contudo, o resultado é claro. Dessa vez, o astuto Labão encontrou um páreo ainda mais astuto, Jacó.

GÊNESIS **31:1–29**
A DIVISÃO DOS BENS

¹Ele ouviu coisas que os filhos de Labão estavam dizendo: "Jacó tomou tudo que era de nosso pai. Daquilo que era de nosso pai, ele fez toda a sua riqueza." **²**E Jacó viu a atitude de Labão com ele: não era mais como fora em dias anteriores. **³***Yahweh* disse a Jacó: "Volte para a terra de seus ancestrais, para sua casa, e estarei com você."

⁴Jacó foi e chamou Lia e Raquel para irem ao campo aberto, para seus rebanhos, **⁵**e lhes disse: "Vejo que a atitude de seu pai comigo não é como era nos dias anteriores. Mas o Deus de meu pai está comigo. **⁶**Vocês sabem que tenho servido ao seu pai com toda a minha energia, **⁷**e o seu pai tem zombado de mim e mudado o meu salário dez vezes. Mas Deus não permitiu que ele me causasse dano. **⁸**Se ele dizia: 'As salpicadas serão o seu salário', todo o rebanho dava à luz crias salpicadas. Se dizia: 'As listadas serão o seu salário', todo o rebanho dava à luz crias listadas. **⁹**Deus tirou os rebanhos de seu pai e os deu a mim. **¹⁰**No tempo do acasalamento do rebanho, em um sonho eu olhei e vi: lá os carneiros que estavam montando o rebanho eram listados, salpicados e malhados. **¹¹**No sonho, o ajudante de Deus me disse: 'Jacó!' Eu disse: 'Estou aqui!' **¹²**Ele disse: 'Agora, olhe e veja. Todos os cordeiros que estão montando o rebanho são listados, salpicados e malhados, porque tenho visto tudo o que Labão lhe tem feito. **¹³**Eu sou o Deus de Betel, onde você ungiu um pilar, ante o qual você fez um voto a mim. Agora, levante-se, saia dessa terra e volte para sua terra natal'." **¹⁴**Raquel e Lia responderam, dizendo-lhe: "Ainda temos uma partilha, uma herança, na casa de nosso pai? **¹⁵**Somos consideradas estrangeiras por ele, porque ele nos vendeu e também consumiu totalmente o dinheiro pago por nós. **¹⁶**Por causa de toda a riqueza que Deus tem tirado de nosso pai: isso pertence a nós e a nossos filhos. Então, agora, faça tudo o que Deus lhe disse."

¹⁷Então, Jacó partiu. Ele colocou seus filhos e esposas em camelos **¹⁸**e conduziu todo o seu rebanho e toda a sua riqueza que havia adquirido, o gado que possuía e que havia ganhado em Padã-Arã, para ir a Isaque, seu pai, na terra de Canaã; **¹⁹**Labão tinha ido tosquiar suas ovelhas. Raquel roubou as efígies que pertenciam ao seu pai, **²⁰**e Jacó roubou sem o conhecimento de Labão, o arameu, ao não lhe contar que estava fugindo **²¹**quando saiu com tudo o que tinha. Assim, ele partiu e atravessou o Rio, rumo às montanhas de Gileade.

²²Labão foi informado no terceiro dia que Jacó tinha fugido. **²³**Ele tomou consigo os seus irmãos e perseguiu Jacó por sete dias, alcançando-o nas montanhas de Gileade. **²⁴**Mas Deus veio a Labão, o arameu, em um sonho, à noite, e lhe disse: "Tenha cuidado para não dizer nada a Jacó, bem ou mal."

²⁵Então, Labão alcançou Jacó quando Jacó tinha armado as suas tendas nas montanhas e Labão tinha acampado com seus irmãos nas montanhas de Gileade. **²⁶**Labão disse a Jacó: "O que você fez? Você roubou sem o meu conhecimento e levou minhas filhas como prisioneiras da espada. **²⁷**Por que escondeu a sua fuga, roubou-me e não me contou? Eu o despediria com regozijo e cantos, com tamborim e harpa. **²⁸**Você não me permitiu beijar meus filhos e minhas filhas. Agora, você foi tolo ao fazer isso. **²⁹**Tenho poder de lhe causar dano. Mas o Deus de seus pais me disse, na noite passada: 'Tenha cuidado para não dizer nada a Jacó, bem ou mal'."

O dinheiro traz divisão entre as pessoas. O noticiário, nesta semana, reportou como uma efervescente rixa se instalou no seio de uma família durante 25 anos. Quando o pai faleceu, um dos filhos, em conluio com a sua mãe, ocultou de suas duas irmãs a existência de várias propriedades, bem como de um testamento dividindo todos os bens entre os três irmãos. Tratava-se, segundo o noticiário, de uma "traição de proporções bíblicas". Após cinco anos, as duas irmãs descobriram o embuste e, então, lutaram judicialmente por 25 anos para receber a sua parte da herança. Por meio de uma declaração juramentada, uma delas disse: "A conspiração para nos negar a herança destruiu a minha família, partiu o meu coração e me deixou cicatrizes com as quais tenho lutado dolorosamente e que não tenho superado totalmente, mesmo agora [...]. A mágoa mais profunda vem do papel da minha mãe na conspiração. Uma mãe deve proteger os filhos. A vida que meu pai queria para nós teria sido muito diferente."

Os filhos de Labão estão compreensivelmente ressentidos pela forma de Jacó ter se enriquecido às custas (na visão deles) do pai deles, e, portanto, o próprio Jacó está com medo do que Labão possa fazer. Lia e Raquel sabem que não irão ganhar nada de Labão, porque o pai nada tem a ganhar com elas, agora que pertencem a Jacó. Elas também sabem que, enquanto permanecerem com Jacó, compartilharão tudo o que seu pai perdeu para ele. Raquel rouba as **efígies** de Labão, e Jacó foge de Labão. Literalmente, Jacó rouba a mente de Labão, uma vívida expressão por mantê-lo no escuro sobre sua partida e uma representação notável nesse contexto, porque estabelece um paralelo com o roubo mais literal de Raquel. A preocupação com os bens e a disposição de deixar esse interesse anular todas as considerações de uma relação familiar caracterizam tudo o que está acontecendo.

Pastorear grandes rebanhos significa espalhá-los sobre uma ampla área, como indicado pelo comentário no capítulo anterior sobre Labão levar muitas ovelhas a três dias de distância de Jacó. Igualmente, isso significa que Jacó e seus rebanhos estão em campo aberto, um pouco distantes da base da família, de modo que é ali que Jacó realiza a conferência familiar com Raquel e Lia. Portanto, a natureza do negócio da família torna mais fácil para Jacó e sua comitiva irem embora sem o conhecimento de Labão, já que este estava em outra região, ocupado com a tosquia de suas ovelhas. "O Rio" é o Eufrates; quando Labão e sua comitiva alcançam Jacó, ele já tinha avançado quase quinhentos quilômetros (em termos literais, seriam necessários mais do que os 10 dias, isto é, os sete dias de perseguição mais os três dias de atraso da partida de Labão), chegando em Gileade, a área situada a leste do Jordão. Jacó está bem perto de sua casa.

Uma vez mais, Deus se envolve em toda essa confusão ao não estabelecer como prioridade cuidar para que pessoas que mereçam ir bem prosperem e garantir que pessoas que não mereçam não prosperem (talvez, de novo, porque isso significaria esperar eternamente). Deus é quem fala a Jacó que é tempo de voltar para casa, embora a ideia já estivesse em sua cabeça há algum tempo. Quando Jacó fala sobre como Deus tem se envolvido com ele e relata o seu sonho, pode-se questionar quanto Jacó está projetando em Deus a sua própria decisão ou o seu anseio. Não obstante, Gênesis confirma o ponto básico: Deus diz a Jacó que volte para sua casa. Poder-se-ia imaginar que, em algum momento, Deus fizesse isso, pois em **Canaã** é que Deus está comprometido em cumprir o propósito de abençoar o mundo por meio da bênção à descendência de Abraão. Deus, portanto, providencia a Jacó outro nível de proteção ao aparecer a Labão e adverti-lo de não discutir com o genro sobre certo e errado em tudo o que aconteceu. Labão não interpreta essa instrução tão literalmente, mas, pelo menos, não contesta o direito de Jacó de voltar para casa. Sua confrontação concentra-se mais na maneira em que Jacó fugiu do que propriamente no fato de ele ter fugido.

GÊNESIS **31:30–54**
A DOR DE UMA FAMÍLIA DIVIDIDA PELA DISTÂNCIA

³⁰Labão disse: "Agora, você saiu, de fato, porque estava muito saudoso da casa de seu pai. Por que roubou os meus deuses?" ³¹Jacó respondeu, dizendo a Labão: "Tive medo, pois pensei que você poderia tirar as suas filhas de mim. ³²A pessoa com quem você encontrar os seus deuses não permanecerá viva. Diante de nossos irmãos, examine você mesmo tudo o que eu tenho e tome-o para você" (Jacó não sabia que Raquel os tinha roubado). ³³Labão entrou na tenda de Jacó, na tenda de Lia e na tenda das duas criadas, mas não os encontrou. ³⁴Ora, Raquel havia tomado as efígies, e as colocado na sela do camelo, e sentou em cima delas. Labão vasculhou tudo na tenda e não as encontrou. ³⁵Ela disse a seu pai: "Que meu senhor não se irrite por eu não poder me levantar em sua presença, porque estou menstruada." Então, ele procurou, mas não encontrou as efígies. ³⁶Jacó ficou irritado e discutiu com Labão. Jacó testificou, dizendo a Labão: "Qual é a minha afronta, qual é a minha ofensa, para você me perseguir? ³⁷Quando você vasculhou todos os meus bens, o que encontrou de todos os bens de sua casa? Coloque aqui, em frente aos meus irmãos e seus, para que eles possam julgar entre nós dois. ³⁸Nesses vinte anos que estive com você, as suas ovelhas e as suas cabras nunca abortaram. Jamais comi carneiros de seus rebanhos. ³⁹Não trouxe a você os animais que foram mortos; eu mesmo lidei com a ofensa. De mim você requeria o que era roubado de dia e o que era roubado de noite. ⁴⁰Eu me tornei consumido pelo calor, de dia,

e pela geada, à noite. O sono fugia de meus olhos. **⁴¹**Permaneci esses vinte anos em sua casa; catorze anos lhe servi por suas duas filhas e seis anos por seu rebanho, e você mudou o meu salário dez vezes. **⁴²**Se o Deus de meu pai, o Deus de Abraão, e a Reverência de Isaque, não estivesse comigo agora, você teria me despedido de mãos vazias. Mas Deus viu os meus maus-tratos e a labuta de minhas mãos e julgou ontem à noite."

⁴³Labão testificou, dizendo: "As filhas são minhas filhas, os filhos são meus filhos, o rebanho é meu rebanho. Tudo o que você vê é meu. Mas o que posso fazer hoje por essas minhas filhas e pelos filhos que elas deram à luz? **⁴⁴**Agora, venha, façamos uma aliança, você e eu, e isso será por testemunho entre você e mim." **⁴⁵**Então, Jacó tomou uma pedra e a colocou em pé, como um pilar. **⁴⁶**Jacó disse aos seus irmãos: "Juntem pedras." Eles apanharam pedras e fizeram uma pilha e comeram ali, ao lado da pilha. **⁴⁷**Labão o chamou de Jegar-Saaduta, e Jacó o chamou de Galeede. **⁴⁸**Labão disse: "Essa pilha é uma testemunha, hoje, entre mim e você." Por isso, foi chamada de Galeede, **⁴⁹**e "Torre de Vigia", porque (ele disse): "*Yahweh* vigiará entre mim e você quando um se esconder do outro. **⁵⁰**Se você maltratar as minhas filhas ou tomar esposas além das minhas filhas, não estando ninguém conosco, veja: Deus será uma testemunha entre mim e você."

⁵¹E Labão disse a Jacó: "Aqui está esta pilha e aqui está o pilar que eu levantei entre mim e você. **⁵²**Esta pilha será uma testemunha, e este pilar será uma testemunha de que não irei passar desta pilha para você, e você não irá passar desta pilha para mim, ou deste pilar, para fazer mal. **⁵³**O Deus de Abraão e o Deus de Naor (o Deus de seus ancestrais) decida entre nós." Jacó jurou pela Reverência de Isaque, seu pai. **⁵⁴**Jacó fez um sacrifício nas montanhas e convidou seus parentes para comer uma refeição. Eles comeram a refeição e passaram a noite nas montanhas.

Quando minha esposa e eu começamos a namorar e, então, decidimos ficar noivos, os pais dela foram radicalmente contra a nossa decisão. Eles tinham algumas razões plausíveis. Eu era um brutamontes de cabelos compridos (eram os anos 1960), e eles não tinham certeza de eu ser o tipo de homem a quem desejariam confiar a sua filha. Entretanto, havia algo mais acontecendo. Os pais de Ann tinham muito orgulho da filha, então estudante de medicina, a única filha, que era o foco da vida deles desde o seu nascimento. Quando ela concluiu o curso, os dois imaginaram que Ann voltaria para fazer a residência em sua cidade natal, ostentando o sobrenome deles. Como seus contemporâneos, Ann não desejava voltar à casa de seus pais para cumprir a residência, mesmo que eu a acompanhasse. Assim, para eles, eu era o vilão da história, aquele que estava impedindo a realização de seu desejo como pais. Além do mais, eu era um pastor. Imagine uma médica se casando com um mero pastor! Embora, no longo prazo, os crescentes efeitos da esclerose múltipla de Ann fossem como um bálsamo a trazer cura aos relacionamentos, no curto prazo foi o nascimento das crianças que levaram a alguma cura. Meu sogro viveu apenas o suficiente para segurar os dois netos e cuidar deles (ou, pelo menos, do mais velho), brincar com eles, ir à praia e chutar uma bola.

Nessa história, há uns poucos sinais de que Jacó tem alguns sentimentos de família. Seria equivocadamente cínico não enxergar tais sentimentos, como, pelo menos, um elemento em seu temor de que Labão levasse embora as suas filhas. Afinal, Jacó amava, de fato, Raquel, ainda que não tenha reclamado de haver dormido com várias outras mulheres. Por ironia, ele é, agora, vítima do engano de Raquel, assim como fora vítima da trapaça perpetrada por Lia e seu pai, em sua noite de núpcias. Ninguém pode se dar ao luxo de confiar em qualquer pessoa dessa família. É provável que, em algum momento, Jacó tenha descoberto que Raquel estava de posse das **efígies** o tempo todo (a não ser que Raquel, em seu leito de morte, tenha feito outra pessoa jurar guardar esse segredo e essa informação chegou ao autor de Gênesis por essa outra rota). Se Raquel não tivesse sido tão eficaz em esconder as efígies, podemos imaginar a cena em que Jacó descobre que a mulher a quem ama está prestes a ser vítima de seu voto para matar o ladrão, uma cena que irá se repetir nos relatos sobre Jefté e sua filha, bem como com Saul e seu filho. O autor de Gênesis, provavelmente, vê alguma justiça poética no engano de Labão por sua própria filha, que aprendeu a lição muito bem com o caráter e a prática de seu pai e de seu marido (pode-se questionar se Labão suspeitou que sua filha o enganou e até mesmo ficou admirado por ela mostrar que era mesmo filha de seu pai), bem como ver a ironia nos protestos hipócritas e autoindulgentes de Jacó a Labão, no caso quase judicial que se desenrola ali (o recorrente verbo "testificar" é um termo legal).

Labão, da mesma forma, tem o seu coração batendo debaixo do lugar no qual guarda a sua carteira. Quando Jacó foi embora, ele não tomou simplesmente algumas ovelhas e cabras que poderiam ou não, por direito, pertencer a Labão. Ele perdeu suas filhas e seus netos. Ele possui filhos que podem administrar os negócios da família, mas isso não compensa essa perda.

Há um estranho desequilíbrio nos relacionamentos entre pais e filhos adultos; pelo menos, houve para Ann e eu em relação aos nossos pais e nossos filhos adultos, pois já estivemos em ambas as posições. Ele esteve presente na expectativa dos pais de Ann de que, um dia, ela voltaria para "casa", e encontrou outra expressão em nosso relacionamento com os meus pais. Quando nos casamos, eles não possuíam telefone, e meu pai ia a um telefone público, a cada domingo, pouco antes do almoço, colocava as moedas e perguntava: "Vocês estão bem?" "Sim, estamos bem!", respondíamos. Então, ele prosseguia: "Queria apenas saber se vocês estavam bem!" O diálogo era mais ou menos esse. Mais tarde, quando moramos mais perto de meus pais e podíamos visitá-los mais facilmente, eu me via falando a Ann: "Já faz três ou quatro semanas que não vamos lá; é melhor irmos neste domingo." Agora, o sapato aperta no outro pé. Embora fique contente em ter notícias detalhadas sobre a vida de nossos filhos e suas famílias, na Inglaterra, e de conversarmos pela tela do computador, fico ainda mais satisfeito por receber um *e-mail* curto, a cada duas semanas, cujo motivo principal é me assegurar de que eles estão bem.

Foi Labão quem sofreu com a saída de suas filhas e seus netos. Em termos de jornada, eles viviam muito mais longe do que eu vivo, hoje, dos meus netos. A separação conflituosa tornaria a situação muito pior. Fica claro, então, que, apesar da falha em resolver a questão das efígies, as duas famílias se reconciliam e, por fim, se separam-se em paz. Os diferentes nomes dados por Labão e Jacó àquele lugar têm o mesmo significado em **aramaico** (o idioma de Labão) e em hebraico, com o nome em hebraico lembrando o próprio nome de Gileade, onde o encontro ocorreu. (Consideraremos o distintivo título dado por Jacó a Deus em conexão com Gênesis 32.)

GÊNESIS 31:55—32:24A
MEDO

55Cedo de manhã, Labão beijou seus netos e suas filhas e os abençoou, e Labão partiu, voltando para sua terra.

CAPÍTULO 32

1Quando Jacó seguiu o seu caminho, os ajudantes de Deus o encontraram. **2**Ao vê-los, Jacó disse: "Este é o acampamento de Deus." Ele chamou àquele lugar Dois Acampamentos. **3**Jacó enviou ajudantes à frente dele, a Esaú, seu irmão, na região de Seir, território de Edom. ⁴Ele os instruiu, dizendo: "Vocês devem dizer isso ao meu senhor Esaú: 'O teu servo Jacó disse isto: Morei com Labão e com ele permaneci até agora. ⁵Adquiri gado, jumentos, rebanhos, servos e servas. Envio esta mensagem ao meu senhor para que encontre favor aos teus olhos'." ⁶Os ajudantes voltaram a Jacó, dizendo: "Fomos a Esaú, seu irmão, e, sim, ele está vindo ao seu encontro, e há quatrocentos homens com ele." ⁷Jacó ficou muito amedrontado. Angústia veio sobre ele. Ele dividiu o povo que estava com ele, os rebanhos, o gado e os camelos em dois acampamentos, ⁸e disse: "Se Esaú vier a um acampamento e atacá-lo, o outro acampamento escapará." ⁹Jacó disse: "Deus de Abraão, meu pai, Deus de Isaque, meu pai, *Yahweh*, que me disseste: 'Volte para sua casa, e serei bom com você', ¹⁰sou muito pequeno por todos os atos de compromisso e toda a constância que tens mostrado ao teu servo. Com meu cajado atravessei este Jordão e agora eu me tornei dois acampamentos. ¹¹Salva-me das mãos de meu irmão, das mãos de Esaú, porque tenho medo de que ele venha nos atacar, tanto a mim quanto às mães e às crianças. ¹²Tu mesmo disseste: 'Eu certamente serei bom com você e farei a sua descendência como a areia do mar, que não pode ser contada por causa de sua quantidade'."

¹³Ele permaneceu ali, naquela noite, e tomou do que tinha consigo um presente para Esaú, seu irmão: ¹⁴duzentas cabras e vinte bodes, duzentas ovelhas e vinte carneiros, ¹⁵trinta fêmeas de camelo e suas crias, quarenta vacas e dez touros, vinte jumentas e dez jumentos. ¹⁶Ele os colocou aos cuidados de seus servos, cada rebanho separado, e disse aos seus servos: "Passem adiante de mim e mantenham uma distância entre cada rebanho." ¹⁷Ele instruiu ao que ia à frente: "Meu irmão Esaú encontrará você e perguntará: 'A quem você pertence? Para onde está indo? A quem estes à sua frente pertencem?' ¹⁸Você deve dizer: 'Eles são de teu servo Jacó. São um presente enviado ao meu senhor Esaú. Eis que ele mesmo está atrás de nós'." ¹⁹Ele também

instruiu ao segundo e ao terceiro e a todos aqueles que seguiam os rebanhos: "Fale dessa maneira a Esaú quando ele o alcançar. **²⁰**E também diga: 'Eis que o teu servo Jacó está atrás de nós'", porque (ele disse): "Se eu pacificá-lo com um presente indo à minha frente e, depois, vê-lo pessoalmente, talvez ele me aceite." **²¹**Então, o presente passou à sua frente, enquanto ele permaneceu aquela noite no acampamento. **²²**Naquela noite, ele se levantou, tomou as suas duas esposas, suas duas servas e seus onze filhos e atravessou a passagem do Jaboque. **²³**Assim, ele os tomou e os fez atravessar o ribeiro. Ele passou tudo o que tinha pelo ribeiro, **²⁴ᵃ**e Jacó foi deixado sozinho.

Há algo a ser dito sobre medo. Em uma viagem de estudo do seminário a Israel e à Palestina, estávamos voltando de Berseba a Jerusalém. As autoridades israelenses advertiam os grupos de seguirem uma rota totalmente dentro do território israelense em vez de arriscar a ter problemas indo por Hebrom. Ocorre que essa rota acrescia uma hora a mais em nossa jornada, e eu conhecia um caminho para chegar a Jerusalém sem passar pelo centro de Hebrom. Infelizmente, levei o nosso micro-ônibus a sair da estrada principal um cruzamento antes, o que nos levou a uma cidadezinha cujos habitantes eram ainda mais hostis a Israel. Quando entramos na principal rua da cidade, em nossos veículos com placas israelenses, as pessoas começaram a atirar pedras em nós. Eu andava com uma espingarda, mas não estava com ela, e lembro de ter pensado: "Esta é uma experiência muito interessante, ainda mais se conseguirmos sair daqui." Passado o incidente, comecei a pensar em como as outras pessoas ficaram muito assustadas (e irritadas comigo), enquanto eu não. Às vezes, não sentir medo é um sinal de fraqueza, não de força. Eu não me "assusto" com facilidade, e, então, essa ausência de medo pode me levar a fazer coisas que, na realidade, são pouco sábias. O medo é uma emoção positiva e importante. Pode ser debilitante, mas nos mantém longe de problemas.

O relacionamento de Jacó com o medo é complexo. Em sua confrontação com Labão, ele usou um título diferenciado para Deus. Anteriormente, ele tinha falado do "Deus de meu pai", o Deus que era comprometido com seu pai, tendo-lhe feito promessas, e Jacó sabe que esse Deus também está comprometido com ele, porque está alinhado ao **compromisso** e ao cumprimento do propósito divino de abençoar sua família, como também as nações. Aqui ele fala desse Deus, mais especialmente, como a "Reverência de Isaque", o Deus a quem Isaque reverencia. Esse é o outro lado do comprometimento de Deus com ele. Mas a palavra hebraica para reverência é a mesma para medo. Há um medo positivo que se expressa em reverência, admiração, compromisso e obediência, bem como um medo negativo que significa estar assustado. Jacó não quer dizer que Isaque está assustado ou amedrontado com Deus. Na verdade, por mais paradoxal que pareça, experimentar uma reverência e assombro em relação a Deus significa aumentar a confiança que pode, em geral, caracterizar a sua vida.

No caso de Jacó, entretanto, isso não ocorre. Jacó está com medo de se encontrar com Esaú. Ele tem mais de um bom motivo para isso. Esaú é alguém que tinha uma forte razão para querer matá-lo na última vez em que estiveram juntos. E ele está vindo ao encontro de Jacó, acompanhado de outros quatrocentos homens. Eles estão se aproximando do rio Jaboque, que corre no sentido leste-oeste, desde as montanhas a leste do Jordão, e marca um ponto no qual o próprio Jordão pode ser atravessado com facilidade. Assim, Jacó pode levar sua comitiva à principal área daquele território.

A história sublinha de inúmeras formas a ironia da situação. Ao que parece, Deus sabia que Jacó ficaria um pouco apreensivo com a perspectiva de encontrar Esaú, enviando alguns **ajudantes** divinos para estar com ele. Jacó nomeia o lugar onde isso acontece de "Dois Acampamentos". Essa expressão, normalmente, denota um acampamento militar, sugerindo que os ajudantes são uma amostra da proteção sobrenatural com o intuito de encorajar Jacó, como a visão da escadaria para o céu, em sua similaridade à visão de 2Reis 6. Uma ironia, então, reside na forma em que Jacó envia os seus próprios ajudantes ao encontro de Esaú e divide as suas "forças" em dois acampamentos, de modo que, se Esaú atacar um, o outro pode escapar. Parece não haver muita confiança nas forças sobrenaturais ali acampadas.

Somente após fazer tudo isso é que Jacó passa a orar. Gênesis não relata qualquer resposta a essa oração, embora talvez a reunião que ocorrerá em breve conte como resposta. Enquanto isso, Jacó prossegue em suas ações, provenientes de seu medo, e uma vez mais provoca, pelo menos, um sorriso irônico e, talvez, uma gargalhada nos ouvintes da história. A magnitude do "presente" enviado a Esaú é monumental, um reflexo da magnitude de seu temor. É também uma mostra da prosperidade que Deus, de fato, proporcionou a Jacó durante os vinte anos em Padã-Arã. Pergunto-me se não teria sido motivo de risos entre os servos que iam à frente, na linha de fogo que Jacó estava esperando, embora não fique claro quanto eles sabem sobre as dinâmicas da situação em curso. Quando Jacó "diz" que espera pacificar o seu irmão com o presente, talvez estivesse falando consigo mesmo, caso contrário os servos poderiam ficar confusos. Todavia, eles devem reconhecer que há algo no mínimo estranho em todo esse procedimento. Como testemunho final de seu medo, Jacó envia à frente a sua família imediata e seus bens pessoais. É como se ele, então, ficasse ali, paralisado.

GÊNESIS 32:24B—33:17
DEUS LUTA

²⁴ᵇE um homem lutou com ele até o amanhecer, **²⁵**mas viu que não podia superá-lo. Então, tocou-lhe na articulação do quadril, de modo que deslocou a articulação do quadril de Jacó enquanto ele lutava. **²⁶**Ele disse: "Deixe-me ir embora, pois o dia já rompeu." Jacó disse: "Não te deixarei ir, a não ser que me abençoes." **²⁷**Ele lhe disse: "Qual é o seu nome?" Ele disse: "Jacó." **²⁸**Ele disse: "Você não será mais chamado Jacó, mas Israel, porque você 'lutou com Deus', com os seres humanos e prevaleceu." **²⁹**Jacó perguntou: "Tu me dirás o teu nome?" Ele disse: "Por que pergunta o meu nome?" Mas ele o abençoou ali. **³⁰**Jacó chamou àquele lugar Peniel, dizendo: "Porque vi Deus face a face, mas minha vida foi salva." **³¹**O sol se levantou sobre ele, enquanto ele passava por Peniel. Ele estava mancando por causa de seu quadril. **³²**Por isso, os israelitas não comem o músculo da coxa ligado à articulação do quadril, porque ele tocou Jacó na articulação do quadril, no músculo da coxa.

CAPÍTULO 33

¹Jacó elevou o olhar e viu: Lá vinha Esaú, e quatrocentos homens com ele. Ele dividiu os filhos entre Lia, Raquel e as duas criadas, **²**colocando as criadas e seus filhos primeiro, Lia e seus filhos depois delas, e Raquel e José por último. **³**Ele mesmo foi à frente deles e curvou-se ao chão sete vezes, até chegar ao seu irmão. **⁴**Esaú correu ao seu encontro e o abraçou, jogou os braços sobre o seu pescoço e o beijou, e eles choraram. **⁵**Ele olhou, viu as mulheres e as crianças e disse: "Quem são esses com você?" Ele disse: "Os filhos com os quais Deus favoreceu o teu servo." **⁶**As criadas e seus filhos vieram e se curvaram. **⁷**Lia também e seus filhos vieram e se curvaram. Por último, vieram José e Raquel e se curvaram. **⁸**Ele disse: "Para que são todas essas comitivas que encontrei?" Jacó disse: "Para encontrar favor aos olhos de meu senhor." **⁹**Esaú disse: "Tenho muito, irmão. O que tem deve permanecer com você." **¹⁰**Jacó disse:

"Por favor, não. Se realmente encontrei favor aos teus olhos, aceita o presente de minha mão, porque vi a tua face, como se visse a face de Deus, e tu me aceitaste. **¹¹**Recebe a minha bênção que te foi trazida, porque Deus tem me favorecido, e tenho tudo." Então, ele insistiu, e Esaú aceitou.

¹²Esaú disse: "Vamos partir. Eu irei à sua frente." **¹³**Jacó lhe disse: "Meu senhor sabe que as crianças são frágeis, e o rebanho e o gado comigo estão amamentando. Forçar a caminhada, um único dia, e todo o rebanho morrerá. **¹⁴**Irá meu senhor adiante de seu servo? Eu mesmo conduzirei gentilmente, conforme o passo dos rebanhos que vão à minha frente, e no passo das crianças, até chegar ao meu senhor em Seir." **¹⁵**Esaú disse: "Posso deixar com você algumas das pessoas que estão comigo?" Ele disse: "Por que encontro favor aos olhos do meu senhor?" **¹⁶**Então, Esaú voltou, naquele dia, em sua jornada a Seir, **¹⁷**enquanto Jacó foi para Sucote, construiu uma casa para si e fez "abrigos" para o seu gado. Por isso, o lugar foi chamado de Sucote.

Todos os domingos, a caminho da igreja, passamos por um abrigo de ônibus com uma enorme placa de propaganda. Durante algum tempo, aquela placa proclamou: "Você jamais pode ter dinheiro suficiente." Não me lembro do que estava sendo anunciado (o que mostra que os anúncios funcionam, porque ainda me lembro da placa e estou ampliando o seu alcance ao falar dela, mas isso também prova que os anúncios não funcionam, porque não notei o produto que estava sendo vendido). Eu costumava pensar sobre aquela expressão toda vez que passávamos por lá, imaginando quantas pessoas concordariam com ela. Quando penso nisso agora, associo a um escândalo que movimentou o noticiário sobre o monumental valor a título de bônus pago a alguns executivos que somava milhões de dólares. E me pergunto: o que uma pessoa pode fazer com todo esse dinheiro? Quanto dinheiro basta?

Jacó não conhecia o significado de "suficiente", mas imaginava que um uso útil para a riqueza seria permitir-lhe comprar o seu caminho de volta a uma relação pacífica com seu irmão, pelo menos o suficiente para Esaú não querer mais matá-lo. Jacó presume que Esaú pensa da mesma forma que ele, supondo que o irmão ainda se importa com a bênção, em sua forma material, e sabe que deve devolvê-la. Na verdade, se Esaú ainda pretendesse assassinar Jacó, duvido que subornos iriam fazê-lo mudar de ideia. Esaú, presumivelmente, diria "Muito obrigado" e mataria, de qualquer maneira, Jacó, apropriando-se do resto de seus bens. No entanto, Esaú está interessado apenas em reencontrar seu irmão, se isso for possível, abrindo caminho entre os camelos e as cabras. Ele não sabe o que faria com mais vacas, ovelhas e camelos, pois já os tem em abundância. (Exceto, claro, se esta for apenas uma conversa educada, e Esaú realmente queira dizer: "Ah, obrigado!") A maravilhosa ironia do reencontro é que os quatrocentos homens de Esaú não são um grupo armado, mas um comitê de boas-vindas. Jacó é só preocupação, mas Esaú quer apenas um abraço. Os dois choram, mas as lágrimas têm um significado diferente para Jacó do que o pranto de seu irmão.

Guardadas as diferenças culturais, pode-se facilmente compreender o que se passa entre Jacó e Esaú, como Jacó está pensando que o dinheiro pode comprar o amor e como Esaú está mais interessado em reunir-se ao irmão há muito perdido. Quanto a entendermos o que estava acontecendo na luta anterior, é mais difícil, porque é improvável que haja em nossa experiência algo semelhante que nos dê acesso a uma compreensão. De certa forma, essa dificuldade é simbolizada pelo título dado à história. As pessoas dizem que o relato é sobre a luta de Jacó com Deus. Podemos, então, ver uma ligação com as nossas próprias experiências figurativas de luta com Deus, talvez para persuadir Deus a nos livrar de algo que não queremos fazer. Eis um modo útil de usar uma imagem de luta, embora, com frequência, a luta ocorra apenas em nosso interior. Decerto, Jacó também lutava consigo mesmo, em sua ansiedade e em seu medo, mas não é este o ângulo da história, enfatizado pela maneira em que começa. Jacó não tem a iniciativa da luta e ele não estava lutando com Deus. Se Deus estivesse envolvido, Deus estaria lutando com Jacó. Na realidade, o texto diz que "um homem" lutava com Jacó, embora, mais à frente, fale sobre Jacó lutar com Deus e afirmar ter visto Deus face a face, o que sugere ser essa outra daquelas ocasiões em Gênesis nas quais Deus aparece como um ser humano e, apenas depois, percebe-se que era mais do que isso. Tudo isso torna improvável que Jacó estivesse lutando com ele mesmo ou (em sua imaginação) com Esaú ou com um demônio.

Então, por que Deus está lutando com Jacó? Deus tem feito isso por toda a vida de Jacó, tentando transformá-lo no homem que deseja que ele seja, mas sem sucesso. Aqui está Deus tentando novamente, mas prevalecendo apenas pelo engano, o que significa que a vitória é vazia. Talvez uma razão para Deus aparecer apenas como um homem é que isso torna uma luta justa. Se Deus nos supera simplesmente por possuir um poder de fogo superior, não tem muito valor como vitória. Deus precisa "nos ganhar", como costumamos dizer. É necessário que nos rendamos ao propósito e à visão de Deus para nós para que a transformação em nós seja autêntica. Todavia, Jacó não quer se render, e nunca o fará.

Não obstante, Deus o abençoa e lhe concede um novo nome que resume o seu caráter. Como, em geral, ocorre, o comentário sobre os nomes apresenta algumas sutilezas sobre eles, ligando o novo nome de Jacó ao fato de ele ser um grande lutador. E, sim, de fato, Jacó é uma pessoa que persiste em lutar com Deus a fim de permanecer o homem que é. No fim, Deus permite que ele faça isso, pois mesmo Deus não pode forçar as pessoas a mudar. Pode apenas fazê-las mancar. No entanto, mesmo um principiante em hebraico saberia que "Isra-el" não significa, na verdade, "ele luta/persiste/se esforça com Deus". Antes, é uma declaração na qual Deus é o sujeito — como Deus foi o iniciador da luta na história. Assim, "Isra-el" significaria "Deus luta/persiste/se esforça". Deus luta para levar uma pessoa como Jacó a se tornar o tipo de pessoa que ele poderia e deveria ser, e que Deus deseja que ele seja, mantendo, por isso, esse alvo em sua luta com Jacó.

Uma vez mais, precisamos lembrar que a audiência dessa história *é* Jacó, *é* Israel. E, na medida em que a igreja também compartilha o relacionamento de Israel com Deus, recordamos que também *somos* Jacó, *somos* Israel. Somos pessoas cuja natureza nos leva a lutar com Deus para evitar que nos tornemos as pessoas que poderíamos ser, e pessoas com quem Deus permanece em constante luta, tentando nos levar até lá. (Os ouvintes podem também tender a presumir que o verbo nesse nome leve a um sentido diferente, significando "Deus governa", o que também estimula alguma reflexão.)

GÊNESIS 33:18—34:31
DEVERIA NOSSA IRMÃ SER TRATADA COMO UMA PROSTITUTA?

[18]Jacó chegou pacificamente à cidade de Siquém, que ficava na terra de Canaã, quando voltou de Padã-Arã, e acampou à frente da cidade. [19]Ele adquiriu um lote em campo aberto no qual armou as suas tendas, dos filhos de Hamor, pai de Siquém, por cem peças de prata. [20]Ali, ele erigiu um altar e o chamou de "Deus, o Deus de Israel".

CAPÍTULO 34

¹Diná, a filha a quem Lia dera à luz a Jacó, saiu para ver as filhas daquela terra. **²**Siquém, filho de Hamor, o heveu, o líder da região, a viu, tomou-a e dormiu com ela. Ele a forçou, **³**mas seu coração se apegou a Diná, filha de Jacó. Ele amava a jovem e tentou tranquilizá-la. **⁴**Siquém disse a Hamor, seu pai: "Consiga-me esta jovem como esposa."

⁵Quando Jacó ouviu que ele tinha desonrado Diná, sua filha, seus filhos estavam com seu gado, em campo aberto, de modo que Jacó permaneceu em silêncio até eles chegarem. **⁶**Hamor, pai de Siquém, saiu ao encontro de Jacó para falar com ele. **⁷**Quando os filhos de Jacó chegaram do campo e ouviram sobre isso, ficaram aflitos e cheios de fúria, porque ele havia feito uma coisa ultrajante em Israel, ao dormir com a filha de Jacó. Tal coisa não se faz. **⁸**Hamor lhe falou: "Siquém, meu filho, apaixonou-se por sua filha. Vocês a darão como esposa para ele? **⁹**Façam casamentos conosco: deem suas filhas a nós, e tomem as nossas filhas para vocês. **¹⁰**Viverão entre nós, e a terra estará diante de vocês. Vivam aqui, comercializem livremente nela, adquiram propriedades nela." **¹¹**Siquém disse ao pai e aos irmãos dela: "Que eu encontre favor aos seus olhos: qualquer coisa que me disserem, eu darei. **¹²**Coloquem um elevado pagamento e presentes pelo casamento sobre mim, e eu darei conforme me disserem. Mas deem-me a garota como esposa."

¹³Os filhos de Jacó responderam enganosamente a Siquém e a Hamor, seu pai, por Siquém ter desonrado Diná, a irmã deles. **¹⁴**Eles lhes disseram: "Não podemos fazer isso, dar a nossa irmã a um homem que é incircunciso, porque seria uma desgraça para nós. **¹⁵**Somente com esta condição poderíamos consentir: se vocês se tornarem como nós, por meio da circuncisão de todo macho dentre vocês. **¹⁶**Então, daremos as nossas filhas a vocês, tomaremos as suas filhas para nós e viveremos com vocês e nos tornaremos um só povo. **¹⁷**Mas, se não nos derem atenção em se circuncidarem, tomaremos a nossa filha e partiremos." **¹⁸**Essas palavras pareceram boas a Hamor e a Siquém, seu filho, **¹⁹**e o jovem não demorou a fazer isso, porque estava encantado com a filha de Jacó. Ora, ele era a pessoa mais respeitada na casa de seu pai. **²⁰**Então, Hamor e Siquém, seu filho, foram ao portão da cidade e falaram aos homens daquela cidade: **²¹**"Essas pessoas são pacíficas conosco. Devem viver na terra e comercializar livremente nela; esta terra é ampla o suficiente para eles. Tomaremos as filhas deles para nós e daremos as nossas filhas para eles. **²²**Apenas com esta condição as pessoas consentirão em viver conosco para serem um só povo: que todo macho dentre nós seja circuncidado como eles são circuncidados. **²³**Seus rebanhos, suas propriedades e todo o seu gado não se tornarão nossos? Vamos apenas consentir e viver com eles." **²⁴**Todo o povo que foi ao portão da cidade deu ouvidos a Hamor e a Siquém, seu filho, e todo macho, todo o povo que foi ao portão de sua cidade foi circuncidado. **²⁵**No terceiro dia, quando eles estavam em dor, Simeão e Levi, dois dos filhos de Jacó, irmãos de Diná, tomaram cada um sua espada, foram à cidade, quando parecia seguro, e mataram todos os homens. **²⁶**A Hamor e Siquém, seu filho, eles mataram com a espada, e tomaram Diná da casa de Siquém e saíram. **²⁷**Os filhos de Jacó vieram sobre os corpos e saquearam a cidade, porque eles tinham desonrado a irmã deles. **²⁸**Seus rebanhos, seu gado e seus jumentos, o que estava na cidade e o que estava em campo aberto, eles tomaram; **²⁹**toda a riqueza deles, todos os seus pequenos e todas as mulheres eles capturaram e saquearam, tudo o que estava nas casas.

³⁰Mas Jacó disse a Simeão e a Levi: "Vocês me trouxeram problemas, tornando-me odioso ao povo que vive na terra, os cananeus e ferezeus. Eu sou em pequeno número. Eles se reunirão contra mim, me atacarão e me destruirão e à minha casa." **³¹**Mas eles disseram: "Deveria ele ter tratado a nossa irmã como uma prostituta?"

GÊNESIS 33:18—34:31 • DEVERIA NOSSA IRMÃ SER TRATADA COMO UMA PROSTITUTA?

No seminário, havia um casal que se envolveu em uma confusão em seu relacionamento. O homem havia perdido a esposa em um acidente, mas parecia estar fazendo as coisas certas na forma de lidar com sua perda: sofrendo, mas mantendo viva a memória dela, enquanto seguia com sua vida e tentava estabelecer um novo padrão de vida. A mulher nunca tinha se casado, mas desejava. Ela conhecera a falecida e se importara com ela. Além disso, como a maioria de nós, ela também admirava a maneira de o viúvo lidar com sua perda. Como outras pessoas, ela tentou expressar o seu apoio de formas práticas, oferecendo-lhe uma refeição ou convidando-o para sair. O relacionamento evoluiu, e eles acabaram indo para a cama. Mas, então, ele disse que queria romper o relacionamento, pois não estava em condição de se comprometer com ela. A essa altura, ela já tinha investido muito em seu sonho de ter uma vida com ele, e houve um rompimento que se tornou do conhecimento de todos, com cada lado propagando a sua versão da história. Quando algo desse tipo acontece, quase sempre é impossível para alguém fora do relacionamento compreender as dinâmicas ou os erros e acertos, bem como o é para as pessoas envolvidas. O mesmo ocorre quando um casal se divorcia. Usualmente, há duas histórias irreconciliáveis, e as pessoas de fora devem ter cuidado ao imaginar que compreendem a situação.

O relato de como Siquém se relacionou com Diná é um tanto confuso. Por que a referência ao estupro vem após a menção de que eles fizeram sexo? Será que um homem realmente se apaixona por alguém após estuprá-la? Ou teria sido mais uma sedução do que estupro? Teria ele dito que ela concordou com o ato? Não há qualquer relato de como Diná se sentiu sobre a situação; o foco permanece na consequência do ocorrido. Gênesis considera que o sexo não foi consensual e que um homem não tem o direito de forçar ou pressionar uma mulher a ter relações sexuais com ele. Não faz diferença o que Diná pensou sobre se casar com Siquém, mas o padrão geral sugere que uma mulher não seria compelida a se casar com um homem se assim não desejasse. Não obstante, quando o fato de ela não ser mais virgem é do conhecimento de todos, isso não melhora as suas perspectivas conjugais, e a mulher pode concluir que não lhe resta outra escolha senão aceitar o casamento oferecido.

Não podemos responder a essas questões sobre o que realmente aconteceu entre Siquém e Diná, bem como não temos respostas para perguntas sobre relacionamentos que observamos ou mesmo nos quais estamos envolvidos. O que acontece aqui e em nosso contexto é que, quando o relacionamento se torna um escândalo público, a comunidade precisa lidar com isso. O pai de Diná, bem como o pai de Siquém, têm conhecimento do ocorrido, e eles, mais velhos, acham que encontraram uma forma adequada a todos de lidar com essa questão. Hamor e Siquém convocam uma reunião em área aberta, junto ao portão da cidade, em que tais encontros regularmente acontecem e os anciãos da cidade dão consultas. É uma situação na qual todos ganham, mas, novamente com uma dose de ironia, Jacó é ludibriado pela trama de seus filhos, assim como Hamor e seus filhos também o são. O nome de Hamor sugere que a história é contada de uma forma a lhe tirar um pouco do horror pelo humor, já que também é a palavra hebraica para uma jumenta. O humor possui um lado obscuro que provoca uma gargalhada ou um sorriso: considere a imagem dos pobres heveus dançando em desconforto após a circuncisão deles e incapazes de se defenderem. (Há também ironia na forma em que alguns heveus, mais tarde, em Josué 9, enganam os israelitas.)

O mais irônico é que os descendentes de Jacó-Israel supostamente são um meio de trazer bênção às nações. Eles devem ser uma comunidade aberta, permitindo a qualquer um, que assim deseje, unir-se a eles. Os filhos de Jacó falaram sobre seu grupo e os heveus formarem um só povo. Trata-se de uma visão adorável. Tudo o que os heveus precisam é serem circuncidados. (O fato de não serem circuncidados é estranho, porque a maioria dos povos daquela região adotava essa prática.) Esse é o sinal da **aliança**, mas os filhos de Jacó transformaram o sinal de vida em um sinal de morte. (Há, no entanto, uma ironia adicional no fato de parecer que os heveus, que viviam naquele planície ao redor de Siquém e na região sul e sudeste dali, também, com o tempo, fossem assimilados por Israel, tornando-se um só povo, embora com Israel no domínio, o que não correspondia ao cenário visualizado por Hamor.)

GÊNESIS **35:1–29**
AS PESSOAS MUDAM?

¹Deus disse a Jacó: "Parta e suba a Betel. Viva lá e faça um altar ali para o Deus que apareceu a você quando estava fugindo de Esaú, seu irmão." ²Então, Jacó disse à sua casa e a todos os que estavam com ele: "Livrem-se dos deuses estrangeiros que estão em seu meio. Purifiquem-se. Troquem as suas roupas. ³Vamos subir a Betel e fazer ali um altar ao Deus que me respondeu no dia da minha angústia e tem estado comigo por onde tenho andado." ⁴Eles entregaram a Jacó todos os deuses estrangeiros que possuíam, e as argolas que estavam em suas orelhas, e Jacó os enterrou debaixo do carvalho que ficava próximo a Siquém. ⁵À medida que avançavam, um terror sobrenatural sobreveio às cidades que estavam ao redor deles, e elas não perseguiram os filhos de Jacó. ⁶Assim, Jacó chegou a Luz, que ficava na terra de Canaã (ou seja, Betel), e todo o povo que estava com ele. ⁷Ele edificou um altar ali e chamou o lugar de "Deus de Betel", pois Deus havia aparecido a ele ali, quando estava fugindo de seu irmão. ⁸Débora, a ama de Rebeca, morreu e foi enterrada ao pé de Betel, debaixo do carvalho. Assim, ele foi chamado de Carvalho do Pranto.

⁹Deus apareceu a Jacó novamente, quando ele chegou de Padã-Arã, e o abençoou. ¹⁰Deus lhe disse: "O seu nome é Jacó. Você não mais será chamado Jacó, mas Israel será o seu nome." Assim, lhe deu o nome de Israel. ¹¹Deus lhe disse: "Eu sou *El Shadday*. Seja fértil e numeroso. Uma nação e uma comunidade de nações virão a surgir de você. Reis sairão de seus quadris. ¹²A terra que dei a Abraão e Isaque, darei a você e à sua descendência depois de você." ¹³Deus se retirou dele no lugar em que lhe falou, ¹⁴e Jacó levantou um pilar de pedra e derramou uma libação sobre ele e derramou óleo. ¹⁵Jacó nomeou o lugar no qual Deus falou com ele de Betel.

¹⁶Partiram de Betel. Eles estavam a certa distância de alcançar Efrata, e Raquel deu à luz. Ela teve um tempo difícil ao dar à luz. ¹⁷Quando estava tendo dificuldades para dar à luz, a parteira lhe disse: "Não tenha medo, porque este também é um filho para você." ¹⁸Enquanto o seu sopro a deixava, porque estava morrendo, ela o chamou de "Filho da Minha Aflição"; mas seu pai o chamou de "Filho da Minha Mão Direita". ¹⁹Assim, morreu Raquel e foi enterrada no caminho de Efrata (ou seja, Belém). ²⁰Jacó levantou um pilar em sua sepultura (é o pilar na sepultura de Raquel até o dia de hoje). ²¹Israel prosseguiu e armou as suas tendas além de Migdal-Éder. (²²Enquanto Israel permanecia naquela região, Rúben foi e dormiu com Bila, a esposa secundária de seu pai, e Israel ficou sabendo.)

Os filhos de Jacó eram doze. ²³Os filhos de Lia: Rúben, o primogênito de Jacó, Simeão, Levi, Judá, Issacar e Zebulom. ²⁴Os filhos de Raquel: José e Benjamim. ²⁵Os filhos de Bila, criada de Raquel: Dã e Naftali. ²⁶Os filhos de Zilpa, criada de Lia: Gade e Aser. Estes foram os filhos de Jacó que lhe nasceram em Padã-Arã.

²⁷Jacó veio a Isaque, seu pai, em Manre, em Quiriate-Arba (ou seja, Hebrom), onde Abraão e Isaque permaneceram. ²⁸Isaque tinha 180 anos de idade. ²⁹Isaque respirou pela última vez e morreu, unindo-se aos seus parentes, velho e saciado de anos. Seus filhos, Esaú e Jacó, o enterraram.

Costumávamos jantar a cada semana com um grupo de amigos, que incluía um pastor ou dois, um terapeuta ou dois e também um missiólogo ou dois. Um dos tópicos recorrentes entre nós era sobre transformação. A missão preocupa-se com isso, bem como o ministério e a terapia. Quase sempre me metia em apuros por dizer que não tinha certeza se acreditava nisso. Com o tempo, percebi que parte do problema era porque, para mim (pensando no inglês britânico), "transformação" significa algo muito mais radical do que "mudança", enquanto essas palavras eram mais similares em significado para os outros. Talvez pudesse acreditar em mudança. Isso ainda levanta a questão: Em que sentido acreditamos que as pessoas mudam? Chegar ao conhecimento de Cristo, supostamente, significa uma mudança radical na orientação da vida de uma pessoa, mas, na prática, não torna as pessoas mais preocupadas com os outros do que com elas próprias. Certamente, não se deve esperar que a conversão, a cura, o amadurecimento ou o crescimento em santidade transformem introvertidos em extrovertidos. E quanto a transformarem pessoas ansiosas em pessoas descontraídas? Ou pessoas atraídas pelo mesmo sexo em pessoas com atração pelo sexo oposto? Sei que sou mais ligado a pessoas hoje do que costumava ser e suspeito que isso, pelo menos em parte, é resultado de ter que conviver com a enfermidade de minha esposa. Igualmente, sei que estou mais calmo do que costumava ser, mas não será esse apenas o resultado de ficar mais velho?

    Jacó mudou? Está ele transformado? Aquele encontro com Deus no rio Jaboque o transformou? O modo com que se aproximou de Esaú pouco depois não passa essa impressão. Aqui, uma vez mais, Gênesis 35 nos relata sobre Jacó sendo renomeado Israel. No entanto, a mudança de nome não parece implicar uma mudança de personalidade.

É também surpreendente encontrar aqui outro relato sobre a troca do nome de Jacó. Este é outro exemplo de como Gênesis, com frequência, inclui duas versões de um evento — duas histórias da Criação, dois relatos sobre a **aliança** de Deus com Abraão, e assim por diante. Isso reflete que o autor de Gênesis não estava partindo do zero ao contar a história de coisas que ocorreram séculos antes da época do autor, mas preservando tradições que haviam sido transmitidas na comunidade, bem como desenvolvendo-as, e hesitando em deixar alguma coisa de fora. No capítulo em questão, praticamente tudo é familiar, praticamente tudo veio antes. Assim, o que o capítulo fornece é um tipo de recordação, reprise, e um resumo de nossa posição, embora com notas distintas próprias.

Pelo que se pode ver, Jacó não é transformado. Isso não significa que *El Shadday* desistiu dele ou de seus filhos. Com Deus, as fontes de esperança são eternas. Não mudamos, e prosseguimos cometendo os mesmos erros, mas isso não faz Deus levantar as mãos em desespero e nos abandonar. A viagem de Siquém a Betel apenas custou a Jacó vencer uma pequena distância, descendo a cadeia de montanhas, mas o levou a um lugar associado a Deus em vez dos vergonhosos eventos do capítulo anterior, e o fato de lançar fora os "deuses estrangeiros" coaduna com isso. É uma surpresa saber que a família tenha deuses estrangeiros, embora, provavelmente, não sejam tão ruins quanto parecem, mais como as **efígies** de Raquel; na realidade, elas estariam incluídas (não sabemos a questão sobre as argolas de orelha, mas talvez tenham associações similares). Ainda, embora Jacó não esteja transformado (no sentido britânico), sua ação, ao se mudar para Betel, sugere uma renúncia daquilo que podemos chamar de religião natural. A história novamente trará encorajamento e desafio a Jacó-Israel, que ouve esse relato. Pode ser encorajador saber que Deus não desiste dele, ainda que não haja transformação.

Por outro lado, os ouvintes são desafiados a abandonar a religião natural que continuamente tendiam a misturar com o compromisso teórico com o Deus que fez essas promessas ao Jacó-Israel original e ainda está comprometido em cumpri-las.

Após um tempo, a família parte para o sul, onde Isaque ainda vive (e talvez Rebeca; Gênesis não registra a sua morte). Durante a jornada, Raquel dá à luz o décimo segundo filho daquela família. Ela escolheu um nome para o bebê que reflete o que aconteceu; Jacó insiste em um nome diferente. Será uma recusa insensível ao modo com que o amor de sua vida deu a própria vida por seu décimo segundo filho, tal como as mulheres, com frequência, fazem nas sociedades tradicionais? Ou foi esse um gesto causado pela incapacidade de ser lembrado do sofrimento toda vez que pronunciasse o nome do filho? Ou, ainda, é um compromisso apropriado à intenção de viver no futuro à luz da promessa de Deus? A sepultura de Raquel está lá, no caminho sul (embora haja alguma dúvida sobre a sua localização exata), como um lugar de pranto quando os **judeus** foram levados para o **exílio** (Jeremias 31:15) e quando Jesus nasceu (Mateus 2:16-18).

A repulsiva nota sobre Rúben indica como ele se posicionava como sucessor de seu pai; ele era o filho mais velho, todavia não o filho da esposa mais amada. Assim, quem sabe o que irá acontecer... Todavia, a sua iniciativa irá rebater nele. O término do capítulo relata a morte de Isaque e claramente mostra Esaú e Jacó juntos nesse momento, a exemplo de Isaque e Ismael por ocasião da morte de Abraão.

GÊNESIS **36:1—37:4**
EXCLUÍDO, MAS NÃO ESQUECIDO

¹Esta é a linhagem de Esaú (ou seja, Edom). ²Esaú tomou suas esposas dentre as filhas de Canaã: Ada, filha de Elom, o hitita,

Oolibama, filha de Aná, filha de Zibeão, o heveu, ³e Basemate, filha de Ismael, irmã de Nebaiote. ⁴Ada deu à luz Elifaz para Esaú, Basemate deu à luz Reuel, ⁵e Oolibama deu à luz Jeús, Jalão e Corá. Esses são os filhos de Esaú que lhe nasceram na terra de Canaã. ⁶Esaú tomou suas esposas, seus filhos, suas filhas e as pessoas em sua casa, seu gado, todo o seu rebanho e os bens que havia adquirido na terra de Canaã e foi para uma terra distante de Jacó, seu irmão, ⁷porque as suas posses eram muito grandes para eles viverem juntos e a terra na qual estavam poderia não suportá-los por causa de seus rebanhos. ⁸Então, Esaú viveu nas montanhas de Seir (Esaú é Edom).

⁹Estes são os nomes dos filhos de Esaú: ¹⁰Elifaz, filho de Ada, esposa de Esaú; Reuel, filho de Basemate, esposa de Esaú. ¹¹Os filhos de Elifaz foram Temã, Omar, Zefô, Gaetã e Quenaz. ¹²Timna foi uma esposa secundária de Elifaz, filho de Esaú; ela deu à luz Amaleque para Elifaz. Estes foram os descendentes de Ada, esposa de Esaú. ¹³Estes foram os filhos de Reuel: Naate, Zerá, Samá e Mizá. Estes foram os descendentes de Basemate, esposa de Esaú. ¹⁴Estes foram os filhos de Oolibama, esposa de Esaú, filha de Aná, filha de Zibeão: ela deu à luz Jeús, Jalão e Corá, para Esaú.

¹⁵Estes são os chefes dos descendentes de Esaú. Os descendentes do primogênito de Esaú, Elifaz: os chefes Temã, Omar, Zefô, Quenaz, ¹⁶Corá, Gaetã e Amaleque. Estes são os chefes de Elifaz na terra de Edom; estes são os descendentes de Ada. ¹⁷Estes são os descendentes de Reuel, filho de Esaú: os chefes Naate, Zerá, Samá e Mizá. Estes são os chefes de Reuel na terra de Edom: estes são os descendentes de Basemate, esposa de Esaú. ¹⁸Estes são os descendentes de Oolibama, esposa de Esaú: os chefes Jeús, Jalão e Corá. Estes são os chefes de Oolibama, esposa de Esaú, filha de Aná. ¹⁹Estes são os descendentes de Esaú e estes são os seus chefes (ou seja, Edom).

²⁰Estes são os filhos de Seir, o horeu, que estava vivendo naquela terra: Lotã, Sobal, Zibeão e Aná, ²¹Disom, Ézer

e Disã. Estes são os chefes dos horeus, os filhos de Seir, na terra de Edom. **²²**Os filhos de Lotã foram Hori e Hemã; a irmã de Lotã era Timna. **²³**Estes são os filhos de Sobal: Alvã, Manaate, Ebal, Sefô e Onã. **²⁴**Estes são os filhos de Zibeão: ambos, Aiá e Aná (ele foi o Aná que descobriu as fontes termais no deserto, quando estava pastoreando os jumentos de Zibeão, seu pai). **²⁵**Estes são os filhos de Aná: Disom e Oolibama, filha de Aná. **²⁶**Estes são os filhos de Disom: Hendã, Esbã, Itrã e Querã. **²⁷**Estes são os filhos de Ézer: Bilã, Zaavã e Acã. **²⁸**Estes são os filhos de Disã: Uz e Arã. **²⁹**Estes são os chefes dos horeus: os chefes Lotã, Sobal, Zibeão, Aná, **³⁰**Disom, Ézer e Disã. Estes são os chefes dos horeus, de acordo com as divisões de seus clãs na terra de Seir.

³¹Estes são os reis que reinaram na terra de Edom antes de um rei reinar sobre os israelitas: **³²**Belá, filho de Beor, reinou em Edom; o nome de sua cidade era Dinabá. **³³**Quando Belá morreu, Jobabe, filho de Zerá, de Bozra, reinou em vez dele. **³⁴**Quando Jobabe morreu, Husã, da terra dos temanitas, reinou em seu lugar. **³⁵**Quando Husã morreu, Hadade, filho de Bedade, que derrotou Midiã na região de Moabe, reinou em seu lugar. O nome de sua cidade era Avite. **³⁶**Quando Hadade morreu, Samlá, de Masreca, reinou em seu lugar. **³⁷**Quando Samlá morreu, Saul, de Reobote, junto ao rio, reinou em seu lugar. **³⁸**Quando Saul morreu, Baal-Hanã, filho de Acbor, reinou em seu lugar. **³⁹**Quando Baal-Hanã, filho de Acbor, morreu, Hadar reinou em seu lugar. O nome de sua cidade era Paú, e o nome de sua esposa era Meetabel, filha de Matrede, filha de Mezaabe.

⁴⁰Estes são os nomes dos chefes de Esaú, de acordo com seus clãs e lugares, pelos seus nomes: os chefes Timna, Alva, Jetete, **⁴¹**Oolibama, Elá, Pinom, **⁴²**Quenaz, Temã, Mibzar, **⁴³**Magdiel e Irã. Estes são os chefes de Edom, de acordo com seus assentamentos na terra que é sua posse (ou seja, Esaú, ancestral de Edom).

CAPÍTULO 37

¹Jacó viveu na terra em que seu pai tinha permanecido, a terra de Canaã. ²Esta é a linhagem de Jacó. José, quando tinha dezessete anos, estava pastoreando os rebanhos com seus irmãos; ele era um garoto com os filhos das esposas de seu pai, Bila e Zilpa. José trazia um relato ruim sobre eles ao pai deles. ³Ora, Israel amava mais a José do que aos demais filhos, porque ele era o filho de sua velhice. Ele fez uma túnica ornamentada para ele. ⁴Seus irmãos viram que seu pai o amava mais do a que todos os seus irmãos e não foram capazes de lhe falar uma palavra pacífica.

Alguns anos atrás, decidi tentar descobrir o que pudesse sobre os Goldingays do passado. Provavelmente, é mais fácil para a maioria dos britânicos investigar seus antepassados do que para os norte-americanos, cujas famílias vieram de um continente diferente. Assim, por exemplo, tenho uma cópia do certificado de casamento de John Goldingay, que se casou com Sarah Massey, em 1841, na mesma paróquia que esse John Goldingay viveu cerca de um século mais tarde. O certificado não informa as suas idades, mas, simplesmente, diz que eram "de idade" acima de 21 anos e livres para tomar sua própria decisão sobre casar-se. Sarah era uma fabricante de tijolos e não sabia escrever; ela apenas deixou a sua marca no certificado. John já era viúvo, e me pergunto sobre a história por trás dessa viuvez. Até escrever estas linhas, creio que poucas pessoas pensaram em John e Sarah ao longo do século passado. Como o livro de Eclesiastes comenta, nascemos, morremos e somos esquecidos.

É estranho o fato de os israelitas assegurarem que tantos dentre a família de Esaú não fossem totalmente esquecidos. É estranho, porque notamos, com base em Gênesis 27, que não havia amor entre Israel e Edom mais do que havia entre Jacó e Esaú quando eram jovens. O Antigo Testamento, pelo menos (em especial os Profetas), revela-nos quão negativo era o sentimento de Israel em relação a Edom, e sabemos quanto a terra de **Judá** caiu sob o controle edomita, mais tarde, nos tempos do Antigo Testamento. No entanto, Gênesis reconhece que Edom é, de algum modo, parte da história de Deus, ainda que menos central que Israel. Como ocorreu com Ismael e Isaque, Gênesis nos conta sobre os descendentes do filho mais velho antes de falar sobre os descendentes do filho mais novo, porque é neste que reside o foco da história. O mesmo padrão começa a ser firmado quando Gênesis relata a linhagem de Jacó, enfatizando o favoritismo de Jacó em relação a José, seu jovem filho, o que não agrada aos seus irmãos mais velhos.

Todavia, Israel jamais poderia desconsiderar a linhagem de Ismael ou de Esaú. Uma das declarações mais arrepiantes dos Profetas sobre Edom aparece no começo do livro de Malaquias, quando Deus declara: "Todavia, eu amei Jacó, mas rejeitei Esaú" (Malaquias 1:2-3). Admite-se que a tradução literal pode ser enganosa. Jesus, mais tarde, declara que as pessoas precisam odiar seus pais se quiserem segui-lo, indicando o compromisso prático de colocar um relacionamento acima do outro, em vez de meros sentimentos negativos, e Malaquias implica algo similar. Contudo, Paulo não se sentiu embaraçado pelas palavras de Malaquias, ao citá-las em Romanos 9:13. A razão é que a ação positiva de Deus em relação a Israel, em oposição a Edom, faz parte do projeto divino de redenção de todo o mundo. O que Gênesis acrescenta a isso é uma declaração de que Edom também tem importância. Sua história é parte da história de Deus.

O relato fornece uma ilustração adicional da forma pela qual Esaú se tornou mais maduro, independentemente de

Jacó ter mudado ou não. A história de Esaú e Jacó recapitula a de Ismael e Isaque. Uma vez mais, não há espaço suficiente naquela terra para ambas as famílias. Esse é um sinal da prosperidade deles, de sua experiência com a bênção de Deus. Esaú é quem toma a iniciativa e se muda para o sul e leste do território que se torna Edom. Da mesma forma, é um sinal da bênção de Deus o fato de Edom gerar não apenas chefes, mas reis, um cumprimento da promessa de Deus a Abraão (Gênesis 17:6), cumprida antes de Deus cumprir a mesma promessa a Jacó (Gênesis 35:11).

GÊNESIS 37:5–36
O SONHADOR

⁵José teve um sonho e o contou aos seus irmãos, e eles o odiaram ainda mais. ⁶Ele lhes disse: "Vocês ouvirão esse sonho que eu tive? ⁷Estávamos amarrando feixes no meio da terra, quando o meu feixe se levantou, sim, ficou em pé, e os seus feixes se reuniram e se curvaram diante do meu." ⁸Seus irmãos lhe disseram: "Você realmente irá reinar sobre nós? Realmente, governará sobre nós?" Eles o odiaram ainda mais por causa de seus sonhos e o que ele disse. ⁹Ele teve outro sonho e contou aos seus irmãos. "O sol, a lua e onze estrelas estavam se curvando diante de mim." ¹⁰Ele contou ao seu pai e aos seus irmãos, e seu pai o repreendeu e lhe disse: "O que é esse sonho que você teve? Iremos, sua mãe, seus irmãos e eu nos curvar até o chão diante de você?" ¹¹Então, seus irmãos ficaram indignados com ele, enquanto seu pai mantinha o assunto em mente.

¹²Seus irmãos foram pastorear os rebanhos de seu pai em Siquém. ¹³Israel disse a José: "Você sabe em que lugar os seus irmãos estão pastoreando os rebanhos em Siquém? Vamos, vou enviá-lo a eles." Ele lhe disse: "Estou aqui." ¹⁴Israel lhe disse: "Vá e veja se está tudo bem com seus irmãos e com os rebanhos e traga notícias para mim." Assim, ele o enviou do vale de

Hebrom. Ele chegou a Siquém, **¹⁵**e um homem o encontrou: ele estava vagando em campo aberto. O homem lhe perguntou: "O que você está procurando?" **¹⁶**Ele disse: "Estou procurando meus irmãos. Pode me dizer em que local eles estão pastoreando?" **¹⁷**O homem disse: "Eles mudaram daqui, porque os ouvi dizer: 'Vamos para Dotã'." Assim, José seguiu seus irmãos e os encontrou em Dotã. **¹⁸**Eles o viram a distância e, antes que chegasse perto, eles tramaram levá-lo à morte. **¹⁹**Disseram uns aos outros: "Aquele grande sonhador está vindo! **²⁰**Então, vamos, agora, matá-lo e jogá-lo em uma das cisternas. Diremos que um animal selvagem o comeu. Veremos o que será de seus sonhos." **²¹**Mas Rúben os ouviu e o resgatou do poder deles. Ele disse: "Não tiraremos a sua vida."

²²Então, Rúben lhes disse: "Não derramem o seu sangue. Joguem-no dentro dessa cisterna, no deserto. Não coloquem a mão sobre ele" (de modo que ele, à noite, pudesse resgatá-lo do poder deles e o devolvesse ao seu pai). **²³**Então, quando José veio aos seus irmãos, eles o despiram de sua túnica, a túnica ornamentada que estava sobre ele, **²⁴**o pegaram e o jogaram dentro da cisterna. A cisterna estava vazia; não havia água nela.

²⁵Eles se sentaram para jantar, mas olharam e viram: eis uma caravana de ismaelitas, vindo de Gileade, com seus camelos carregando especiarias, bálsamo e mirra, em seu caminho para levá-los ao Egito. **²⁶**Judá disse aos seus irmãos: "Qual o ganho se matarmos nosso irmão e encobrirmos o seu sangue? **²⁷**Vamos vendê-lo aos ismaelitas. Nossas mãos — elas não deveriam estar sobre ele, porque é nosso irmão, nossa carne e nosso sangue." Seus irmãos deram ouvidos. **²⁸**Assim, quando alguns mercadores midianitas passaram, eles puxaram José e o tiraram da cisterna. Então, venderam José aos ismaelitas por vinte peças de prata, e eles levaram José para o Egito. **²⁹**Rúben voltou à cisterna, porém José não estava mais lá. Ele rasgou as suas roupas **³⁰**e voltou aos seus irmãos e disse: "O garoto não está lá! E eu — para onde irei agora?" **³¹**Eles pegaram a túnica de José, mataram um bode, mergulharam a túnica no sangue ³²e enviaram a túnica ornamentada para chegar ao pai, dizendo: "Encontramos isto. Olhará isso? É a túnica de seu filho ou não?" ³³Ele a reconheceu e disse: "A túnica de meu filho! Um animal selvagem o devorou! José foi feito em pedaços!" ³⁴Jacó rasgou suas roupas, vestiu-se de pano de saco e pranteou por seu filho durante um longo tempo. ³⁵Todos os seus filhos e filhas vieram consolá-lo, mas ele se recusou a ser confortado e disse: "Descerei ao *Sheol* em luto pelo meu filho." Então, seu pai chorou por ele.

³⁶Enquanto isso, os medanitas o venderam aos egípcios, a Potifar, um oficial do faraó, o chefe da guarda.

Conheci uma ou duas pessoas que tinham sonhos, visões ou palavras de Deus (na realidade, eu mesmo tive um ou dois). Algumas vezes, estes foram bem gerais e de difícil checagem, embora edificantes e, na pior das hipóteses, inofensivos. Em outras, foram justificados por eventos ou confirmados de alguma outra forma. Ainda, em outras, fizeram-me refletir: "Sim, bem, ele ou ela pensaria algo parecido. Dizer que é uma palavra de Deus concede uma autoridade espúria a algo que é, em essência, o pensamento daquela pessoa." Lembro-me, em particular, de um profeta irascível que vivia zangado e amargurado mesmo quando não estava profetizando. No entanto, de modo irritante, essas palavras que parecem simplesmente refletir a humanidade do sonhador, do visionário ou do profeta também podem ser edificantes ou (ainda pior) justificadas por eventos ou confirmadas de alguma outra forma. Apenas o fato de ser o tipo de coisa que a pessoa diria não exclui a possibilidade de Deus estar envolvido naquela palavra.

Há uma ambiguidade relacionada ao sonho de José. Ao começarmos a ler a história, não há nenhuma pista aqui de que seja um sonho dado por Deus, e o nosso instinto moderno é ler o relato com uma perspectiva psicológica. Aqui está o adolescente José, vivendo à sombra de dez (!) irmãos adultos (e sabe-se lá quantas irmãs!) e suas três mães (e nenhuma delas é sua mãe biológica, porque esta já é falecida). Talvez ele saiba que é o favorito de seu idoso pai, mas como isso pode lhe ajudar? Assim, ele sonha em ser o cachorro alfa, bem como seu pai desejava ser, quando tinha apenas um irmão com quem contender. E José é tão ingênuo que revela os seus tolos sonhos a todos. O jornalismo já havia sido inventado? (Resposta: não.) E isso quase lhe custou a vida, dando aos irmãos uma oportunidade de mostrar que possuíam os genes de seu pai: eles são tão bons na arte de enganar quanto o pai. Novamente, a falsidade cruza o caminho de Jacó, que, algumas vezes, foi batido em seu próprio jogo de tramas por seu tio e sua esposa e, agora, em sua senilidade, é enganado por seus filhos. No entanto, a ironia é que os sonhos de José se tornarão realidade. De certo modo, isso não surpreende, pois é como alguém nesse contexto cultural poderia esperar que as coisas acontecessem. O Antigo Testamento jamais faz referência a sonhos como um fenômeno puramente humano ou psicológico, mas refere-se a eles apenas como algo de importância sobrenatural.

No entanto, a título de antecipação, os sonhos pairam sobre tudo o que iremos ler nos próximos capítulos. A questão é *como* isso se tornará realidade, especialmente quando os eventos são tais que seguramente levam o destino de José em outras direções. Contudo, ter um palpite sobre o rumo que a história deve seguir nos auxilia a ver o significado dos acontecimentos à medida que se desdobram. De modo típico, a imprevisibilidade humana e a afortunada coincidência desempenham um papel no seu desenvolvimento. Embora não se possa culpar os irmãos mais velhos por considerarem

José como mais do que um pouco cansativo, a compreensão não justifica tolerar a crueldade cínica da ação deles.

O clima no Oriente Médio obriga as pessoas a buscarem formas de conservar a água durante a temporada de seca, de modo que elas armazenam águas em grandes cisternas, um tanto semelhantes a poços. Há um toque de máfia na maneira com que os irmãos jogam José no interior de uma cisterna vazia para morrer e, logo depois, calmamente se assentam para jantar. Parece estranho que o reconhecimento de Judá de que José "é nossa carne e nosso sangue" não os leve a uma hesitação sobre vendê-lo como escravo (vinte peças de prata é o preço de um escravo, e não estamos falando sobre a servidão temporária por dívida, relativamente benéfica que a **Torá** permitia). E causa estranheza que esse reconhecimento também não leve a uma hesitação quanto a impor esse terrível sofrimento a Jacó, embora seja possível que os irmãos estivessem contentes em punir o pai por considerar José como o seu favorito. A coincidência conveniente é a fortuita chegada da caravana de camelos.

Ao longo dos próximos capítulos, Gênesis falará, com frequência, sobre "descer" ao Egito e, então, "subir" de volta à montanhosa terra de Canaã. É intrigante que a caravana seja referenciada primeiro como ismaelita, então como midianita e, por último, como medanita. Talvez isso novamente reflita combinação de diferentes versões da história. Contudo, "ismaelitas" parece aqui se referir não a descendentes físicos de Ismael, mas a pessoas envolvidas em comércio, de modo que midianitas pode ser um subgrupo de ismaelitas (sabemos, com base em Gênesis 25, que Midiã não era um descendente de Ismael, mas filho de outra das esposas de Abraão). Além disso, as traduções, em geral, consideram medanita um lapso textual para midianita (em Gênesis 25, Medã era irmão de Midiã).

GÊNESIS **38:1–30**
OUTRO ENGANADOR ENGANADO

¹Naquele tempo, Judá deixou seus irmãos e armou sua tenda perto de certo adulamita, cujo nome era Hira. **²**Ali, Judá viu a filha de certo cananeu, cujo nome era Suá. Ele a tomou e dormiu com ela. **³**Ela ficou grávida e deu à luz um filho, chamando-o de Er. **⁴**Ela ficou grávida novamente e deu à luz um filho, chamando-o de Onã. **⁵**Uma vez mais, ela ficou grávida e deu à luz um filho, chamando-o de Selá. Ela estava em Quezibe quando o deu à luz.

⁶Judá tomou uma esposa para Er, seu primogênito. O nome dela era Tamar. **⁷**Mas Er, primogênito de Judá, desagradou a *Yahweh*, e *Yahweh* deixou-o morrer. **⁸**Judá disse a Onã: "Durma com a esposa de seu irmão. Seja um cunhado para ela. Suscite descendência ao seu irmão." **⁹**Mas Onã sabia que a descendência não seria dele e, quando ele dormia com a esposa de seu irmão, desperdiçava o sêmen no chão, para não dar descendência ao seu irmão. **¹⁰**O que ele fez desagradou a *Yahweh*, e *Yahweh* o deixou morrer. **¹¹**Judá disse a Tamar, sua nora: "Viva como uma viúva na casa de seu pai até que Selá, meu filho, cresça." Porque ele pensou: "Ele também pode morrer como seus irmãos." Assim, Tamar foi e viveu na casa de seu pai.

¹²O tempo passou, e a filha de Suá, esposa de Judá, morreu. Quando Judá superou isso, ele subiu aos homens que estavam tosquiando o seu rebanho, ele e seu amigo Hira, o adulamita, em Timna. **¹³**Tamar foi informada: "Seu sogro está indo a Timna para a tosquia de seu rebanho." **¹⁴**Tamar deixou de lado as suas roupas de viúva e cobriu-se com um véu, disfarçando-se, e sentou-se à entrada de Enaim, que fica na estrada para Timna, porque ela viu que Selá tinha crescido, mas ela não tinha sido dada a ele como esposa. **¹⁵**Judá a viu e pensou que era uma prostituta, porque ela havia encoberto o rosto. **¹⁶**Ele virou-se para ela, à beira da estrada, e disse: "Posso dormir com você?", porque ele não sabia que era a sua nora. Ela disse: "O que você me dará se dormir comigo?" **17**Ele disse: "Eu mesmo enviarei um cabrito do rebanho." Ela disse: "Se você me der uma garantia até enviá-lo." **18**Ele disse: "Que garantia devo lhe dar?" Ela disse: "O seu selo com o cordão e o cajado que está na sua mão." Assim, ele os deu a ela e dormiu com ela, e ela ficou grávida dele.

19Ela partiu e seguiu o seu caminho, colocou de lado o véu sobre si e vestiu as suas roupas de viúva. **20**Judá enviou o cabrito pela mão de seu amigo, o adulamita, para pegar a garantia da mão da mulher, mas ele não a encontrou. **21**Ele perguntou às pessoas do lugar: "Aonde está aquela prostituta, aquela em Enaim, à beira da estrada?" Mas eles disseram: "Não há nenhuma prostituta aqui." **22**Ele voltou a Judá e disse: "Eu não consegui encontrá-la. Além disso, as pessoas do lugar disseram: 'Não há nenhuma prostituta aqui'." **23**Judá disse: "Ela pode ficar com isso, senão seremos motivo de chacota. Ora, enviei-lhe o cabrito, mas você não conseguiu encontrá-la."

24Cerca de três meses mais tarde, Judá foi informado: "Tamar, a sua nora, foi imoral. Na verdade, sim, ela está grávida por ser imoral." Judá disse: "Tragam-na para fora. Ela deve ser queimada." **25**Quando estava sendo trazida para fora, ela enviou ao seu sogro: "É pelo homem a quem estas coisas pertencem que estou grávida." E disse: "Você as examinará?" **26**Judá as examinou e disse: "Ela está no direito, não eu, pelo fato de eu não lhe dar Selá, meu filho." Ele não dormiu com ela novamente. **27**Quando o tempo de dar à luz chegou, havia gêmeos em seu ventre. **28**Quando ela estava dando à luz, um colocou a mão para fora, e a parteira pegou um fio vermelho e o amarrou em sua mão, dizendo: "Este saiu primeiro." **29**Mas, quando ele recolheu a mão, o seu irmão saiu, e ela disse: "Que brecha você fez para você mesmo!" Assim, ele foi chamado Brecha. **30**Depois, seu irmão, que tinha o fio vermelho em sua mão, saiu. Ele foi chamado de Brilhante.

Temos a impressão de que, a cada mês, algum escândalo sexual novo é reportado, envolvendo algum político proeminente ou pastor. É comum aos homens (quase sempre envolve homens, mas, quanto mais igualitário o campo de jogo se torna, tanto mais envolve mulheres), a princípio, negarem que algo impróprio está ocorrendo. Parece que, de alguma forma, achamos possível nos livrar de qualquer coisa, que somos recobertos de *teflon* e nada grudará em nós. Mas, então, fortes evidências surgem, e a negação não funciona mais. Há imagens de esposas posicionando-se ao lado do marido (enquanto outras se perguntam por que elas fazem isso). Há confissões de tristeza e arrependimento que parecem um pouco escorregadias (bem, muito escorregadias) e buscam preparar o caminho para uma tentativa de retorno, após uma apropriada (contudo, breve) retirada da vida pública.

Uma vez mais, o engano desempenha um papel-chave na história de **Judá** e Tamar. O fato de Judá ir viver longe dos irmãos traça um paralelo com a maneira de Rúben nem sempre estar com eles, no capítulo anterior, e se relacionará às demandas do pastoreio do rebanho e, às vezes, à necessidade de separação a fim de encontrar pastos para eles. Adulão e Timna ficam a sudoeste de Jerusalém e, portanto, a alguma distância do lugar onde os irmãos estavam baseados, em Siquém. Se Judá estava assentado ali, não surpreende que tenha desposado uma mulher local, em que pese Gênesis ter enfatizar que Isaque e Jacó não fizeram isso. Não sabemos como o primogênito de Judá "desagradou" a Deus e morreu, embora Gênesis simplesmente queira dizer que ele morreu jovem e que Deus permitiu isso.

A questão reside em que rumo a história nos leva. Judá assume a convenção que tem sido comum em muitas culturas, e será aceita em Israel, de que, quando um homem morre sem filhos, algo precisa ser feito a fim de manter viva a sua memória, fazer sua família progredir, prover um destino à sua herança e produzir descendência para cuidar da viúva quando ela envelhecer. (Tamar pode voltar a viver com seus pais, mas a maioria das pessoas não considera essa uma perspectiva atraente no longo prazo.) Assim, espera-se que o irmão do falecido se case com a viúva ou, pelo menos, durma com ela, na esperança de que ela tenha um filho que será considerado como sendo de seu falecido marido. Onã não se importa em dormir com sua cunhada, mas ele não quer gerar filhos com ela. É de seu interesse que ela não tenha um filho, pois a herança de seu irmão será, então, de Onã. (Sua ação, às vezes, tem sido interpretada como masturbação ou coito interrompido, como um método regular de planejamento familiar, mas isso erra o alvo.) Ocorre que ele também acaba morrendo jovem. Judá, então, receia haver um tipo de maldição em sua família. A morte de sua esposa em nada desencorajou esse receio, e, assim, Tamar suspeita que ele jamais entregará o filho mais novo para cumprir as obrigações com ela. Desse modo, ela desenvolve o seu astuto plano que aproveita a frustração sexual de um homem, cuja esposa morre quando ele ainda possui instintos sexuais naturais, possibilitando que ela engravide.

"A American Express será gentil, obrigada", diz a "dançarina particular", na canção de Mark Knopfler, "Private Dancer", mas Judá não possui cartão de crédito, sendo obrigado a entregar o selo com o qual assina contratos, o cordão que traz pendurado ao pescoço, e seu cajado, que, presumidamente, também apresenta alguma marca, identificando-o como dele. Quando as pessoas concluem que Tamar ficou grávida por "agir imoralmente", elas usam a palavra que significa "prostituta", mas isso possui uma conotação mais ampla, e, assim, as pessoas, provavelmente, estavam supondo que ela teria dormido com alguém. A reação de Judá ilustra o padrão duplo que os homens são capazes de mostrar e/ou a projeção que toma uma posição dura em relação ao tipo de ação da qual sabemos ser culpados ou tentados a praticá-la. Isso é sublinhado pela severidade da ação proposta por ele (apesar dos termos que a **Torá**, mais tarde, irá usar, não há exemplos de alguém ser executado por qualquer delito sexual na Bíblia).

Por outro lado, o comentário de Judá, ao ser desmascarado, mostra que ele encarou os fatos. Ele faz uma declaração sucinta e bela que fornece um modelo para nós, homens do século XXI, quando caímos: "Ela está em seu direito, não eu" e acrescenta uma razão: "pelo fato de eu não lhe dar Selá, o meu filho". Todavia, Judá não transforma isso em uma desculpa. O seu medo foi mencionado anteriormente, mas aqui Judá faz referência à sua ação, não ao seu medo. Isso constitui a razão de sua culpa, não um apelo para atenuar as circunstâncias.

Novamente, ficamos atônitos e, ao mesmo tempo, encorajados, pelo fato de tais histórias, com todas as confusões de nossas próprias histórias, estarem registradas na Bíblia. E esse é o homem que dá o seu nome a um dos mais importantes clãs de Israel, aquele do qual Davi e Jesus procedem; e essa é a Tamar que aparece na genealogia de Jesus (Mateus 1:3).

GÊNESIS **39:1—40:8**
DEUS ESTAVA COM JOSÉ

¹Então, José foi levado para o Egito, e certo egípcio, Potifar, um oficial do faraó, o chefe da guarda, o comprou das mãos dos ismaelitas, que o haviam levado para lá. **²**Mas *Yahweh* estava com José, e este se tornou um homem bem-sucedido. Ele estava na casa de seu senhor egípcio, **³**e seu senhor viu que *Yahweh* estava com ele e que tudo o que ele estava fazendo *Yahweh* fez prosperar em sua mão. **⁴**Assim, José encontrou favor aos seus olhos e serviu-lhe, e ele o pôs a cargo de sua casa e colocou em suas mãos tudo o que lhe pertencia. **⁵**Desde que ele o pôs a cargo de sua casa e de tudo o que lhe pertencia, *Yahweh* abençoou a casa do egípcio por causa de José. A bênção de *Yahweh* estava em tudo o que lhe pertencia, na casa e fora dela. **⁶**Ele deixou tudo o que tinha nas mãos de José, e com ele, e não prestou atenção a nada, exceto à comida que estava comendo.

José se tornou atraente e de boa aparência, **⁷**e, depois de tudo isso, a esposa de seu senhor olhou para José e disse: "Durma comigo." **⁸**Ele se recusou e disse à esposa de seu senhor: "Ora, comigo, o meu senhor não presta atenção ao que está na casa. Tudo o que lhe pertence, ele colocou em minhas mãos. **⁹**Nesta casa, ele não é maior que eu. Ele não me negou nada, exceto a ti, porque tu és a esposa dele. Como eu poderia cometer esse grande erro e ofensa contra Deus?" **¹⁰**Embora ela falasse a José dia após dia, ele não lhe deu atenção para dormir com ela ou estar com ela. **¹¹**Certo dia, ele entrou na casa para fazer o seu trabalho. Nenhuma das pessoas da casa estava lá, na casa. **¹²**Ela o agarrou pelo manto, dizendo: "Durma comigo." Então, ele deixou o manto em sua mão, fugiu e foi para fora. **¹³**Quando ela viu que ele havia deixado o seu manto em sua mão e fugido para fora, **¹⁴**chamou as pessoas da casa e lhes disse: "Olhem, ele nos trouxe um homem hebreu para nos enganar! Ele veio até mim a fim de dormir comigo, e eu gritei em alta voz, **¹⁵**e, quando ele me ouviu elevando a voz e gritando, deixou o seu manto comigo e saiu, fugindo para fora." **¹⁶**Ela guardou o manto consigo até que o seu senhor chegasse em casa **¹⁷**e lhe falou as mesmas palavras: "O servo hebreu que você nos trouxe veio a mim a fim de flertar comigo, **¹⁸**e, quando eu elevei a voz e gritei, ele deixou o seu manto comigo e fugiu para fora."

¹⁹Quando o seu senhor ouviu as palavras que sua esposa lhe disse: "Estas são as coisas que o seu servo me fez", ele ficou furiosamente zangado. **²⁰**O senhor de José o pegou e o colocou na cadeia, o lugar no qual os prisioneiros do rei eram aprisionados. Assim, ele ficou lá, na cadeia, **²¹**mas *Yahweh* estava com

José e manteve o compromisso com ele, concedendo-lhe favor aos olhos do oficial da cadeia. **²²**O oficial da cadeia colocou nas mãos de José todos os prisioneiros que estavam na cadeia, e tudo o que estava sendo feito lá, ele era aquele que o fazia. **²³**O oficial da cadeia não se preocupava com nada que estava nas mãos dele, porque *Yahweh* estava com ele, e qualquer coisa que estivesse fazendo, *Yahweh* fazia prosperar.

CAPÍTULO 40

¹Após essas coisas acontecerem, o copeiro e o padeiro do rei do Egito ofenderam o seu senhor, o rei do Egito. **²**O faraó irou-se com seus dois oficiais, o copeiro-chefe e o padeiro-chefe, **³**e os colocou sob guarda na casa do chefe da guarda, na cadeia, o lugar no qual José estava aprisionado. **⁴**O chefe da guarda colocou José com eles, e ele lhes servia. Eles estavam algum tempo sob guarda, **⁵**e os dois tiveram um sonho, o copeiro e o padeiro do rei do Egito, que estavam aprisionados na cadeia, cada qual com seu próprio sonho, na mesma noite, cada sonho com a sua própria interpretação. **⁶**José veio a eles pela manhã e viu que eles estavam exasperados. **⁷**Ele perguntou aos oficiais do faraó, que estavam com ele sob guarda, na casa de seu senhor: "Por que vocês hoje estão com o semblante sombrio?" **⁸**Eles lhe disseram: "Tivemos sonhos, e não há quem os interprete." José lhes disse: "As interpretações não pertencem a Deus? Vocês me contarão?"

Anteriormente, referi-me a um homem que costumava conversar comigo quando tinha um caso e era inclinado a acusar as mulheres por se jogarem em seus braços. Todavia, conheci mulheres que eram tentadas a fazer isso. Algumas vezes, o marido delas era ocupado demais, e elas se sentiam negligenciadas; de fato, elas eram ignoradas. Em outro exemplo, o marido de uma mulher tinha uma doença crônica, e isso era tudo o que ocupava a sua mente. Havia uma mulher cujo marido era simplesmente entediante, e havia um homem que parecia estar dando em cima dela, fazendo elogios sobre sua aparência, como se estivesse interessado nela. Pode ser que estivesse ou talvez fosse só a imaginação dela. Da mesma forma, é possível que o homem que culpava o assédio das mulheres estivesse dando asas à sua imaginação, e tudo não passasse da realização de seus desejos. Seja você o homem, seja a mulher, a pessoa inclinada a se insinuar ou a que sente que alguém está demonstrando interesse em você, pode ser impossível saber o que é verdade e também levantar a questão ("Perdoe-me, mas me pergunto se você está em busca de um caso...").

Ao lermos a história de José, podemos ser propensos a questionar sobre a versão da mulher quanto ao ocorrido. Diria ela que, enquanto crescia, esse atraente rapaz ficava exibindo seus músculos pela casa, pedindo por isso? Certamente, é possível perceber dicas de que seu marido não tem a mínima ideia do que se passa na casa. Tudo com que ele se importa é o seu trabalho e o que tem para o jantar.

Assim, a história é um conto melodramático sobre um jovem bonito, um marido parvo e uma esposa solitária. Contudo, outro elemento na história é a participação de Deus e, em conexão com o episódio, dois aspectos de sua sabedoria. Figuras estereotipadas como essas são a base do ensinamento em Provérbios. O livro de Provérbios está interessado em auxiliar homens jovens a evitar o envolvimento com a "mulher estranha", uma expressão que pode sugerir tanto a "mulher alheia", aquela que não se importa em ter um caso amoroso, quanto uma mulher estrangeira, alguém de fora da comunidade ou que tenha costumes diferentes ou outra religião que o leve a desviar-se. A esposa de Potifar atende às duas categorias, mas José lida com a tentação sexual ou seus instintos sexuais de uma forma muito distinta da maneira de Judá.

Deus estava com José. Ele havia prometido estar com seu avô e com seu pai (veja Gênesis 26 e 28) e havia mantido aquela promessa também a José. Como no caso deles, isso significa que Deus fazia prosperar todas as coisas para ele; não era apenas uma questão de José sentir a presença de Deus com ele.

Como a antiga tradução de William Tyndale expressa: "O Senhor estava com José, e ele era um sujeito sortudo." Ainda, isso significa que José vê algum cumprimento da promessa de Deus ao seu bisavô quanto a ser um meio pelo qual outras pessoas são abençoadas (veja Gênesis 12). Por intermédio dele, a bênção chega aos egípcios entre os quais vive e trabalha.

Decerto, parece uma contradição a ideia de Deus estar com José e ele acabar na prisão, embora Gênesis, então, enfatize essa ideia novamente. José é o rapaz que recua continuamente não porque possua uma resiliência inerente, mas pelo fato de Deus estar com ele e mostrar-lhe o **compromisso** divino. No fim das contas, José recebe, na cadeia, a mesma posição de responsabilidade que exerca na casa de Potifar.

Muito mais tarde, na história do Antigo Testamento, o favor experimentado por José da parte de Potifar e, depois, do carcereiro, é um tema que encontra paralelo na história de Daniel, em seu relacionamento com o chefe dos oficiais (veja Daniel 1:9). Daniel estará, na Babilônia, em uma posição similar à de José, no Egito, um cativo em terra estranha. É possível passar por essa experiência? E, ainda mais, agir bem em tal contexto? Ambas as histórias prometem à sua audiência que, se ela passar por experiências similares (como muitos passam), é possível sobreviver e agir bem. O desafio deles é permanecerem fiéis ao que sabem ser o correto. O convite feito a eles é para viverem na esperança de que "Deus estará com vocês", mesmo quando situações terríveis ocorrem. Nem sempre funciona, mas *pode* funcionar.

GÊNESIS 40:9—41:24
QUANDO VOCÊ PRECISA DE UM ESPECIALISTA

9Então, o copeiro-chefe contou o seu sonho a José. Ele lhe disse: "Em meu sonho, ali, uma videira estava diante de mim. **10**Na videira, havia três ramos. Mesmo quando brotava, a sua floração saía e seus cachos amadureciam como uvas. **11**A taça do faraó estava na minha mão, e eu apanhei as uvas, as espremi na taça do faraó e coloquei a taça na mão do faraó." **12**José lhe disse: "Esta é a interpretação. Os três ramos são três dias. **13**Ao tempo de três dias, o faraó elevará a sua cabeça e o colocará de volta à sua posição. Você colocará a taça do faraó na mão dele, de acordo com a prática anterior, quando era o seu copeiro. **14**Apenas lembre-se de mim quando as coisas correrem bem para você. Manterá o compromisso comigo e fará menção de mim ao faraó para que você me tire desta casa? **15**Pois fui, na verdade, roubado da terra dos hebreus e também nada fiz aqui para me terem colocado na masmorra."

16O padeiro-chefe viu que a interpretação era boa e disse a José: "Em meu sonho também, três cestas de vime estavam sobre a minha cabeça. **17**Na cesta de cima, havia todos os tipos de comida para o faraó, o trabalho de um padeiro. Mas aves a estavam comendo da cesta na minha cabeça." **18**José respondeu: "Esta é a interpretação. As três cestas são três dias. **19**Ao tempo de três dias, o faraó levantará a sua cabeça e o empalará em uma árvore, e as aves comerão a sua carne."

20No terceiro dia, aniversário do faraó, ele deu um banquete a todos os seus servos e levantou a cabeça do copeiro-chefe e a cabeça do padeiro-chefe diante de seus servos. **21**Ele colocou o copeiro-chefe de volta à sua posição, e ele pôs a taça na mão do faraó, **22**mas ao padeiro-chefe ele empalou, como José interpretara para eles. **23**Mas o copeiro-chefe não se lembrou de José. Ele o ignorou.

CAPÍTULO 41

1 Dois anos mais tarde, o faraó sonhou. Ele estava em pé, junto ao rio Nilo. **2** Do Nilo, sete vacas estavam subindo, belas em aparência e robustas no corpo, e elas pastavam entre os juncos. **3** Após elas, mais sete vacas estavam subindo do Nilo, pobres em aparência e magras no corpo, e elas estavam em pé, ao lado das outras, na margem do Nilo. **4** As vacas que eram pobres em aparência e magras no corpo comeram as sete vacas que eram belas em aparência e robustas. E o faraó acordou. **5** Ele foi dormir e sonhou uma segunda vez. Sete espigas de grão estavam crescendo em um único pé, robustas e de boa qualidade. **6** Depois delas, sete espigas mirradas e queimadas pelo vento leste estavam brotando. **7** As espigas mirradas engoliram as sete espigas robustas e cheias. E o faraó acordou; era um sonho.

8 Pela manhã, o seu espírito ficou agitado, e ele enviou e convocou todos os adivinhos e especialistas do Egito. O faraó lhes contou seu sonho, mas ninguém conseguiu interpretá-los para o faraó. **9** O copeiro-chefe falou com o faraó: "Estou fazendo menção de minhas ofensas hoje. **10** Quando o faraó ficou irritado com seus servos, ele colocou-me sob custódia na casa do chefe da guarda, a mim e ao padeiro-chefe. **11** Nós tivemos sonhos na mesma noite, ele e eu. Cada um de nós sonhou de acordo com a interpretação de seu sonho. **12** Conosco, havia um jovem hebreu, um servo do chefe da guarda. Nós lhe contamos, e ele interpretou nossos sonhos, a cada um de nós, a interpretação de acordo com seu sonho. **13** E, como ele interpretou para nós, assim se realizou. Fui colocado de volta à minha posição, e ele foi empalado." **14** Então, o faraó enviou e convocou José, e eles o apressaram da masmorra. Ele se barbeou, trocou suas roupas e foi ao faraó. **15** O faraó disse a José: "Eu tive um sonho, e ninguém consegue interpretá-lo. Ouvi falar sobre você que, quando ouve um sonho, consegue interpretá-lo." **16** José replicou ao faraó: "Não eu. Deus é aquele que responderá com favor ao faraó."

> **¹⁷**O faraó falou a José: "Em meu sonho, eu estava em pé, junto à margem do Nilo. **¹⁸**E do Nilo, sete vacas estavam subindo, robustas no corpo e belas em aparência, e elas pastavam entre os juncos. **¹⁹**E mais sete vacas estavam subindo depois delas, magras e muito pobres em aparência, finas de corpo. Não vi iguais a elas em pobreza, em toda a terra do Egito. **²⁰**As vacas magras e pobres comeram as primeiras sete vacas robustas **²¹**e elas entraram dentro delas, mas não se podia reconhecer que elas tinham entrado dentro delas. A aparência delas era tão pobre quanto era no começo. Então, acordei. **²²**Então, vi em meu sonho sete espigas de grão subindo em um único pé, cheias e de boa qualidade, **²³**e sete espigas de grão brotando depois delas, mirradas, finas, queimadas pelo vento leste. **²⁴**E as espigas finas engoliram as sete espigas boas. Eu conversei com os adivinhos, mas ninguém pôde me dizer nada."

Há três meses, passei por um procedimento médico de rotina (pouparei você dos detalhes clínicos). Algumas semanas antes, por acaso li um relatório de pesquisa sobre esse procedimento em particular, sugerindo que essa ação não seria tão benéfica quanto, há décadas, se imaginava. O relatório enfatizava os fatores a serem considerados na definição de sua aplicação ou não, concluindo que, às vezes, poderia ser pior que inócuo. Então, as pessoas deveriam passar por esse procedimento ou não? A conclusão do relatório, como de costume, foi a de que aqueles eram fatos que os pacientes precisavam considerar na tomada de uma decisão. Que alívio, obrigado! O relatório refletia a fascinação em nossa cultura com "a pesquisa mais recente". Presumimos que os fatos estão lá fora e que, se os investigarmos, poderemos resolver qualquer problema; e essa presunção, em geral, tem provado ser proveitosa. Contudo, toda semana, podemos ler uma pesquisa que conflita com o fundamento da pesquisa anterior, que encorajava as pessoas a tomar decisões. O antigo filme de Woody Allen *O dorminhoco* retrata o seu herói adormecido por décadas. Ele, então, desperta para descobrir que tudo o que se pensava ser nocivo ao ser humano (como fumar) mostrava-se benéfico, e vice-versa. Necessitamos e ansiamos pela informação que nos capacitará viver de maneira sábia, mas tal informação é passível de ser descoberta?

No antigo Egito, uma pesquisa científica equivalente era com respeito aos sonhos. Há exemplares de livros egípcios sobre o tema, listando temas recorrentes em sonhos e seus "significados". Se você sonha com um poço, com tecelagem, com você se olhando no espelho, ou com milhares de outras coisas, esses sonhos podiam antecipar algo bom ou ruim que estava prestes a ocorrer. Em que pese a generalidade dessa orientação, ela pode indicar algum evento futuro específico. Todavia, sonhos revelam o futuro somente de uma forma oblíqua. Você precisa saber como interpretá-los. No Egito, havia especialistas em sonhos, reconhecidos oficialmente ou não, que podiam ajudar pessoas comuns na interpretação de seus sonhos.

Enquanto José estava na prisão, a despeito de ter resistido à tentação de cometer uma "ofensa contra Deus" (Gênesis 39:9), o copeiro-chefe e o padeiro-chefe do faraó tinham "ofendido" o chefe deles. Não sabemos o que eles fizeram. Os perigos da vida em uma corte do Oriente Médio podem apenas significar que a torta de peixe não estava apimentada o suficiente. Em sua problemática situação na cadeia e ansiosos quanto ao que o futuro lhes reservava, eles presumem que deve haver algo a ser aprendido com seus sonhos, mas não dispõem de um livro ou de especialistas nesse tema à mão; pelo menos, assim eles imaginavam. No entanto, José lança uma pergunta retórica que, ao mesmo tempo que enfraquece a suposição natural deles com relação aos sonhos, abre a possibilidade de descobrirem uma saída à frente: "As interpretações não pertencem a Deus?" Nossa tocante crença na pesquisa moderna necessita considerar as limitações do que a pesquisa empírica pode descobrir. Suas descobertas são sempre provisórias e, igualmente, precisam de interpretação. Não podemos vender nossa alma à pesquisa ou imaginar que podemos salvar nosso corpo por meio dela.

Ainda mais perigoso pode ser o fato de a nossa cultura também enxergar a pesquisa como uma chave para a política. Gastamos milhões em "inteligência" e, no entanto, continuamente, tomamos decisões sobre o envolvimento nos assuntos de outras nações que se mostram equivocadas. Havia muita informação, mas ainda faltava uma visão do grande quadro e também sabedoria. O faraó dispunha de todos esses recursos, contudo os seus especialistas ficaram perplexos com os sonhos. Pelo menos, tiveram a humildade de admitir isso. Se não dispomos de um José, como geralmente ocorre, podemos, pelo menos, ser sábios o suficiente para encararmos as limitações de nossos recursos.

GÊNESIS 41:25–57
ECONOMIZE PRIMEIRO, GASTE DEPOIS

25José disse ao faraó: "O sonho do faraó é apenas um. Deus disse ao faraó o que ele irá fazer. **26**As sete vacas boas são sete anos, e as sete espigas boas de grão são sete anos. É apenas um único sonho. **27**As sete vacas magras e pobres que subiram depois delas são sete anos, como são as sete espigas finas de grão, queimadas pelo vento leste. Haverá sete anos de fome. **28**Isso é o que estou declarando ao faraó. Deus mostrou ao faraó o que ele irá fazer. **29**Ora, sete anos estão chegando, grande abundância em toda a terra do Egito, **30**mas sete anos de fome surgirão depois deles, e toda a abundância na terra do Egito será esquecida. A fome consumirá a terra, ³¹e a abundância na terra não será reconhecida diante dessa fome posterior, porque ela será muito severa. ³²Com relação à repetição do sonho ao faraó duas vezes: a coisa é fixada por Deus. Deus irá fazer isso rapidamente. ³³E, agora, o faraó deve identificar um homem de percepção e perícia e estabelecê-lo sobre a terra do Egito. ³⁴O faraó deve agir e indicar comissários sobre a terra e tomar um quinto da terra do Egito nos sete anos de abundância. ³⁵Eles devem coletar toda a comida nesses anos bons que estão vindo e estocar o grão nas cidades como alimento, sob o controle do faraó. ³⁶O alimento será uma reserva para a terra nos sete anos de fome que irão acontecer na terra do Egito, para que a terra não seja arrasada pela fome."

³⁷A proposta pareceu boa ao faraó e a todos os seus servos, ³⁸e o faraó disse aos seus servos: "Devemos encontrar um homem como este, em que o espírito de Deus está?" ³⁹Então, o faraó disse a José: "Uma vez que Deus fez tudo isso conhecido a você, não há ninguém com percepção e perícia como você. ⁴⁰Você mesmo estará sobre a minha casa, e à sua palavra todo o meu povo aquiescerá. Apenas com respeito ao trono eu serei maior que você." ⁴¹Então, o faraó disse a José: "Veja, estou colocando você sobre toda a terra do Egito." ⁴²O faraó removeu o anel de sinete de sua mão e o colocou na mão de José, mandou vesti-lo em roupas de linho e colocou uma corrente de ouro em seu pescoço. ⁴³Ele o fez andar na carruagem de seu segundo em comando, e eles gritavam adiante dele: "Curvem-se!" Assim, ele o colocou sobre toda a terra do Egito. ⁴⁴O faraó disse a José: "Eu sou o faraó, mas sem você ninguém levantará a mão ou o pé em toda a terra do Egito."

⁴⁵O faraó chamou José de Zafenate-Paneia e lhe deu Azenate, filha de Potífera, sacerdote em Heliópolis, como esposa. Então, José saiu pela terra do Egito. ⁴⁶Ora, José tinha trinta anos de idade quando começou a servir ao faraó, o rei

GÊNESIS 41:25-57 • ECONOMIZE PRIMEIRO, GASTE DEPOIS

> do Egito. José saiu da presença do faraó e viajou por toda a terra do Egito. **⁴⁷**Nos sete anos de abundância, a terra produziu transbordantemente, **⁴⁸**e ele coletou todo o alimento dos sete anos que passaram na terra do Egito e colocou o alimento nas cidades; o alimento do campo de uma cidade, que estava nos arredores, ele colocou no meio dela. **⁴⁹**José estocou o grão como a areia do mar em enormes quantidades, até que parou de contar, porque contar era impossível.
>
> **⁵⁰**Dois filhos nasceram a José antes do ano da fome chegar; Azenate, filha de Potífera, o sacerdote em Heliópolis, deu-os à luz para ele. **⁵¹**José chamou o primogênito de Manassés, porque "Deus me fez 'esquecer' toda a minha dificuldade e toda a casa de meu pai". **⁵²**O segundo, ele chamou de Efraim, porque "Deus me fez 'frutífero' na terra da minha aflição".
>
> **⁵³**Os sete anos de abundância que passaram na terra do Egito chegaram ao fim, **⁵⁴**e os sete anos de fome começaram a chegar, como José tinha dito. A fome aconteceu em todas as terras, mas em toda a terra do Egito havia alimento. **⁵⁵**Então, quando toda a terra do Egito estava faminta e as pessoas clamavam ao faraó por alimento, o faraó disse a todos os egípcios: "Vão a José e façam o que ele disser." **⁵⁶**Quando a fome estava sobre toda a face da terra, José abriu tudo o que estava neles e vendeu o grão aos egípcios. Então, a fome se tornou severa na terra do Egito, **⁵⁷**enquanto todo o mundo veio ao Egito, a José, para comprar grão, porque a fome era severa em todo o mundo.

Escritores e produtores de TV notaram que o celular e outros dispositivos tecnológicos enfraqueceram alguns dos dispositivos de enredo básicos que fazem os romances e filmes funcionarem. Em *Casablanca*, Rick não precisaria ter ficado em dúvida sobre a razão de Ilsa tê-lo deixado esperando na estação de trem em Paris; decerto, ela lhe enviaria uma mensagem de texto. Ninguém mais precisa ficar perdido: todos têm GPS.

Uma reportagem sobre esse efeito da tecnologia em romances e filmes citou José como um exemplo: ele poderia ter pedido por ajuda no interior da cisterna. Assim, se José possuísse um celular, o judaísmo não teria existido, comentou um repórter. (Certamente, isso pode parecer inviável, embora pudesse ter evitado o êxodo, o que é uma consequência considerável.) De modo mais imediato, José não estaria em posição de tecer seus comentários queixosos sobre a perda de sua família: porque "Deus me fez 'esquecer' toda a minha dificuldade e toda a casa de meu pai". Apenas ligue para eles, José.

Todavia, seu comentário, certamente, é contraditório. Como pode ser verdade que Deus o fez esquecer toda a sua angústia e a casa de seu pai, se ele ainda está falando sobre isso por ocasião do nascimento de seu filho mais velho, e se o nome que escolheu para seu filho (que é parecido com uma forma do verbo "esquecer") será um eterno lembrete de tudo o que sofreu? Episódios posteriores dessa narrativa também deixarão claro que, seja no bom sentido, seja no mau, ele não se esqueceu de seu pai, nem do que os irmãos lhe fizeram. O mesmo ponto emerge do nome de seu segundo filho, já que, uma vez mais, faz referência à sua "aflição".

Às pessoas que ouvem essa história, o relato do nascimento dos dois meninos terá uma significância adicional. Manassés e Efraim vieram a ser dois dos clãs israelitas mais importantes, dominando a região norte do território. Quando Israel é dividido em dois, após o reinado de Salomão, **Efraim**, de fato, aparece, com frequência, como o nome do Reino do Norte das duas nações. Sim, Deus fez José ser frutífero. O próprio nome de Efraim lembraria as pessoas disso, por sua sobreposição com a expressão "ser frutífero". A realidade de José não possuir um celular à mão pode não ter evitado o surgimento do judaísmo, mas teria escrito a história de Israel de outra maneira, caso esses dois filhos não tivessem nascido.

O fato de um dos filhos mais jovens de Jacó ser o ancestral desses dois significativos clãs é típico do modo de Deus trabalhar em Gênesis. Somando dois mais dois, as histórias nos capítulos 35 e 38 de Gênesis mostram que Rúben e **Judá** se afastaram da liderança na família pela conduta sexual deles. José não agiu assim. Por outro lado, de forma surpreendente, o autor de Gênesis não vê nenhum problema em José ter desposado a filha de um sacerdote da grande cidade de Heliópolis, a Cidade do Sol, na qual o deus-sol era o foco da adoração. Talvez a religião egípcia fosse vista como uma ameaça ou tentação menor que a religião **cananeia**. O Antigo Testamento, em geral, mostra menos desconforto com a visão do Egito do que com a visão de Canaã.

A recessão, iniciada em 2008, ocorreu, em grande parte, como resultado de vivermos por anos além de nossos meios. Nosso lema tem sido: "Gaste primeiro, economize depois." Se você é capaz de fazer as coisas funcionarem no sentido inverso, isso tem as suas vantagens. A interpretação de José quanto aos sonhos do faraó torna possível economizar primeiro e, então, administrar durante a crise, quando ela vem. Decerto, José não precisava ser um gênio para formular um plano capaz de lidar com o que estava prestes a ocorrer ao longo dos períodos de abundância e escassez. No entanto, com uma visão retrospectiva, pode-se dizer que, igualmente, o mundo não precisa atravessar os períodos de distúrbios econômicos que ocorrem de tempos em tempos. Um grande fator gerador dessas crises é a combinação de ganância com estupidez; sendo mais específico, a ganância faz as pessoas jogarem a sabedoria pela janela. Os anos de prosperidade poderiam ter feito o Egito agir assim. José mostra aos egípcios como manter a calma e ter uma visão mais ampla. Pode-se esperar que alguém, vivendo pela confiança nas promessas de Deus, teria a perspicácia necessária para reconhecer o fundamento básico pelo qual conduzir as políticas econômicas do país nos anos de fartura e de carência. Por outro lado, com o tempo, haverá uma desvantagem ao "grande governo" sugerido por José. O fator real que leva o faraó a colocar José a cargo de implementar suas políticas econômicas não é tanto pela natureza inovadora de suas propostas, mas pela sabedoria sobrenatural expressa por sua capacidade de interpretar sonhos. Isso leva o faraó a identificar José como a primeira pessoa na Escritura na qual o espírito de Deus está em ação. A sabedoria é um dom do espírito de Deus, desejável em qualquer governante.

GÊNESIS **42:1-35**
QUAL O JOGO DE JOSÉ?

¹Jacó viu que havia grão no Egito. Então, Jacó disse aos seus filhos: "Por que olham uns para os outros?" **²**Ele disse: "Ora, ouvi que há grão no Egito. Desçam até lá e comprem grão para nós de lá, de modo que possamos viver, não morrer." **³**Assim, dez dos irmãos de José desceram para comprar grão do Egito; **⁴**Quanto a Benjamim, o irmão de José, Jacó não o enviou com os seus irmãos, porque (ele disse) algum desastre poderia sobrevir a ele. **⁵**Então, os filhos de Israel foram para comprar grão entre as pessoas que vieram por causa da fome ocorrida na terra de Canaã. **⁶**Ora, José era o primeiro-ministro sobre a terra. Ele era o único que vendia grão a todos os povos da terra. Assim, os irmãos de José vieram e se curvaram diante dele, com o rosto no chão. **⁷**José viu seus irmãos e os reconheceu, mas agiu como um estranho a eles e lhes falou asperamente. Ele lhes disse: "De onde vocês vieram?" Eles disseram: "Da terra de Canaã, para comprar alimento."

⁸Assim, José reconheceu seus irmãos, mas eles não o reconheceram. **⁹**E José relembrou os sonhos que tivera sobre eles. José lhes disse: "Vocês são espiões. Vieram ver a vulnerabilidade da terra." ¹⁰Eles lhe disseram: "Não, meu senhor! Seus servos vieram para comprar grão. ¹¹Somos todos filhos de um único homem. Somos homens honestos. Os seus servos não são espiões." ¹²Ele lhes disse: "Não, vocês vieram ver a vulnerabilidade da terra." ¹³Eles lhe disseram: "Os seus servos eram doze irmãos, os filhos de um único homem na terra de Canaã, mas, agora, o mais jovem está com o nosso pai, no momento, e um não está mais." ¹⁴Mas José lhes disse: "É como eu lhes afirmo: 'Vocês são espiões'. ¹⁵Por isso, serão testados: pela vida do faraó, vocês não sairão daqui, a não ser que o seu irmão mais novo venha aqui. ¹⁶Enviem um de vocês para buscar o seu irmão, e vocês serão aprisionados, para testar as suas palavras, se há verdade em vocês. Caso contrário, pela vida do faraó, vocês são espiões."

¹⁷Ele os aprisionou sob guarda por três dias. ¹⁸No terceiro dia, José lhes disse: "Façam isto e viverão: eu reverencio a Deus. ¹⁹Se vocês são honestos, um de seus irmãos deve ficar aprisionado em nossa casa de guarda, enquanto vocês vão e levam grão para a fome em suas casas, ²⁰e devem trazer o seu irmão mais novo a mim, para que as suas palavras possam ser mostradas como verdadeiras e vocês não morram." Então, assim o fizeram, ²¹e disseram uns aos outros: "Certamente, estamos pagando a punição por nosso irmão. Nós olhamos para a angústia que o encheu quando suplicou por nosso favor e não lhe demos ouvidos. Eis por que esse problema veio sobre nós." ²²E Rúben respondeu a eles: "Eu não disse: 'Não ofendam o rapaz?', e vocês não escutaram? Sim, o seu sangue está sendo requerido." ²³Ora, eles não sabiam que José estava ouvindo, porque havia um intérprete entre eles. ²⁴Ele se afastou deles e chorou, mas retornou a eles e lhes falou, e tomou Simeão dentre eles e o aprisionou diante de seus olhos. ²⁵Mas José deu ordens para que seus sacos fossem cheios com grão, o dinheiro de cada homem deveria ser colocado de volta em seu saco, e a eles deveriam ser dadas provisões para a viagem.

Assim, fez isso para eles; ²⁶eles carregaram o grão em seus jumentos e partiram dali. ²⁷Um deles abriu o saco para alimentar o seu jumento, na hospedaria, e viu o dinheiro. Lá estava ele, na boca de seu saco. ²⁸Ele disse aos seus irmãos: "Meu dinheiro foi restituído! Realmente, aqui está, em meu saco!" O coração deles desfaleceu. Eles, tremendo, voltaram-se uns aos outros, dizendo: "O que é isso que Deus nos fez?" ²⁹Eles vieram a Jacó, seu pai, na terra de Canaã, e lhe contaram tudo o que tinha acontecido a eles. ³⁰"O homem que é senhor da terra falou asperamente conosco e nos tratou como pessoas que estavam espionando a terra. ³¹Nós lhe dissemos: 'Somos honestos. Não estamos espionando. Éramos doze irmãos, os filhos de nosso pai; um não está mais, e o mais novo está, no momento, com nosso pai na terra de Canaã'. ³³Mas o homem que é senhor da terra nos disse: 'Por isso, eu saberei que vocês são honestos. Deixem um de seus irmãos comigo e levem algo para a fome em suas casas, e vão, ³⁴e tragam o seu irmão mais novo a mim, para que eu possa saber que vocês não são espiões, mas honestos. Eu darei o seu irmão a vocês, e vocês poderão andar na terra'." ³⁵Quando eles estavam esvaziando os seus sacos, a bolsa de dinheiro de cada homem estava em seu saco. Eles e seu pai viram as bolsas de dinheiro e ficaram com medo.

Certa noite, cheguei tarde em casa, apanhei a correspondência e verifiquei as mensagens. Quando estava a cargo de um seminário, eu costumava evitar ler as mensagens antes de ir para a cama para não ter preocupações que me levassem à insônia, mas, agora, não preciso mais dessa regra. Naquela ocasião, contudo, um editor havia enviado um conjunto de revisões de algo que eu havia escrito, incluindo uma estranha crítica de outro professor de Antigo Testamento. Críticas negativas, em geral, não costumam me incomodar muito. Com frequência, consigo ver que a pessoa apenas tem uma perspectiva diferente da minha (ou é jovem e interessado em deixar a sua marca). A revisão em questão não me convenceu de que deveria ter escrito um livro diferente, mas me atingiu dolorosamente, porque a base para aquela crítica parecia estranha, e eu considerava o revisor como um amigo. Por que *ele* estava sendo tão áspero? Estaria tentando não se deixar influenciar pela nossa relação? Teria ele tido um dia ruim? O que estaria acontecendo em sua vida? Qual teria sido a sua motivação para escrever algo assim (outros eruditos haviam revisado o livro de modo favorável)? Será que eu o ofendera de alguma maneira? Ou seria apenas porque, naquele assunto, ele tinha uma perspectiva diferente da minha? O problema era meu? Sou muito sensível a críticas? (Resposta: sim. É um pouco como as avaliações dos alunos. Como um de meus colegas expressou, se, dentre cinquenta avaliações, houver apenas uma negativa, essa é a que ocupará a nossa mente.) Talvez fosse melhor ter falado com ele, mas não o fiz. Assim, as suas palavras permanecem um mistério até hoje.

José, por seu turno, é um mistério ao longo de toda essa narrativa. Por muitos capítulos, ele estará fazendo jogos com seus irmãos e seu pai, e/ou o autor de Gênesis estará jogando conosco. Quando José deu a seu filho o nome de Manassés, ele disse que havia esquecido dos seus irmãos e de seu sofrimento, mas isso não era verdade. E será difícil dizer por que ele está jogando com seus irmãos. Seria pela necessidade de levá-los a um arrependimento genuíno pelo mal que fizeram e por que precisavam ser rebaixados mais e mais, até o remorso e a vergonha, antes de uma reconciliação? Houve uma ocasião em minha própria vida quando isso ocorreu. Séculos mais tarde, Deus considerará ser necessário levar Israel à vergonha do **exílio** e deixá-los chafurdar, por algum tempo, na vergonha da humilhação e rejeição por Deus, antes que seja sábio restaurá-los. "O que é isso que Deus nos fez?", eles questionam. Eles estão perguntando por perguntar, ou estão fazendo isso com a profundidade que a situação requer?

Ou José está jogando com seus irmãos por causa de algum ressentimento em seu coração, causado pelo que lhe fizeram quando era adolescente, ao vendê-lo como escravo, exilando-o de sua família e de sua terra natal, levando-o (indiretamente) à prisão por nenhuma falta sua? Seria compreensível que tivesse algum ressentimento latente e que, ao chamar seu filho de Manassés, estivesse brincando consigo mesmo sobre esquecer tudo.

Se fôssemos capazes de lhe perguntar quais dessas motivações o impeliram, talvez ele mesmo não soubesse responder. Se José merece a sua reputação como uma pessoa de visão, talvez pudesse reconhecer a possibilidade de ser movido por ambas as motivações e de não saber qual a dominante. E, se fosse possível perguntar a opinião de Deus sobre aquela situação, talvez Deus respondesse ter julgado necessário que os irmãos fossem levados a um arrependimento profundo e verdadeiro, que a maneira pela qual José os tratou tinha o potencial de provocar isso neles e que, mesmo que o ressentimento de José o tenha levado a puxar a corda mais do que deveria... — bem, Deus trabalha por meio da fraqueza humana e do pecado, como também opera por meio da força e da justiça humanas (como o próprio José, no fim das contas, mostrará).

Rúben havia conseguido convencer seus irmãos a não derramar o sangue de José, mas talvez tenham deixado de fazê-lo apenas no sentido técnico. Pelo que sabiam, eles haviam efetivamente acabado com a vida dele. Certamente, José não teve uma vida digna de ser vivida após ter sido vendido como escravo, e Rúben nada pôde fazer, exceto assumir que seu sangue está, agora, sendo requerido deles.

GÊNESIS **42:36—43:34**
QUAL O JOGO DE GÊNESIS?

36O pai deles, Jacó, lhes disse: "Eu sou aquele que vocês têm privado de filhos. José não está mais, Simeão não está mais e vocês irão levar Benjamim. Isso tudo aconteceu a mim." **37**Mas Rúben disse ao seu pai: "Podes matar meus dois filhos se eu não o trouxer de volta a ti. Coloca-o sob minha responsabilidade, e eu mesmo o trarei de volta a ti." **38**Mas ele disse: "Meu filho não irá descer com você. Se desastre vir a ele na jornada que vai fazer, você enviará meu cabelo grisalho ao *Sheol* com tristeza."

CAPÍTULO 43

1Mas a fome na terra era severa. **2**Quando acabaram de comer o grão que tinham trazido do Egito, o seu pai lhes disse: "Voltem e comprem um pouco mais de alimento." **3**Mas Judá lhe disse: "O homem solenemente afirmou a nós: 'Não devem ver a minha face, a não ser que o seu irmão esteja com vocês'. **4**Se enviares o nosso irmão conosco, desceremos e compraremos alimento para você. **5**Mas, se não o enviares, não desceremos, porque o homem nos disse: 'Não devem ver a minha face, a não ser que o seu irmão esteja com vocês'." **6**Israel disse: "Por que me trouxeram problemas ao falarem ao homem que tinham outro irmão?" **7**Eles disseram: "O homem perguntou muito sobre nós e a nossa família, dizendo: 'O seu pai ainda está vivo? Vocês têm um irmão?', e nós lhe dissemos estas coisas em resposta. Como poderíamos saber que ele diria: 'Tragam o seu irmão aqui?'" **8**Judá disse a Israel, seu pai: "Envie o garoto comigo para que possamos partir e vivamos, não morramos, nós, tu e nossos pequenos também. **9**Eu, pessoalmente, o protejo. Da minha mão, tu podes exigi-lo. Se não o trouxer de volta e o colocar diante de ti, eu te ofenderei para sempre. **10**Porque, se não tivéssemos demorado, já poderíamos ter voltado aqui duas vezes." **11**O pai deles, Israel, lhes disse: "Se é assim, então façam isso. Peguem alguns dos produtos da terra em seus sacos e levem para o homem como um presente: um pouco de bálsamo e um pouco de mel, especiarias e mirra, pistache e amêndoas. **¹²**E levem o dobro de dinheiro com vocês e levem o dinheiro que foi colocado de volta na boca de seus sacos. Talvez isso tenha sido um erro. **¹³**E seu irmão: tomem-no, partam e voltem ao homem. **¹⁴**Que o próprio *El Shadday* lhes conceda compaixão diante do homem para que ele possa libertar o seu outro irmão a vocês, e Benjamim. E eu — quando estou de luto, estou de luto." **¹⁵**Então, os homens levaram este presente e o dobro do dinheiro com eles, e Benjamim, e partiram, descendo ao Egito, e se apresentaram diante de José.

¹⁶José viu Benjamim com eles e disse à pessoa responsável por sua casa: "Leve os homens à casa, mate um animal e o prepare, porque os homens irão comer comigo ao meio-dia." **¹⁷**O homem fez como José dissera, e o homem levou os homens à casa de José. **¹⁸**Os homens estavam com medo porque foram levados à casa de José. Eles disseram: "É por causa do dinheiro que foi colocado de volta em nossos sacos, na primeira vez, que fomos trazidos para dentro, para nos subjugar, dominar e nos tomar como escravos, e nossos jumentos." **¹⁹**Então, eles se aproximaram do homem que era responsável pela casa de José e lhe falaram à entrada da casa. **²⁰**Eles disseram: "Perdoe-nos, meu senhor, viemos na primeira vez apenas para comprar alimento. **²¹**Mas, quando chegamos à hospedaria, abrimos os nossos sacos e o dinheiro de cada homem estava na boca de seu saco, nosso dinheiro por seu peso. Nós o trouxemos de volta, **²²**embora tenhamos trazido outro dinheiro conosco para comprar alimento. Não sabemos quem colocou o nosso dinheiro em nossos sacos." **²³**Ele disse: "Tudo está bem com vocês. Não tenham medo. O seu Deus, o Deus de seu pai, lhes deu o tesouro em seus sacos, pois o seu dinheiro chegou a mim." E ele trouxe Simeão para eles. **²⁴**Então, o homem levou os homens à casa de José, deu-lhes água para lavarem seus pés e comida para seus jumentos. **²⁵**Eles prepararam o presente para quando José viesse, ao meio-dia, porque ouviram que deveriam ter uma refeição ali.

²⁶Assim, José chegou em casa, e eles lhe deram o presente que tinham levado com eles à casa e se curvaram diante dele até o chão. ²⁷Ele lhes perguntou se as coisas estavam bem e disse: "Está tudo bem com o seu idoso pai, de quem vocês falaram? Ele ainda está vivo?" ²⁸Eles disseram: "Está tudo bem com o seu servo, nosso pai. Ele ainda está vivo", e fizeram uma reverência e se curvaram. ²⁹Ele olhou e viu Benjamim, seu irmão, filho de sua mãe, e disse: "Este é o seu irmão mais novo, de quem me falaram?" E ele disse: "Deus mostra favor a você, meu filho." ³⁰Então, José saiu apressado porque a sua afeição por seu irmão foi tão forte que ele precisava chorar, de modo que foi a um quarto e chorou lá. ³¹Ele lavou o rosto, saiu, controlando-se, e disse: "Sirvam a refeição." ³²Eles o serviram em separado, e a eles em separado, e aos egípcios que comiam com ele em separado, porque os egípcios não podiam comer com os hebreus, pois isso seria uma ofensa aos egípcios. ³³Eles se sentaram diante dele, o primogênito de acordo com sua primogenitura e o mais novo de acordo com a sua juventude. Os homens olhavam perplexos uns para os outros. ³⁴Porções lhes foram trazidas de diante dele, mas a porção de Benjamim era maior cinco vezes que as porções de todos eles. Eles beberam e se alegraram com ele.

No filme *O paciente inglês*, o conde Laszlo sofre um acidente de avião e, a fim de obter ajuda, é obrigado a abandonar a única mulher a quem amou, em condição crítica, no interior de uma caverna, de uma montanha no deserto. Ele enfrenta dificuldades em convencer as pessoas a ouvi-lo. Quando ele, por fim, retorna, ela já havia morrido. Ele, então, pega o corpo de sua amada e o carrega pela montanha até o lugar em que estava o seu avião, com um grito em seus lábios que podemos ver, mas não ouvir, enchendo o cinema com seu silêncio. Essa foi a cena do filme que mais me tocou, mas descobri que essa reação é resultante de uma perspectiva masculina. Assim, não fiquei surpreso quando uma amiga, com quem discuti o filme, achou que o momento mais emocionante e envolvente foi quando a mulher, abandonada à morte na caverna, tenta desenhar uma imagem final, enquanto a luz do dia diminui e a escuridão e o frio tomam conta da cena. Ao caminhar de volta para casa com amigos, após assistir a um filme, é possível descobrir que todos viram coisas diferentes, podendo chegar até a uma veemente discordância quanto ao significado delas. A natureza de um filme é, com frequência, deixar lacunas a serem preenchidas pelo público que assiste a ele, e as preenchemos à luz do que somos.

Isso também ocorre com as histórias bíblicas. Em Gênesis, não apenas José está jogando com seus irmãos, mas o próprio autor do livro joga com os ouvintes da história. Não podemos ter certeza da resposta às questões quanto à motivação de José; no fim, isso é entre José e Deus. O efeito das incertezas no relato é colocar as dúvidas em nosso colo e nos levar a um autoexame. Se eu fosse José, qual seria a minha motivação? O que aprendo com a maneira pela qual leio a história? Paradoxalmente, a Bíblia, com frequência, trabalha em nós deixando as coisas um pouco obscuras, obrigando-nos a preencher as lacunas e, então, perguntar por que as preenchemos dessa forma.

Entre as ironias dessa narrativa, está a maneira em que Jacó é afetado, bem como o fato de os irmãos serem os responsáveis diretos por José estar no Egito. "Eu sou aquele que vocês têm privado de filhos", ele diz. José, Simeão, Benjamim: quando isso irá parar? O aspecto doloroso da ironia é que Jacó está deitando na cama que fez; sua predileção por José, como o primeiro filho de sua esposa amada, desempenhou um papel crucial nos eventos resultantes. Contudo, Jacó montou a sua cama da forma que fez por causa de seu próprio histórico familiar.

Leitores de Êxodo ficam ofendidos pela sugestão de que os pecados dos pais são visitados em seus filhos até a terceira e quarta gerações, mas não é preciso ler a Bíblia para aprender que é assim. Entretanto, a Bíblia fornece uma ou duas ilustrações espetaculares de como isso funciona, e Jacó é uma delas. Da maneira que Gênesis conta a história, não podemos atribuir todos os problemas de Jacó à relação que Isaque e Rebeca tiveram com ele e com seu irmão, mas também não podemos absolvê-los de alguma responsabilidade. Jacó paga a pena por quem seus pais foram. Por seu turno, os filhos de Jacó pagam a pena pelo que seu pai foi. Eles, como o pai, tornam-se peritos na arte de enganar, bem como são vítimas do engano. E Jacó se torna vítima do engano de seus filhos, incluindo José. Ele passa por um processo de luto, pelo qual sofre por anos, quando, na verdade, o seu filho, o filho mais velho da mulher que ele realmente amou, ainda está vivo.

GÊNESIS 44:1–34
AMOR DIFÍCIL

1Ele instruiu à pessoa responsável por sua casa: "Encha os sacos dos homens com alimento, tanto quanto eles podem carregar, e coloque o dinheiro de cada pessoa na boca de seu saco. **2**E meu cálice, o de prata, coloque-o na boca do saco do mais novo, com o seu dinheiro do grão." Ele agiu de acordo com a palavra que José dissera. **3**Quando amanheceu e os homens já tinham partido, eles e seus jumentos, **4**eles tinham deixado a cidade sem ir muito distante, quando José disse à pessoa responsável por sua casa: "Parta e vá atrás dos homens. Alcance-os e lhes diga: 'Por que pagaram o mal pelo bem? **5**Não é com este que meu senhor bebe e pratica adivinhação? Vocês fizeram errado na maneira de agir'." **6**Então, ele os alcançou e lhes falou estas palavras. **7**Eles lhe disseram: "Por que o meu senhor fala palavras como estas? Longe de seus servos fazer uma coisa dessa. **⁸**Ora, o dinheiro que encontramos na boca de nossos sacos trouxemos de volta a você da terra de Canaã. Então, como poderíamos roubar prata ou ouro da casa de seu senhor? **⁹**Qualquer de seus servos com quem isso for encontrado morrerá, e também seremos escravos de meu senhor." **¹⁰**Ele disse: "Sim, de acordo com as suas palavras, assim agora será: aquele com quem isso for encontrado será um escravo para mim. Mas vocês estarão livres da culpa." **¹¹**Eles se apressaram, cada homem, a descer o seu saco ao chão e abriram, cada homem, o seu saco, **¹²**e ele procurou, começando com o mais velho e terminando com o mais novo. E o cálice foi encontrado no saco de Benjamim. **¹³**Eles rasgaram as suas roupas, carregaram, cada homem, o seu jumento e retornaram à cidade.

¹⁴Então, Judá e seus irmãos chegaram à casa de José. Ele ainda estava lá. Eles caíram ao chão diante dele. **¹⁵**José lhes disse: "O que foi esse ato que vocês praticaram? Não sabiam que um homem como eu pratica adivinhação?" **¹⁶**Judá disse: "O que podemos dizer ao meu senhor? Como podemos mostrar que somos corretos? Deus descobriu a nossa desobediência. Aqui estamos, escravos do meu senhor, nós e aquele em cuja posse o cálice foi encontrado." **¹⁷**Mas ele disse: "Longe de mim fazer isso. O homem em cuja posse o cálice foi encontrado se tornará um escravo para mim. Vocês, vão em paz ao seu pai." **¹⁸**Judá aproximou-se dele e disse: "Perdoe-me, meu senhor, pode o seu servo falar uma palavra ao ouvido de meu senhor e sua ira não se acender contra o seu servo, porque tu és como o faraó? **¹⁹**Meu senhor perguntou aos seus servos: 'Vocês têm um pai ou uma mãe?', **²⁰**e dissemos ao meu senhor: 'Temos um pai idoso e o filho de sua velhice, o mais novo. O irmão dele está morto, e apenas ele resta de sua mãe, e seu pai o ama'. **²¹**Tu disseste aos seus servos: 'Traga-o a mim para que eu possa vê-lo'. **²²**Dissemos ao meu senhor: 'O garoto não pode abandonar o seu pai. Se ele abandonar o seu pai, este morrerá'. **²³**Mas disseste aos seus servos: 'Se o seu irmão mais novo não vier com vocês, não me deixe ver as suas faces'. **²⁴**Quando subimos ao seu servo, meu pai, lhe dissemos as palavras de meu senhor. **²⁵**E, quando nosso pai nos disse: 'Voltem, peguem um pouco de alimento para nós', **²⁶**dissemos: 'Não podemos ir, a não ser que o nosso irmão mais novo esteja conosco, para que possamos ir, porque não seremos capazes de ver a face do homem sem que o nosso irmão mais novo esteja conosco'. **²⁷**O seu servo, meu pai, nos disse: 'Vocês mesmos sabem que minha esposa me deu dois filhos. **²⁸**Um se foi de mim, e eu disse: "Sim, ele foi feito em pedaços." Eu não o tenho visto desde então. **²⁹**Se levarem este da minha presença também, e o desastre vier, enviarão o meu cabelo grisalho ao *Sheol* com tristeza'. **³⁰**Se eu, agora, for ao seu servo, meu pai, e o garoto não estiver conosco, dado que sua vida está ligada à vida dele, **³¹**quando vir que o garoto não está lá, ele morrerá. Os seus servos enviarão o cabelo grisalho de seu servo, meu pai, ao *Sheol* com tristeza. **³²**Porque o seu servo assegurou o garoto ao meu pai, dizendo: 'Se não o trouxer de volta e o colocar diante de você, eu o ofenderei para sempre'. **³³**Assim, possa o seu servo, agora, viver como um escravo de meu senhor em lugar do garoto. Ele deve ir com os seus irmãos. **³⁴**Porque, como posso subir ao meu pai sem o garoto comigo? Não devo contemplar o pesar que sobrevirá ao meu pai."

Um dia desses, uma mulher veio me ver. Ela pensou que havia encontrado o amor de sua vida. Eu já os tinha visto juntos. Ela tinha aquela luz que brilha nos olhos das pessoas quando sabem que são amadas. Aquele casal começou a falar em noivado. Mas, então, algo a fez suspeitar de que nem tudo estava bem. Ato contínuo, ela confrontou o namorado sobre o que poderia ter acontecido, durante uma viagem de volta ao leste, pois ela sabia que ele veria uma mulher com quem havia tido um relacionamento na adolescência. Essa outra mulher ainda estava interessada nele; o homem admitiu não apenas vê-la, mas ter dormido com ela, e que não teria sido essa a primeira vez desde que o namoro supostamente terminara alguns anos atrás. Imaginei que a mulher queria me ver para falar sobre a sua mágoa e pesar, mas, na verdade, ela desejava discutir, em especial, algo que tanto era teológico quanto prático. O que significava o perdão nessas circunstâncias? De certo modo, a resposta era óbvia. Cabia a ela não guardar mágoa de seu namorado, não abrigar amargura contra ele, estar disposta a vê-lo com amor. Todavia, ele desejava retomar o relacionamento com ela, e ela queria saber se o perdão significava estar disposta a correr o risco de ele repetir aquele comportamento. Não há fim para a confiança, esperança e perseverança do amor (1Coríntios 13:7). Não obstante, se ela assumisse aquele risco, expondo-se à possibilidade de ser devastada pela repetição de sua traição, estaria talvez realmente falhando em ser amorosa com ele? Não estaria facilitando em demasia as coisas para ele?

Se presumirmos que José não está, simplesmente, tentando se vingar de seus irmãos, podemos vê-lo lidando com esse mesmo dilema: tentando combinar a disposição de perdoar com o rigor de tentar levar os seus irmãos a encararem os fatos sobre o que haviam feito. Eles devem ser conduzidos a uma vergonha mais profunda, assumindo as implicações do que fizeram anos atrás, para encontrarem a verdadeira maturidade e a reconciliação com seu irmão.

A história teria implicações desafiadoras, embora indiretas, a muitos dos seus ouvintes e leitores. No relato, os irmãos líderes são Judá, de um lado, e José, do outro. Após Israel (ou seja, os descendentes de Jacó) ser dividido em duas nações, com o domínio de **Judá** e dos clãs de José, as relações entre elas eram, ocasionalmente, cordiais, mas, na maior parte do tempo, tensas ou contrárias. Era estranho que as duas partes da família de Jacó estivessem, portanto, divididas.

A história do relacionamento entre seus antepassados indica um realismo que não se exime das questões que precisam ser encaradas, mas também uma abertura e um desejo pela reconciliação da família. O povo de Deus jamais deve ficar satisfeito com a inimizade no seio familiar.

Pela terceira vez aqui, os irmãos prostram-se diante de José. Eles, obviamente, não fizeram uma ligação com os sonhos de José que anteciparam essa cena, mas, decerto, José o fez, como presumiriam os ouvintes da história. A ação dos irmãos cumpriu o pretensioso e irritante pequeno sonho de José, quanto aos seus feixes se curvarem diante do feixe dele. Isso não altera o fato de ser uma expressão de sua ousadia. Tampouco estabelece totalmente que tenha sido dado por Deus, da mesma forma que o próprio sonho de Jacó sobre a escadaria ao céu havia sido. Como no caso da motivação de José ao tratar os irmãos daquela maneira, Gênesis não liga os pontos sobre a origem do sonho. Isso, por conseguinte, deixa José, os irmãos e os ouvintes do relato na mesma posição em que, com frequência, nos encontramos. Nem sempre sabemos as respostas para questões como essa e temos que viver a nossa vida com base em discernimentos parciais. Contudo, podemos fazê-lo na convicção que José, em breve, expressará, ou seja, de que Deus está envolvido em toda a história, mesmo quando não temos certeza dos elementos-chave do enredo.

GÊNESIS **45:1–28**
NÃO VOCÊ, MAS DEUS

¹Mas José não pôde se controlar diante de todas as pessoas que o acompanhavam. Ele proclamou: "As pessoas devem deixar a minha presença, todas!" Assim, ninguém estava lá com ele quando José se fez conhecer a seus irmãos, **²**mas ele chorou tão alto que os egípcios e a casa do faraó ouviram. **³**José disse aos seus irmãos: "Eu sou José! Meu pai ainda está vivo?" Seus irmãos não puderam responder-lhe, pois ficaram aterrorizados em sua presença. **⁴**José disse aos seus irmãos: "Aproximem-se de mim", e eles se aproximaram. Ele disse: "Eu sou José, seu irmão, a quem venderam ao Egito. **⁵**Ora, não fiquem angustiados, não deixem que isso os faça sentir raiva de vocês mesmos por me venderem para cá, porque foi para salvar a vida que Deus me enviou adiante de vocês. **⁶**Porque têm sido dois anos de fome na terra, e haverá mais cinco anos de fome, sem aragem e colheita. **⁷**Deus me enviou adiante de vocês a fim de lhes estabelecer um corpo de sobreviventes na terra, para salvar vidas em um grande grupo de escape. **⁸**Então, agora, não foram vocês que me enviaram para cá, mas Deus. Ele me estabeleceu como um pai para o faraó e como senhor de toda a sua casa e governante sobre toda a terra do Egito. **⁹**Apressem-se e subam ao meu pai e digam-lhe: José, o seu filho, disse isto: 'Deus me estabeleceu como senhor de todo o Egito. Vem a mim, não te demores. **¹⁰**Tu viverás na região de Gósen e estarás perto de mim, tu, os seus filhos e os teus netos, os teus rebanhos, o teu gado, e tudo o que for teu. **¹¹**Eu te sustentarei lá, porque lá haverá mais cinco anos de fome, para que tu, a tua casa e tudo o que for teu não seja desapropriado.' **¹²**Os seus olhos podem ver e também os olhos de Benjamim que é a minha boca que está falando a vocês. **¹³**Devem falar ao meu pai sobre toda a minha honra no Egito, e tudo o que vocês têm visto, apressem-se e tragam o meu pai para cá." **¹⁴**Ele jogou os seus braços em torno do pescoço de Benjamim, seu irmão, e chorou, e Benjamim chorou sobre o seu pescoço, **¹⁵**e ele beijou todos os seus irmãos e chorou sobre eles, e, depois disso, os seus irmãos falaram com ele.

¹⁶Quando a história foi ouvida na casa do faraó, "Os irmãos de José vieram", o faraó e os seus servos ficaram contentes. **¹⁷**O faraó disse a José: "Diga a seus irmãos: 'Façam isto: carreguem os seus animais e partam, vão à terra de Canaã. **¹⁸**Peguem o seu pai e as suas casas e venham a mim. Darei a vocês o melhor da terra do Egito, e vocês comerão da abundância da terra. ¹⁹Vocês estão instruídos, façam isso; tomem para vocês, da terra do Egito, carroças para os seus pequenos e suas esposas, transportem o seu pai e venham. ²⁰O seu olho não deve olhar com tristeza para os seus pertences, porque o melhor de toda a terra do Egito será de vocês'."

²¹Os filhos de Israel assim fizeram. José deu-lhes carroças, de acordo com a palavra do faraó, e provisões para a jornada. ²²A todos eles, deu uma muda de roupa a cada pessoa, mas a Benjamim deu trezentas peças de prata e cinco mudas de roupa. ²³Ao seu pai, ele enviou o seguinte: dez jumentos, carregando algumas das melhores coisas do Egito, e dez jumentas, carregando grão, alimento e provisões para a jornada de seu pai. ²⁴Então, ele despediu os seus irmãos e, enquanto iam, ele lhes disse: "Não fiquem agitados no caminho." ²⁵Assim, eles subiram do Egito e chegaram à terra de Canaã, a Jacó, seu pai, ²⁶e lhe disseram: "José ainda está vivo, e sim, ele é governante sobre toda a terra do Egito." Seu coração ficou dormente, porque não acreditou neles. ²⁷Mas eles lhe repetiram todas as palavras que José lhes havia falado, e ele viu as carroças que José tinha enviado para transportá-lo, e o espírito do pai deles, Jacó, reviveu. ²⁸Israel disse: "Excelente! Meu filho José ainda está vivo! Tenho que ir e vê-lo antes que eu morra!"

Na noite passada, recebi um grupo de alunos em nossa casa para uma sobremesa após a aula. Um deles perguntou qual era o meu livro favorito na Bíblia (a resposta é Eclesiastes) e, então, qual era o livro favorito da minha esposa enferma. Não tenho ciência de que ela tinha algum, mas um texto favorito, sim, que é este: "Sabemos que Deus age em todas as coisas para o bem daqueles que o amam, dos que foram chamados de acordo com o seu propósito" (Romanos 8:28). Trata-se de uma declaração e tanto para uma pessoa que sabe ser portadora de uma doença potencialmente devastadora, sem saber, no entanto, que se tornará, anos após ano, incapacitada de fazer alguma coisa ou até mesmo de falar. Refletindo sobre isso, agora, percebo que as palavras de Paulo possuem implicações distintas daquelas que percebia uma década ou duas atrás. O que vejo em Ann é que ser chamado de acordo com o propósito de Deus significa ser chamado a um papel dentro do desígnio divino mais amplo; não se trata meramente do relacionamento individual dela com Deus. Em sua debilitante enfermidade, Ann tem um estranho ministério com pessoas (inclusive comigo), um tipo de chamado. Deus extrai o bem de algo mau, ou seja, a sua doença.

José é a primeira grande personificação de Romanos 8:28. Embora sua experiência no Egito tenha lhe trazido benefícios pelo poder e prestígio que angariou, é discutível se isso compensa ser jogado dentro de uma cisterna, vendido como escravo em uma terra estranha e lançado na cadeia. Contudo, o bem que Deus extrai dessas experiências não é somente o bem que proporciona a José (mesmo no possível amadurecimento de seu caráter), mas o bem que isso traz à sua família. E não termina aqui. O ponto é que, por meio dessa família, Deus trará bênção ao mundo. Assim, é importante preservar essa família viva em vez de deixá-la morrer de inanição, porque são chamados segundo o propósito divino, num sentido especial. Como leitores do século XXI, devemos a nossa salvação ao fato de Deus ter preservado essa família viva (de modo que Jesus pudesse nascer dela) e utilizar o sofrimento de José para esse fim. Se você for José, então, o fato de Deus estar realizando algo extraordinário por meio do seu sofrimento é o que compensa tudo pelo que está passando. Trata-se de um padrão a ser repetido na história de Jesus.

Quando José diz que não foram os seus irmãos, mas Deus, ele não quer dizer que tenha sido literalmente. Foram eles que enviaram José ao Egito, mas a Bíblia considera que os eventos podem, às vezes, ser descritos em mais de um nível. Da mesma forma, isso ocorre na história de Jesus. No primeiro Pentecostes, após a ressurreição de Jesus, Pedro declara: "Este homem lhes foi entregue por propósito determinado e pré-conhecimento de Deus; e vocês, com a ajuda de homens perversos, o mataram, pregando-o na cruz" (Atos 2:23). Deus conhece a fraqueza humana que levará os gentios e judeus a conspirarem juntos para se verem livres de Jesus, e Deus torna esse o meio de executar um plano para redimir a humanidade.

José menciona Deus usando a ação dos irmãos para manter vivo "um corpo de sobreviventes". Ele, portanto, introduz na Bíblia um termo que será de extrema importância a muitos dos ouvintes da história. A expressão, em geral, é traduzida por "um remanescente". Isso denota o povo que passa por uma catástrofe, mas sobrevive para contar a história. De maneira mais específica, isso virá a caracterizar aqueles que sobrevivem à destruição do povo pela Babilônia séculos mais tarde. Trata-se de uma expressão que, a princípio, transmite más notícias: as pessoas que sobrevivem constituem apenas as sobras. Contudo, isso pode implicar boas notícias; pelo menos, algumas pessoas sobrevivem para ser o núcleo de um povo renovado e restaurado. Deus promete que essa restauração, de fato, ocorrerá, mesmo em um país estranho como o Egito (ou a Babilônia). Eles podem até mesmo ser um grande "grupo de escape", outro termo usado em relação aos sobreviventes da destruição posterior de Israel. A promessa de que pessoas sobreviverão já é antecipada e cumprida pelo que ocorre à família de Jacó lá em Gênesis.

Deus conhece a fraqueza humana que levará José a sonhar com o governo sobre os irmãos e fará que seus irmãos cedam à tentação de se livrarem dele por isso. Assim, Deus utiliza essas circunstâncias como um meio de prover a toda família um modo de sobreviver à fome vindoura e de, portanto, manter a existência da família pela qual Deus prometeu abençoar o mundo. Esses aspectos da intenção de Deus são muito mais importantes do que a fraqueza humana e os malfeitos por intermédio dos quais Deus implementa o seu propósito. Essa compreensão torna possível a José conviver com aquilo que os irmãos lhe fizeram, bem como permite aos cristãos aceitar o papel que Judas, Pilatos e os líderes judeus desempenharam na morte de Jesus.

GÊNESIS 46:1–34
NÃO CHAME NINGUÉM DE FELIZ ATÉ QUE ESTEJA MORTO

¹Assim, Israel fez a jornada com tudo o que possuía e chegou a Berseba. Ele ofereceu sacrifícios ao Deus de Isaque, seu pai, ²e Deus disse a Israel, em uma visão à noite: "Jacó, Jacó!" Ele disse: "Estou aqui." ³Ele disse: "Eu sou Deus, o Deus de seu pai. Não tenha medo de descer ao Egito, porque eu o estabelecerei ali como uma grande nação. ⁴Eu mesmo descerei com você ao Egito e também, certamente, o trarei de lá, quando José fechar os seus olhos." ⁵Então, Jacó partiu de Berseba. Os filhos de Israel transportaram Jacó, seu pai, os seus pequenos e suas esposas nas carroças que o faraó tinha enviado para transportá-lo, ⁶e levaram o seu gado e a riqueza que tinham adquirido na terra de Canaã, e Jacó e toda a sua descendência com ele chegaram ao Egito. ⁷Seus filhos e seus netos com ele, suas filhas e suas netas, e toda a sua descendência, ele levou consigo ao Egito.

⁸Estes são os nomes dos descendentes de Israel que vieram ao Egito, Jacó e seus descendentes: O primogênito de Jacó, Rúben. ⁹Os filhos de Rúben: Enoque, Palu, Hezrom e Carmi. ¹⁰Os filhos de Simeão: Jemuel, Jamim, Oade, Jaquim, Zoar e Saul, o filho

de uma mulher cananeia. **¹¹**Os filhos de Levi: Gérson, Coate e Merari. **¹²**Os filhos de Judá: Er, Onã, Selá, Perez e Zerá (mas Er e Onã tinham morrido na terra de Canaã); os filhos de Perez foram Hezrom e Hamul. **¹³**Os filhos de Issacar: Tolá, Puva, Jó e Sinrom. **¹⁴**Os filhos de Zebulom: Serede, Elom, Jaleel. **¹⁵**Estes são os filhos de Lia, que ela deu à luz a Jacó, em Padã-Arã, e sua filha Diná. Contando cada pessoa, seus filhos e suas filhas, chegaram a 33. **¹⁶**Os filhos de Gade: Zifiom, Hagi, Suni, Esbom, Eri, Arodi e Areli. **¹⁷**Os filhos de Aser: Imna, Isvá, Isvi, Berias, sendo Sera a irmã deles. Os filhos de Berias: Héber e Malquiel. **¹⁸**Estes são os filhos de Zilpa, que Labão deu à sua filha Lia. Ela deu à luz estes para Jacó, dezesseis pessoas. **¹⁹**Os filhos da esposa de Jacó, Raquel, foram José e Benjamim. **²⁰**A José nasceram, na terra do Egito, Manassés e Efraim, que Azenate, a filha de Potífera, o sacerdote de Heliópolis, deu à luz a ele. **²¹**Os filhos de Benjamim: Belá, Bequer, Asbel, Gera, Naamã, Eí, Rôs, Mupim, Hupim e Arde. **²²**Estes são os filhos de Raquel, que foram dados à luz para Jacó, contando todas as pessoas, catorze. **²³**O filho de Dã: Husim. **²⁴**Os filhos de Naftali: Jazeel, Guni, Jezer e Silém. **²⁵**Estes são os filhos de Bila, que Labão deu à sua filha Raquel. Ela deu à luz estes para Jacó, contando todas as pessoas, sete. **²⁶**Contando todas as pessoas pertencentes a Jacó que vieram ao Egito, as pessoas que saíram de seu corpo, além das esposas dos filhos de Jacó, contando todas as pessoas, foram 66, **²⁷**enquanto os filhos de José, que foram dados à luz para ele, no Egito, foram dois. Contando todas as pessoas pertencentes à casa de Jacó que desceram ao Egito, setenta.

²⁸Judá foi aquele que enviou à sua frente a José, para mostrar o caminho antes dele a Gósen. Assim, chegaram à região de Gósen, **²⁹**e José aprontou a sua carruagem e subiu para encontrar Israel, seu pai, em Gósen. Quando apareceu diante dele, ele jogou os seus braços ao redor de seu pescoço e chorou longamente ao seu pescoço. **³⁰**Israel disse a José: "Posso morrer agora, após ter visto a sua face, visto que ainda está vivo."

³¹José disse aos seus irmãos e à casa de seu pai: "Subirei e contarei ao faraó e lhe direi: 'Meus irmãos e a casa de meu pai, que estavam na terra de Canaã, vieram a mim. **³²**Os homens são pastores, porque têm sido homens de gado, e trouxeram seus rebanhos, seu gado e tudo o que possuem'. **³³**Então, quando o faraó convocar vocês e disser: 'Qual é o seu trabalho', **³⁴**digam: 'Os seus servos têm sido homens de gado, desde a nossa juventude até agora, tanto nós quanto os nossos ancestrais', para que vocês possam viver na região de Gósen, porque todos os pastores são uma ofensa aos egípcios."

Na introdução a Gênesis 44, fiz referência a um incidente na vida de um homem e uma mulher; então, ao introduzir Gênesis 45, referi-me a um aspecto da vida de minha mulher e da minha. De maneiras distintas, ambas as histórias mostram que, no momento que algo acontece, jamais conseguimos enxergar toda a importância de um incidente específico. Existe um antigo ditado grego que insta as pessoas a não chamar ninguém de feliz até que esteja morto. Não se trata de uma declaração sombria como, a princípio, parece; isso significa que somente no fim da vida de uma pessoa é possível fazer um julgamento, quando, então, pode-se olhar para a vida dela como um todo.

As histórias de Abraão e Isaque incluem uma coletânea de relatos separados sobre eventos individuais em suas respectivas vidas. Há poucas ligações entre eles, embora seja possível obter algum discernimento adicional sobre a significância de cada história individual, quando a lemos como parte de um todo, mas também é possível ler as histórias, por si só, e obter muito delas. Isso não ocorre com a história de José (a história de Jacó está em algum lugar, no meio). Nesta obra, a proporção de texto em meu comentário, ao considerar a história de José, é diferente da proporção presente no restante de Gênesis. Isso não é por falta de espaço ou energia, mas pelo fato de ser uma história diferente. Os episódios são todos interconectados, e quando você lê um capítulo, individualmente, ele tem muito menos importância, quando isolado do resto, do que os casos até agora em Gênesis. Há aqui uma questão teológica. As histórias anteriores mostram Deus envolvido em incidentes específicos na vida de alguém. A história de José mostra Deus envolvido no decurso de toda uma vida. Isso expressa como os eventos e as experiências estão interligados, com o envolvimento divino nas interligações.

O presente capítulo nos lembra de um ponto relacionado. Referi-me a ele como a história de José, mas, na realidade, é a história de Jacó. Começa por nos dizer isso em Gênesis 37:1. A história relata como Jacó e sua família terminaram no Egito. Assim, não apenas os episódios individuais na história de José precisam ser vistos no contexto do drama específico em sua vida como um todo, mas o drama de José, como um todo, precisa ser visto naquele contexto mais amplo. No Ocidente, em geral, mostramo-nos especialmente interessados no que acontece aos indivíduos, focando a nossa própria importância individual. Gênesis considera que o drama mais abrangente do propósito de Deus também é de suma significância. A história de José é parte da história de Jacó e, por seu turno, a história de Jacó é parte da história do cumprimento de um desígnio de Deus para o mundo como um todo. Uma razão para também poder ser a nossa história é a sua capacidade de ilustrar as dinâmicas presentes em nossa vida. Todavia, também é a nossa história, certamente, por outra razão: somos herdeiros do que Deus fez lá atrás. Como cristãos, desfrutamos da bênção divina porque Deus colocou em marcha a sua intenção de abençoar o mundo por meio de Abraão, Sara e sua família, e a história de José é parte disso. Temos uma dívida com José.

Portanto, Jacó desce ao Egito. Este é o meio pelo qual a família não apenas sobreviverá, mas prosperará, bem como é o meio de o propósito de Deus não somente permanecer nos trilhos, mas avançar. À luz da forma com que a história se desenrola em Êxodo, há certa ironia nesse fato. Aos israelitas que ouvem a história, o Egito constituía, principalmente, um lugar de opressão e escravidão, em que pese começar como um lugar de refúgio, resgate e crescimento. Decerto, seria hesitante descer ao Egito e, assim, não seria surpresa se o próprio Jacó tivesse receio de deixar **Canaã**. Quando ele estava indo para longe de Canaã, em sua fuga de Esaú, Deus apareceu a ele em Betel (Gênesis 28). Agora, Jacó está indo na direção oposta. A terra de Canaã pode ser descrita como se estendendo de Dã, ao norte, até Berseba, ao sul, e, por motivos práticos, Berseba delimita a sua extremidade sul, pois entre essa cidade e o Egito há apenas o deserto. No início desse capítulo, é como se Jacó hesitasse, por um momento, em Berseba. Ali, então, Deus aparece a ele, novamente, repetindo que tudo correria bem. Deus estará com ele na ida e na volta (para o seu sepultamento na terra da promessa).

A aversão dos egípcios a pastores é talvez um aspecto de sua aversão a estrangeiros (Gênesis 43:32 faz menção ao desagrado deles em comer com estrangeiros). Como pastores, a família de Jacó não era de pessoas estabelecidas, e pessoas assim, em geral, trazem desconforto às estabelecidas. Como outras comunidades de imigrantes, os membros da família, portanto, acabam vivendo juntos, em vez de viver entre a comunidade que os hospeda. Contudo, isso possibilita viverem unidos e não perderem a sua identidade.

GÊNESIS 47:1-26
NACIONALIZAÇÃO

¹José veio e falou ao faraó: "Meu pai e meus irmãos, seus rebanhos e seu gado e tudo o que possuem chegaram da terra de Canaã. Sim, eles estão na região de Gósen." **²**Ele tomou alguns de seus irmãos, cinco deles, e os apresentou diante do faraó. **³**O faraó disse aos seus irmãos: "Qual é o seu trabalho?" Eles disseram ao faraó: "Os seus servos são pastores, tanto nós quanto nossos ancestrais." **⁴**Eles disseram ao faraó: "É para ficar na terra como imigrantes que viemos, porque não há pasto para os rebanhos de seus servos, pois a fome é severa na terra de Canaã, de modo que, agora, possam os seus servos, por favor, viver na região de Gósen." **⁵**O faraó disse a José: "Dado que o seu pai e os seus irmãos vieram a você, **⁶**a terra do Egito está diante de vocês. Que seu pai e seus irmãos vivam na melhor parte da terra, na região de Gósen, e, se você souber que há alguns homens capazes entre eles, faça-os chefes de gado sobre tudo o que é meu."

⁷José trouxe Jacó, seu pai, e o apresentou diante do faraó, e Jacó abençoou ao faraó. **⁸**O faraó disse a Jacó: "Quantos são os anos de sua vida?" **⁹**Jacó disse ao faraó: "Os anos de minha estada são 130. Poucos e duros têm sido os anos de minha vida; eles não alcançaram os anos de vida de meus ancestrais durante a estada deles." **¹⁰**Então, Jacó abençoou ao faraó e deixou a presença do faraó, **¹¹**e José estabeleceu seu pai e seus irmãos, dando-lhes uma propriedade na terra do Egito, na melhor parte da terra, na região de Ramessés, como o faraó tinha instruído. **¹²**José proveu a seu pai, a seus irmãos e a toda a casa de seu pai com alimento, de acordo com o número dos pequenos.

¹³Mas não havia nenhum alimento na terra, porque a fome era muito severa. A terra do Egito e a terra de Canaã ressequiam por causa da fome. **¹⁴**José recolheu todo o dinheiro que se encontrava na terra do Egito e na terra de Canaã, em pagamento pelo grão que estavam comprando. José trouxe o dinheiro à casa do faraó. **¹⁵**Quando o dinheiro da terra do Egito e da terra de Canaã chegou ao fim, todo o Egito veio a José, dizendo: "Dá-nos alimento. Por que devemos morrer na tua presença? Porque o dinheiro acabou." **¹⁶**José disse: "Tragam o seu gado, e eu o darei em troca do seu gado, se o dinheiro acabou." **¹⁷**Então, eles trouxeram o seu gado a José, e José lhes deu alimento em troca dos cavalos, dos estoques de ovelhas, dos estoques de gado e dos jumentos. Naquele ano, ele os proveu de alimento em troca de todo o seu gado. **¹⁸**Quando aquele ano chegou ao fim, vieram a ele no ano seguinte e lhe disseram: "Não esconderemos de nosso senhor que o dinheiro chegou ao fim, e os estoques de animais pertencem ao meu senhor; nada mais resta diante do meu senhor, exceto nossos corpos e nossa terra. **¹⁹**Por que devemos morrer diante de seus olhos, nós e a nossa terra? Tome posse de nós e de nossa terra em troca de alimento. Nós e a nossa terra seremos servos do faraó. Conceda semente, para que possamos viver, não morrer, e nossa terra não se torne um desperdício."

²⁰Assim, José tomou posse de toda a terra no Egito para o faraó, porque os egípcios, cada um deles, venderam os seus campos porque a fome era muito severa para eles, e a terra veio a pertencer ao faraó. **²¹**Quanto ao povo, ele os levou a mudar para as cidades, de um extremo do Egito ao outro. **²²**Contudo, ele não tomou posse da terra dos sacerdotes, porque os sacerdotes tinham uma partilha estatutária do faraó e comiam da partilha que o faraó lhes dava. Portanto, eles não venderam a sua terra. **²³**José disse ao povo: "Ora, hoje, tomei posse de vocês e de sua terra para o faraó. Aqui está a semente para vocês. Vocês semearão a terra, **²⁴**e das colheitas vocês darão um quinto ao faraó, e quatro quintos serão seus, como semente para os campos e como alimento para vocês e para aqueles em suas casas, e como alimento para os seus pequenos." **²⁵**Eles disseram: "Tu nos mantiveste vivos. Encontramos favor aos olhos de meu senhor. Somos servos do faraó." **²⁶**José fez disso um estatuto até este dia para a terra no Egito: um quinto é do faraó. Contudo, somente a terra dos sacerdotes não se tornou do faraó.

GÊNESIS 47:1-26 • NACIONALIZAÇÃO

Na recessão de 2008 e suas consequências, um novo termo passou a ser pronunciado em tons abafados nos Estados Unidos. Para muitas pessoas, a "nacionalização" era uma noção tão assustadora quanto um seguro de saúde organizado pelo governo. Todavia, uma pergunta precisava ser feita: era este o melhor caminho, ou mesmo o único, para lidar com a perigosa situação de bancos e indústrias automotivas? Embora os países europeus tivessem disposição suficiente para agir com essa suposição, este não é o jeito norte-americano.

José é o grande agente de nacionalização da Bíblia. Ele exerce poder no Egito em um momento de grande crise, da qual teve ciência prévia e com a qual sabia lidar. Há poucas pistas na história sobre qualquer consciência de haver outra forma de lidar com isso, ou de haver desvantagens em sua ação. Podemos imaginar que o cenário fosse assustador, similarmente ao que ocorre em nosso mundo. O Egito e **Canaã** conheceram anos de prosperidade (parte do cenário é que, por longos períodos, Canaã, embora fosse, nominalmente, uma terra de cidades-estado independentes, fazia parte de um mini-império, mais abrangente, sob o controle egípcio). Ao longo daquele período, todos viviam bem, e ninguém, exceto José, pararia um segundo a fim de pensar no futuro. José, supostamente, é capaz de armazenar o excesso de grãos, nos anos bons, porque ele os compra do povo, pagando um preço baixo em razão do excesso. Pode-se imaginar os fazendeiros egípcios rindo no caminho até o banco por José lhes pagar pelo excesso de grãos do qual ninguém irá precisar. Por outro lado, eles poderiam ter armazenado para si mesmos, vendido e/ou comido bem e/ou usado o dinheiro para construir piscinas em seus jardins, o que poderia parecer uma ideia melhor... Então, quando precisarem comprar os grãos de volta de José, não será surpresa se descobrirem que o preço subiu.

Talvez não seja possível escapar dessa dinâmica, bem como, quiçá, não haja meios de evitar recessões. Elas são causadas pela fraqueza e ganância do ser humano e, sendo assim, talvez não exista como prevenir que percam, como resultado, as suas terras e a sua liberdade. Contudo, parece haver algo errado com esse processo pelo fato de todos acabarem como servos, vassalos ou escravos do faraó. O hebraico usa a mesma palavra para esses três termos. As pessoas não eram escravas no sentido da escravidão utilizada nos Estados Unidos, mas eram mais como meeiros que, antes, possuíam a sua própria terra, liberdade e independência. A menção à sua mudança para as cidades é sobremodo surpreendente, e as traduções modernas entendem que o texto foi mudado, mas a referência lembra o modo pelo qual desenvolvimentos similares a esse resultam na fuga em direção às cidades, obrigando os camponeses a se deslocarem-se de lá a fim de cuidar da terra que, outrora, lhes pertencia, mas que, agora, passou ao controle de grandes latifundiários.

A ironia mais profunda é que a vassalagem, introduzida por José, naturalmente envolve a sua própria família e demais dependentes. Isso significa que, no fim das contas, eles precisarão ser resgatados da "casa dos vassalos". Por essa ocasião, então, eles estarão em uma posição muito mais subserviente que outras pessoas, porque, em geral, esse é o destino de uma comunidade estrangeira em um país em sofrimento, em especial quando a economia está em baixa. É possível que isso tenha ocorrido por causa da ação de José, ou talvez seja um exemplo típico do modo com que os governantes e outros grupos tomam decisões que parecem as melhores na ocasião em que o martelo é batido, mas que têm consequências imprevisíveis e que nos faz desejar (olhando em retrospectiva) que tivessem agido de outra forma.

Em outro contexto, a bênção de Jacó ao faraó pode sugerir não mais que um mero cumprimento, mas o fato de Gênesis citar essa bênção duas vezes confirma que, nessa situação, assume um tema-chave. Lembre-se, a história de José é parte da história de seu pai e, portanto, da história de seu avô e de seu bisavô, que começa com a promessa divina de que ele e seus descendentes seriam instrumentos de abençoar as nações. José torna isso realidade de uma forma inequívoca. A bênção de Jacó ao faraó é um sinal sacramental disso.

GÊNESIS 47:27—48:22
O MAIS JOVEM, DE NOVO, ACIMA DO MAIS VELHO

²⁷Os israelitas viveram na terra do Egito, na região de Gósen. Eles adquiriram propriedades nela, foram fecundos e se tornaram muito numerosos. ²⁸Jacó viveu dezessete anos na terra do Egito, e Jacó alcançou 147 anos de idade. ²⁹Quando o tempo de Israel morrer estava próximo, ele chamou José, seu filho, e lhe disse: "Se tenho encontrado favor aos seus olhos, você colocará a sua mão debaixo da minha coxa e agirá em compromisso e perseverança comigo: por favor, não me enterre no Egito. ³⁰Quando eu deitar com meus ancestrais, transporte-me do Egito e me enterre no lugar de sepultura deles." Ele disse: "Agirei de acordo com a tua palavra." ³¹Ele disse: "Jure a mim." Assim, ele jurou-lhe. Israel curvou-se à cabeceira de sua cama.

CAPÍTULO 48

¹Após essas coisas acontecerem, foi informado a José: "Ora, o seu pai está doente." Ele tomou os seus dois filhos com ele, Manassés e Efraim. ²Foi dito a Jacó: "Aqui, José, seu filho, veio a você." Israel reuniu suas forças e sentou-se na cama. ³Jacó disse a José: "*El Shadday* apareceu a mim em Luz, na terra de Canaã, abençoou-me ⁴e disse: 'Assim, então, eu estou lhe fazendo fecundo e numeroso, e fazendo de você uma comunidade de

povos, e dando esta terra à sua descendência depois de você como uma propriedade perpétua'. **⁵**E, agora, os seus dois filhos que lhe nasceram na terra do Egito, antes de minha ida a você no Egito, são meus. **⁶**A sua progenitura, que lhe nascer depois deles, é sua. No nome de seus irmãos, eles serão registrados em sua herança. **⁷**Enquanto eu mesmo estava vindo de Padã, infelizmente Raquel morreu, na terra de Canaã, na jornada, quando ainda estava a uma distância de alcançar Efrata, e eu a enterrei ali, no caminho para Efrata" (ou seja, Belém).

⁸Então, quando Israel viu os filhos de José, ele disse: "Quem são estes?" **⁹**José disse ao seu pai: "Eles são meus filhos, que Deus me deu aqui." Ele disse: "Você os trará a mim para que eu possa abençoá-los?" **¹⁰**Ora, os olhos de Israel estavam turvos por causa da idade. Ele não podia ver. Ele os trouxe perto dele, e ele os beijou e abraçou. **¹¹**Israel disse a José: "Ver a sua face! Eu não esperava isso. E, agora, Deus me deixou ver a sua descendência também." **¹²**José removeu-os dos joelhos dele e se curvou com o rosto no chão. **¹³**José tomou os dois, Efraim com sua mão direita, à esquerda de Israel, e Manassés com sua mão esquerda, à direita de Israel, e os trouxe perto dele. **¹⁴**Israel estendeu a sua mão direita e a pôs sobre a cabeça de Efraim (embora ele fosse o mais novo) e a sua mão esquerda, sobre a cabeça de Manassés, cruzando as mãos, porque Manassés era o primogênito, **¹⁵**e abençoou José, dizendo: "Que o Deus diante do qual meus pais, Abraão e Isaque, andaram, o Deus que me tem pastoreado desde sempre até este dia, **¹⁶**o ajudante que me restaurou de todos os problemas, abençoe os meninos. Por meio deles, possa o meu nome ser lembrado, e os nomes de meus pais, Abraão e Isaque. Que eles abundem numerosamente no meio da terra." **¹⁷**José viu que seu pai estava com sua mão direita sobre a cabeça de Efraim, e isso lhe pareceu errado, e ele tomou a mão de seu pai para movê-la da cabeça de Efraim para a cabeça de Manassés. **¹⁸**José disse ao seu pai: "Não assim, pai, porque este é o primogênito. Coloque a tua mão direita sobre a cabeça dele." **¹⁹**Mas seu pai recusou e disse:

> "Eu sei, filho, eu sei. Ele se tornará um povo também, ele se tornará grande também, não obstante o seu irmão mais novo será maior que ele, e sua descendência se tornará um número inteiro de nações." **20**Assim, naquele dia, ele os abençoou: "Por vocês, Israel abençoará, dizendo: 'Deus lhe faça como Efraim e Manassés'." E ele colocou Efraim à frente de Manassés.
>
> **21**Israel disse a José: "Ora, eu irei morrer, mas Deus estará com você e o levará de volta à terra de seus pais. **22**E a você dou um ombro acima de seus irmãos, que eu tomei do controle dos amorreus com a minha espada e o meu arco."

Conheço mais de um avô que não se importa em tirar um conjunto de fotos de seus netos à mais leve provocação, forçando outras pessoas a vê-las. Compreendo a intensidade do sentimento com relação aos netos, ainda que eu não o expresse dessa forma. Lembro-me vividamente de meu filho ligando tarde da noite, certo domingo, para me contar que nosso primeiro neto havia nascido na segunda-feira (o fuso horário entre Estados Unidos e Inglaterra pode ser confuso). Sem demora, comprei uma passagem de avião e recordo-me perfeitamente de ter levado o bebê para um passeio em seu carrinho, assim como levava o pai dele em caminhadas similares. Aquela antiga memória era tão vívida que me pareceu ter ocorrido um dia antes. Assim, não sei mais qual cena é com meu filho ou com meu neto. Isso me trouxe à mente outra memória: quando minha esposa e eu nos casamos, realmente foi uma ocasião especial para nossos pais, e nossos filhos pertenciam a eles também (uma geração mais tarde, a distância de quase dez mil quilômetros entre nós, pelo menos, protegeu nosso filho e nossa nora disso).

Jacó também está um pouco confuso, parcialmente por motivos comparáveis. José era quase o seu filho caçula, mas ele foi o seu "primeiro" filho por ter sido gerado pelo grande amor de sua vida, o filho que ele e Raquel tanto aguardaram, a exemplo do ocorrido com Abraão e Sara e, igualmente, com Isaque e Rebeca. Ele também é o filho que tem um significado ainda maior para ele, pela morte prematura de sua amada, durante o parto de seu outro filho, Benjamim. Assim, como avô, Jacó reivindica os filhos de José como seus. Há outros motivos para ele fazer isso, primeiramente por eles terem nascido no Egito (e possuírem uma mãe egípcia), sendo, portanto, questionável se os dois possuíam o direito de herdar a promessa da família em **Canaã**. Jacó, então, assegura que eles contem como sua família. Essa preocupação conecta-se com um motivo que percorre todos os derradeiros capítulos de Gênesis. Essa família não pode permanecer no Egito para sempre. Jacó sabe que aquela não é a terra da promessa. Ele deseja ser enterrado em Canaã com sua família, não em terras estrangeiras, obrigando José a fazer um juramento solene quanto a isso, à semelhança do que Abraão fez com seu servo (veja o comentário sobre Gênesis 24). O ato de curvar-se em seu leito pode ser uma expressão de sua gratidão e alívio, mas constitui outro cumprimento do sonho de José.

Caso olhemos para trás uma vez mais, da perspectiva das pessoas que ouviam essa história, podemos ver uma significância adicional em sua ação. Os descendentes de Levi se tornaram o clã sacerdotal, deixando o povo, como um todo, com apenas onze clãs "regulares", de modo que os dois grupos que possuem a sua ancestralidade em José se tornaram dois clãs a fim de completar o número de doze. Além disso, o estranho fato de **Efraim** ser o mais forte dos dois ilustra uma característica recorrente na história de Gênesis. Não constitui surpresa o fato de Jacó colocar o mais novo à frente do mais velho, pois, como filho mais novo de Isaque, ele mesmo manobrou o seu caminho à frente de Esaú, seu irmão mais velho. E Deus estava, uma vez mais, disposto a prosseguir resistindo às convenções de poder e importância afirmadas pela sociedade.

Há outro fato estranho que ilustra o mesmo princípio. Juntos, Efraim e Manassés serão os clãs dominantes na região norte do território, ainda que os ancestrais de quem herdam o nome não sejam filhos diretos de Jacó. José é quase o filho mais novo de Jacó, e seus irmãos sabem disso, e ele próprio o sabe. Contudo, Deus faz de seus descendentes os maiores clãs, em que pese a possibilidade de ele ser, de fato, um rapaz pretensioso. Essa ascensão a uma posição de domínio é sugerida pela menção de Jacó dar a José um "ombro" acima de seus irmãos. A palavra pode aqui sugerir um "cume", embora nada mais conheçamos sobre a referência de Jacó à sua conquista daquela área do controle de seus antigos habitantes. De modo ainda mais significativo, a palavra é *shechem*, o nome de uma cidade-chave em Efraim, que tem sido importante na história de Gênesis. As palavras de Jacó constituem outra velada alusão à forma pela qual os descendentes de José virão a ser tão importantes nos séculos seguintes.

Muitos dos parágrafos nessa parte da história são descontínuos ou repetitivos; o terceiro parágrafo na seleção desse capítulo da Escritura parece nos levar para antes do segundo, ou nos fornece uma versão sobreposta da história. Em adição, a história troca constantemente os nomes "Jacó" e "Israel". Isso pode, novamente, refletir o modo com que Gênesis tem combinado versões existentes e distintas de uma mesma história, como, por exemplo, uma que usava o nome de "Jacó" e outra que usava o seu novo nome, "Israel". Gênesis não quis descartar nenhum material nas diferentes versões da história, de modo que incluiu ambas.

GÊNESIS **49:1-28**
PROMESSAS E PREDIÇÕES NO LEITO DE MORTE

¹Jacó chamou seus filhos e disse: "Ajuntem-se e contarei o que lhes sucederá nos dias vindouros. **²**Reúnam-se e ouçam, filhos de Jacó, ouçam a Israel, seu pai.

³Rúben, você é o meu primogênito, minha força e o primogênito de meu vigor, excedendo em posição e excedendo em poder. **⁴**Turbulento como água, você não se destacará, porque subiu ao leito de seu pai e, então, o profanou; ele subiu ao meu divã.

⁵Simeão e Levi são irmãos; suas lanças são armas violentas. **⁶**Que minha pessoa não entre no conselho deles, que a minha alma não se una à sua assembleia; porque, quando estão furiosos, eles matam alguém, como se agradavam em aleijar um boi. **⁷**Maldita seja a sua fúria, porque é intensa, e sua explosão, porque é feroz. Eu os dividirei em Jacó, os espalharei em Israel.

⁸Você é Judá; os seus irmãos o 'confessarão'. Com sua mão sobre o pescoço de seus inimigos, os filhos de seu pai se curvarão diante de você. **⁹**Judá é um leãozinho; da presa, filho, você subiu. Curva-se e deita-se como um leão, como uma leoa; quem o despertará? **¹⁰**O bastão não deixará Judá, o cetro dentre os seus pés, até que o tributo venha a ele e a submissão dos povos seja sua. **¹¹**Ele é o que amarra o seu jumento a uma videira; e a descendência de seu jumento, a uma videira seleta. Ele lava as suas vestes no vinho; os seus trajes, no sangue das uvas. **¹²**Seus olhos são escuros de vinho; seus dentes, brancos de leite.

¹³Zebulom deve habitar à beira-mar e deve ser como a costa para os navios; o seu flanco será em Sidom.

¹⁴Issacar é um jumento vigoroso, deitado entre os rebanhos de ovelhas. **¹⁵**Ele viu um lugar de repouso. Como era bom, e a terra, quão bela! Ele dobrou o seu ombro à carga, tornou-se um servo recrutado.

¹⁶Dã deve 'governar' o seu povo como um dos clãs de Israel. **¹⁷**Dã deve ser uma cobra à beira da estrada, uma víbora junto ao caminho, que morde os calcanhares do cavalo para que seu cavaleiro caia para trás. **¹⁸**Por sua libertação espero, *Yahweh*.
¹⁹Gade: 'invasores' o 'atacarão', mas ele mesmo 'atacará' o calcanhar deles.
²⁰De Aser: seu alimento será rico, e ele dará as iguarias de um rei.
²¹Naftali é uma corça livre, que dá corços adoráveis.
²²José é um ramo frutífero, um ramo frutífero junto à fonte, ramos que correm sobre um muro. **²³**Arqueiros atiraram nele com ferocidade e o agrediram, **²⁴**mas seu arco permaneceu firme, e seus braços e mãos foram ágeis, porque as mãos do Campeão de Jacó, porque o Pastor, a Pedra de Israel, estava lá, **²⁵**por causa do Deus de seu pai, que o ajuda, e de *Shadday*, que o abençoa, com bênçãos dos céus acima, bênçãos das profundezas abaixo, bênçãos dos seios e do ventre. **²⁶**As bênçãos de seu pai são mais fortes que as bênçãos das antigas montanhas, que a generosidade das velhas colinas: que elas possam vir sobre a cabeça de José, sobre a fronte do príncipe de seus irmãos.
²⁷Benjamim é um lobo que despedaça; de manhã, ele come a presa e, à noite, divide o espólio."
²⁸Todos estes são os doze clãs de Israel, e isso é o que seu pai lhes falou quando os abençoou, abençoando cada um deles, de acordo com sua bênção.

Quando alguém sabe que irá morrer em breve, isso pode focar a sua mente, fazendo-o enxergar as coisas com maior clareza. O poeta Jason Shinder descobriu sua voz como poeta por meio de um câncer que o levou à morte na meia-idade. Seus amigos o viam como se vivesse em negação à sua enfermidade;

na verdade, ele escreveu, em um breve poema, que estava evitando a sua doença porque tinha medo de morrer: "E quando o fizer / Terminarei sozinho, novamente", escreveu. Todavia, os poemas que escreveu no decurso de sua doença possibilitaram a ele um tipo de clareza sobre a vida. Ele é de um realismo perturbador quanto ao fato de que algumas décadas após a nossa morte não existirá ninguém mais que nos tenha conhecido. No entanto, "as horas são deixadas para o desaparecimento e também para a alegria, para a bênção e a gratidão".

Jacó é o primeiro de uma linhagem de figuras do Antigo Testamento que expressam discursos significativos quando estão à beira da morte. Moisés, Josué e Samuel fazem o mesmo. A distinção em Jacó está no modo (adequado) com que ele fala aos seus filhos e descendentes, os clãs que carregam o nome de seus filhos. Às vezes, ele fala do futuro, com eventos ainda por acontecer; em outras, no presente ou no passado, pelo fato de esses eventos serem reais na sua mente e na experiência dos clãs. Uma vez mais, é possível imaginar os clãs ouvindo e descobrindo que as palavras de Jacó respondem a perguntas que eles podem fazer.

Primeiramente, Jacó fala sobre os seis filhos de Lia. Rúben é o irmão mais velho, mas seu clã é pequeno. Por quê? A tentativa de Rúben em fortalecer a sua posição como sucessor de seu pai, ao dormir com uma das esposas de Jacó (Gênesis 35:22), provoca um efeito oposto ao que ele buscava. Simeão e Levi seriam os próximos na linha de liderança, mas, então, por que Simeão quase desapareceu e Levi é separado para servir no santuário? Eles se desqualificaram por sua ação violenta contra Siquém (Gênesis 34). Eis por que **Judá**, o quarto filho de Jacó, passa a ser o ancestral do clã dominante em Israel como um todo, do qual surgiria Davi e a linhagem davídica e, portanto, daquele que verá as nações submissas à sua autoridade e a sua terra espantosamente fértil (abundando em vinho e mel); seu nome conecta-se à palavra visando confessar ou dar graças (veja o relato de seu nascimento em Gênesis 29:35). A descrição de Zebulom daria a impressão de que a terra ocupada por esse clã seria na costa; na realidade, era na *direção* do Mediterrâneo, no vale de Jezreel, e no caminho para a Fenícia (Sidom). A terra de Issacar jaz a oeste de Zebulom, contando com a vantagem de desfrutar da fertilidade do vale de Jezreel, mas com a desvantagem de ser uma área na qual os **cananeus** permaneceram fortes por longo tempo. O clã de Issacar será subordinado a eles, mas os benefícios da área os farão não se importar muito com isso.

A seguir, estão os quatro filhos de Bila e Zilpa. Dã se tornará um dos menores clãs e será forçado a mudar da terra próxima a Judá rumo a um novo lar, no extremo norte. As promessas de Jacó asseguram que, como sugerido por seu nome, ele compartilhará do governo dos clãs como um todo (veja Gênesis 30:6): isso é relevante por toda a sua aparente insignificância. Sua oração emerge da pressão à qual estará sujeito. Algo semelhante aplica-se a Gade. Existem similaridades entre o seu nome e os termos para "invasão" e "ataque"; ele estará localizado em uma posição vulnerável, a leste do Jordão. Em contraste, Aser irá ocupar uma área como a de Issacar, que produz um alimento de excelência. Naftali desfrutará da liberdade das montanhas da Galileia.

Por fim, Jacó chega aos dois filhos de Raquel. Como esperado, José ocupa o maior espaço de todos, apenas um pouco a mais do que Judá. No futuro, José será a principal figura paterna para o Reino do Norte, bem como Judá será para o Reino do Sul. Ele será próspero e um sobrevivente, como já sabemos de sua história. Contudo, isso refletirá não apenas os seus recursos pessoais, mas o auxílio do Deus de Jacó, aquele que garante as bênçãos acima (chuva) e abaixo (fontes), elementos-chave para a abundância da terra. Jacó ora para que as grandes bênçãos que ele próprio conheceu venham sobre o seu filho predileto. O pequeno Benjamim, então, obtém uma linhagem que reconhece a ferocidade que seu clã mostrará nas histórias que virão no Antigo Testamento.

A importância do tema da bênção ao longo de Gênesis justifica a sua adequada proeminência quando o livro se aproxima do encerramento, e a importância do motivo para Jacó o torna um tema adequado para o próprio Jacó enfatizar. Ao mesmo tempo, a importância de "justiça" no pensamento ocidental pode fazer que as diferentes bênçãos de Jacó nos incomodem, ao levantar questões em outros pontos de Gênesis. Por que todos os irmãos não recebem bênçãos iguais (ainda que distintas)? Não sei a resposta para essa pergunta, mas sei que as bênçãos de Jacó correspondem a como a vida humana sempre funcionou. Há pessoas que possuem mais poder mental ou mais habilidades físicas, ou vivem em climas mais favoráveis ou em épocas mais pacíficas. Quanto aos irmãos e a nós, a questão é o que fazemos com o que temos.

GÊNESIS **49:29—50:26**
ESTOU NO LUGAR DE DEUS?

[29]Ele os instruiu e disse: "Irei me unir aos meus parentes. Enterrem-me com meus pais, na caverna que está no campo de Efrom, o hitita, [30]a caverna que está no campo de Macpela, que está a leste de Manre, na terra de Canaã, o campo que Abraão adquiriu de Efrom, o hitita, como posse para sepultura [31](ali enterraram Abraão e Sara, sua esposa, ali enterraram Isaque e Rebeca, sua esposa, ali eu enterrei Lia). [32]O campo e a caverna que está nele, adquirido dos hititas." [33]Jacó terminou de instruir seus filhos e recolheu seus pés à cama, deu seu último suspiro e reuniu-se aos seus parentes.

CAPÍTULO 50

1José caiu sobre o rosto de seu pai e o beijou.

2José instruiu os médicos que eram seus servos a embalsamar o seu pai. Quando os médicos embalsamaram Israel, **3**eles levaram quarenta dias, porque é como eles completam os dias para embalsamento. Os egípcios choraram setenta dias por ele, **4**e, quando os dias de lamento por ele haviam passado, José falou à casa do faraó: "Se encontro favor aos seus olhos, falarão ao faraó e dirão: **5**'Meu próprio pai me fez jurar: "Agora, eu irei morrer. No túmulo que cavei para mim mesmo na terra de Canaã, ali você deve me enterrar." Assim, posso agora subir, enterrar meu pai e voltar?'" **6**O faraó disse: "Suba e enterre o seu pai como ele o fez jurar."

7Então, José subiu para enterrar o seu pai. Todos os servos do faraó subiram com ele, e os principais de sua casa, todos os principais na terra do Egito, **8**todos os da casa de José, seus irmãos, e a casa de seu pai. Somente os pequenos, seus rebanhos e seu gado deixaram na região de Gósen. **9**Ambos, carruagens e cavaleiros, subiram com ele. Era uma grande comitiva. **10**Eles chegaram à eira de Atade, que fica além do Jordão, e fizeram ali uma grande e solene lamentação. Ele observou sete dias de luto por seu pai. **11**Os habitantes cananeus da terra viram o luto na eira de Atade e disseram: "Este é um lamento sério por parte dos egípcios." Por isso, foi chamado "O lamento dos egípcios", que está além do Jordão.

12Assim seus filhos fizeram por ele, como os havia instruído. **13**Seus filhos o transportaram à terra de Canaã e o enterraram na caverna, no campo de Macpela, o campo que Abraão adquiriu como posse de sepultura de Efrom, o hitita, a leste de Manre. **14**José voltou ao Egito, ele e seus irmãos, e todo o povo que tinha subido com eles a fim de enterrar o seu pai, depois de enterrarem seu pai.

15Quando os irmãos de José viram que o pai deles estava morto, disseram: "E se José se sentir hostil a nós e realmente nos devolver todo o mal que lhe fizemos?" **16**Assim, deram instruções a José: "O seu pai deu instruções antes de sua morte: **17**'Digam isso a José: "Você perdoará a afronta de seus irmãos e suas ofensas, pelo mal que lhe fizeram?"' Então, agora você perdoará a afronta dos servos do Deus de seu pai?" José chorou quando eles lhe falaram. **18**Seus irmãos também vieram, prostraram-se diante dele e disseram: "Aqui somos como servos para você." **19**José lhes disse: "Não tenham medo. Estou eu no lugar de Deus? **20**Enquanto vocês intencionavam o mal a mim, Deus intencionou isso para o bem, a fim de agir hoje para manter vivo um povo numeroso. **21**Assim, agora, não tenham medo. Eu mesmo proverei a vocês e seus pequenos." Portanto, ele os confortou e encorajou.

22Assim, José viveu no Egito, ele e a casa de seu pai. José viveu 110 anos **23**e viu a terceira geração de Efraim; os filhos de Maquir, filho de Manassés, também nasceram nos joelhos de José. **24**Então, José disse a seus irmãos: "Eu irei morrer, mas Deus, certamente, lidará com vocês e os levará desta terra que ele jurou a Abraão, Isaque e Jacó." **25**José fez os israelitas jurarem: "Deus, certamente, lidará com vocês, e vocês devem subir os meus ossos daqui." **26**Então, José morreu com a idade de 110 anos. Eles o embalsamaram, e ele foi colocado em um caixão no Egito.

Um ou dois anos atrás, o arcebispo católico romano de Los Angeles, o cardeal Roger Mahoney, foi atacado, certa noite, próximo à catedral. De acordo com os relatórios que vieram à tona, um pouco tardiamente, ele foi golpeado, jogado ao chão e chutado. Todavia, esses relatórios não emergiram logo porque o cardeal não quis denunciar a agressão; contudo, mais tarde, falou sobre isso, durante um discurso aos padres de sua diocese. Foi assim que a notícia sobre a agressão chegou aos meios de comunicação.

Quando lhe fazem mal, você deseja justiça. O cardeal Mahoney, na época com pouco mais de setenta anos, talvez não pudesse incriminar o agressor. O normal seria ter denunciado, de imediato, o ataque à polícia, mas ele sabia a provável motivação por trás da agressão daquele homem, ou seja, uma indignação pelos abusos sexuais perpetrados por padres, e, dessa forma, calou-se.

Os irmãos de José sabiam que a reação natural de José seria a de querer justiça, embora o plano que eles elaboram na tentativa de evitar que o irmão faça justiça seja risível e patético. José nem mesmo enfatiza como suas mentiras são patentes. Igualmente, é benéfico aos seus irmãos que ele tenha uma visão totalmente distinta sobre os eventos. Eu não sei se o cardeal Mahoney desenvolveu a consciência de não estar no lugar de Deus, de que obter justiça não era a sua função, mas poderia ser uma explicação à sua omissão. Ele "carregou" o delito daquele homem; esse é o significado literal do verbo "perdoar", que Abraão usa em Gênesis 18, ao pedir a Deus para "carregar" as transgressões de Sodoma. Quando perdoamos alguém, assumimos a responsabilidade pelo efeito da transgressão dessa pessoa, bem como por suas consequências, ainda que a responsabilidade, de fato, pertença a ela. Recusamo-nos a permitir que o erro tenha o efeito que, logicamente, deveria ter. Quase não há indicação de que os irmãos sentiram qualquer tipo de contrição pelo mal que fizeram. O sentimento dominante é o mais puro e simples medo com relação ao próprio futuro. E se José passar a tratá-los da maneira que eles o tratavam? Todavia, em que pese a forma pela qual tentou antes levá-los ao arrependimento, José não pondera se a contrição é uma condição necessária ao perdão. Ele sabe que deve carregar o procedimento errôneo deles, como tem feito durante a maior parte de sua vida. Se havia alguma ambiguidade na forma com que os tratara antes, aqui não há mais.

Ainda, é ótimo aos irmãos que haja este outro elemento no modo de José olhar os eventos: a intenção deles era lhe causar mal, no entanto Deus intencionou isso para o bem, a fim de manter a família viva. José reafirma o ponto que já tinha levantado em Gênesis 45. Ele não quer dizer que Deus planejou que os irmãos lhe fizessem mal. Pode ser que tenha sido assim, mas José não o afirma, e seria estranho que Deus o fizesse (Deus, certamente, seria capaz de planejar algo que envolvesse um sofrimento menor). O que a história, provavelmente, ilustra é que Deus pode utilizar uma intenção humana negativa e transformá-la em algo que tenha um efeito positivo. Quando as pessoas testemunham sobre Deus fazer isso na vida delas, com frequência elas se referem a Deus trazendo o bem na vida de alguém como resultado da ocorrência de algo ruim ou lamentável. O exemplo supremo é a história da ação contra Jesus Cristo. Em ambas as histórias, a de José e a de Cristo, pelo menos, em que o mal foi em larga escala, envolvendo eventos que possuem implicações universais, Deus friamente pega os atos humanos mais perversos e os transforma em atos que podem realizar algo positivo. Isso não acontece o tempo todo, mas Deus pode fazer isso acontecer.

Assim, Gênesis chega ao fim. Como observado na introdução deste livro, o seu término é como o fim da temporada de uma série de televisão. Gênesis chega a um ponto e vírgula (e a uma pergunta), não à parada total ou a um período completo. A ênfase à bênção de Jacó, nesses capítulos derradeiros, sugere que a promessa divina a Abraão e seus descendentes encontrou algum cumprimento. Aqui o surpreendente reconhecimento dos egípcios quanto à importância de Jacó sugere isso, bem como o comentário sobre a família de Jacó ser um povo numeroso sugere ainda mais esse cumprimento. Contudo, a observação de que a família de José ainda está no Egito, bem como os seus ossos, deixa claro que nem tudo está cumprido. Paradoxalmente, a ênfase no sepultamento de Jacó, em **Canaã**, junto aos demais membros de sua família, também ressalta essa falta de cumprimento. Todos eles repousam na terra prometida; José e seus irmãos, ainda não.

O escritor deseja que voltemos na próxima temporada para descobrir o que ocorre a seguir, como o restante da promessa de Deus encontra realização. Felizmente, vivemos após toda a série ser filmada, e podemos baixá-la diretamente (ou seja, podemos virar a página, no livro de Êxodo).

GLOSSÁRIO

Ajudante. Um agente sobrenatural por meio do qual Deus pode aparecer e operar no mundo. As traduções, em geral, referem-se a eles como "anjos", mas essa designação tende a sugerir figuras etéreas dotadas de asas, ostentando vestes brancas e translúcidas. Os ajudantes são figuras semelhantes aos humanos; por esta razão, é possível agir com hospitalidade sem perceber quem são (Hebreus 13:2). Ainda, eles não possuem asas; por isso, necessitam de uma rampa ou escadaria entre o céu e a terra (Gênesis 28). Eles surgem com a intenção de agir ou falar em nome de Deus e, assim, representá-lo plenamente, falando como se *fossem* Deus (Gênesis 22). Eles, portanto, trazem a realidade da presença, da ação e da voz de Deus, sem trazer aquela presença real que aniquilaria os meros mortais ou danificaria a sua audição.

Aliança. Contratos e tratados presumem um sistema jurídico de resolver disputas e ministrar justiça que pode ser usado no caso da quebra de compromisso por uma das partes envolvidas. Em um relacionamento que não funciona dentro de uma estrutura legal, mas a pessoa que falha em manter o compromisso assumido não pode ser levada a uma corte. Assim, uma aliança envolve algum procedimento formal que confirme a seriedade do compromisso solene que as partes fazem uma à outra. Em Gênesis, Abraão mantém uma relação de aliança com alguns moradores da mesma região (Gênesis 14). Deus sela uma aliança com Abraão por meio de um ritual e, mais tarde, exige que Abraão sele essa aliança pela aceitação do sinal da circuncisão (Gênesis 15 e 17). Abraão e Abimeleque fazem uma aliança para resolver tensões no relacionamento entre seus povos: Isaque e Abimeleque fazem o mesmo (Gênesis 21 e 26). Labão e Jacó estabelecem uma aliança para solucionar desavenças no relacionamento entre eles (Gênesis 31). Alianças podem, portanto, ser unilaterais ou bilaterais, sendo o compromisso solene a sua essência.

Altar. Uma estrutura para oferta de sacrifício (o termo vem da palavra para sacrifício), feita de terra ou pedra. Um altar pode ser relativamente pequeno, como uma mesa, e o ofertante devia ficar diante dele. Ou pode ser mais alto e maior, como uma plataforma, e o ofertante teria que subir nele.

Arã, arameu, aramaico. No período referido por Gênesis, os arameus eram um povo que vivia na Síria e no norte da Mesopotâmia. Arã, mais tarde, veio a ser o nome de uma entidade política mais definida, na Síria, um grande vizinho a nordeste de **Efraim**: as traduções, com frequência, utilizam o termo Síria. A linguagem aramaica, uma língua irmã do hebraico, da mesma forma que o espanhol é um idioma irmão do português ou italiano, tornou-se o idioma internacional do Oriente Médio. Porções de Esdras, Jeremias e Daniel estão em aramaico, sendo o idioma usual na Palestina ao tempo de Jesus.

Canaã, cananeus. "Canaã" designa a terra de Israel como um todo; "cananeus" refere-se a todos os povos autóctones daquele território. Não constitui, portanto, o nome de um grupo étnico em particular, mas um termo genérico para todos os povos nativos da região. "Amorreus" pode ser usado de modo similar.

Compromisso. "Compromisso" é a palavra *hesed*, que as traduções expressam de diferentes maneiras: amor inabalável, amor constante, bondade, misericórdia, gentileza amorosa, graça, favor, lealdade ou apenas amor. O termo denota o que ocorre quando alguém firma um compromisso com outra pessoa em uma de duas circunstâncias. Uma é quando não há um relacionamento prévio entre as partes, de modo que alguém estabelece um compromisso que não é obrigado a firmar. A outra ocorre quando há uma relação prévia, mas uma das partes mostra o compromisso de ir além do esperado. Deus age dessa maneira com relação aos seres humanos e se regozija quando eles, em resposta, agem da mesma forma. Todavia, em Gênesis, o foco reside na maneira em que as pessoas mostram compromisso umas em relação às outras.

Efígies. Gênesis 31 relata como Raquel roubou as efígies (*teraphim*) de Labão, que ele, mais tarde, chama de seus "deuses". O Antigo Testamento usa essa palavra para "deuses" (*elohim*) como referência a uma gama muito mais ampla de seres que a palavra "deus" sugere. O termo pode denotar quaisquer seres outros que não humanos. Isso incluiria seres que podem ser chamados de anjos ou demônios e também pessoas mortas, na medida em que sejam, em algum sentido, consideradas ainda existentes. Em Gênesis 39, Labão faz menção ao que descobriu por meio de "adivinhação", e uma forma de adivinhação envolve tentar descobrir coisas pela consulta aos mortos. Os "deuses" seriam importantes nessa conexão, não constituindo imagens de deuses (em nosso sentido), mas efígies ou imagens de membros da família já falecidos (como fotografias de família), às quais as pessoas buscariam consultar na presunção de que pudessem conhecer agora coisas que seus parentes, ainda vivos, desconhecem.

Efraim. Após os reinados de Davi e Salomão, a nação de Israel foi dividida. A maioria dos doze clãs israelitas estabeleceu um Estado independente ao norte, separado de **Judá** e Jerusalém, bem como da linhagem de Davi. Por ser o maior dos dois Estados, politicamente manteve o nome de Israel, o que é confuso porque Israel ainda é o nome do povo que pertence a Deus. Nos profetas, às vezes, é difícil dizer se "Israel" é uma referência ao povo de Deus como um todo ou apenas ao Estado do norte. No entanto, às vezes, o Estado é referido pelo nome de Efraim, por ser este o seu clã dominante. Assim, uso esse termo como referência ao Estado independente do norte, na tentativa de minimizar a confusão.

El. A palavra *El* é usada tanto como um substantivo que significa "Deus" ou "deus" quanto como um nome paralelo a outros nomes, como **Yahweh**. Nisso, é similar à palavra inglesa *God*. Na religião **cananeia**, *El* é o nome do principal deus entre todos os deuses. Pode, então, ser composto com outra palavra, para sugerir um ângulo particular sobre quem é Deus. Por exemplo, para Melquisedeque, Deus é *El Elyon*, que significa Deus Altíssimo. Para Hagar, Deus é *El Roi*, "O Deus da minha vista/olhar", que poderia implicar "O Deus que me vê/olha para mim/cuida de mim" ou "O Deus que eu vi/a quem procurei". Para Abraão, Deus é *El **Shadday***. O fato de Melquisedeque, um jebuseu, e Hagar, uma egípcia, também usarem esse tipo de nome para Deus indica ser esse um modo de falar sobre Deus que Israel e seus ancestrais poderiam compartilhar com outros povos.

El* Shadday.** *El Shadday* (ou apenas *Shadday*) é um nome para Deus que o Antigo Testamento associa, especificamente, ao tempo em que o nome **Yahweh** ainda não seria conhecido e a povos que ainda não o conheciam. Portanto, ele surge em Gênesis e é usado em conexão com não israelitas como Balaão e Jó. Desconhecemos o significado do nome. Há palavras similares em aparência que significam destruição, seio e — em uma linguagem irmã do hebraico — montanha, de modo que, originariamente, poderia ter significado Deus destrutivo, Deus nutridor ou Deus como montanha, mas dispomos de poucas evidências sobre pessoas fazendo quaisquer uma dessas relações no Antigo Testamento. A tradução grega do Antigo Testamento, em geral, expressa o nome como "Todo-poderoso", tornando-se esta a convenção nas traduções posteriores. No entanto, a significância da palavra é que ela expressa que estamos falando sobre o verdadeiro Deus de uma forma que pessoas não conhecedoras do termo *Yahweh* poderiam usar. Veja também ***El.

espírito. A palavra hebraica para espírito é a mesma para fôlego e vento, e o Antigo Testamento, às vezes, sugere uma ligação entre eles. Espírito sugere um poder dinâmico; o espírito de

Deus sugere o poder dinâmico de Deus. O vento, em sua força e capacidade para derrubar árvores poderosas, constitui uma incorporação do poderoso espírito de Deus. O fôlego é essencial à vida; quando não há fôlego, inexiste vida. E a vida provém de Deus. Portanto, o fôlego de um ser humano, e mesmo o de um animal, é extensão do fôlego divino.

Exílio, exilado. No final do século VIII a.C., os assírios exilaram o povo de **Efraim** de sua terra. Então, ao término do século VII a.C., a Babilônia se tornou o maior poder no mundo de Judá, mas **Judá** estava determinado a se rebelar contra a sua autoridade. Como parte de uma campanha vitoriosa para obter a submissão de Judá à sua autoridade, em 597 a.C. e 587 a.C. os babilônios transportaram muitos israelitas de Jerusalém para a Babilônia. Eles adotaram uma estratégia especial de levar pessoas em posições de liderança, como membros da família real e da corte, sacerdotes e profetas (Ezequiel foi um deles). Essas pessoas foram, portanto, compelidas a viver na Babilônia durante os cinquenta anos seguintes ou mais. Pelo mesmo período, as pessoas deixadas em Judá também viviam sob a autoridade dos babilônios. Assim, não estavam fisicamente no exílio, mas também viveram *em* exílio por um período de tempo. Inúmeros livros do Antigo Testamento abordam a pressão que essa experiência traz ao povo.

Fidelidade, fiel. Nas Bíblias do idioma inglês, as palavras hebraicas *sedaqah* ou *sedeq* são, usualmente, traduzidas por *righteousness*, e nas Bíblias em português, normalmente por "justiça" ou "retidão", mas isso denota uma tendência particular quanto ao que podemos exprimir com esse termo. Elas sugerem fazer a coisa certa em relação à pessoa com quem alguém está se relacionando, aos membros de uma comunidade e a Deus. Portanto, a palavra "fidelidade", ou mesmo "salvação", está mais próxima do sentido original do que "justiça" ou "retidão". No hebraico mais contemporâneo, *sedaqah* pode referir-se a dar esmolas. Isso sugere algo próximo a generosidade ou graça.

Hebreu. Estranhamente, visto que essa palavra se tornou o termo para o idioma do povo judeu, bem como veio a ser um termo para designar o próprio povo judeu, "hebreu" não parece ser um termo étnico no Antigo Testamento. Embora os **israelitas** também possam ser assim denominados e Abraão tenha sido designado como um hebreu (Gênesis 14:13), eles não eram os únicos hebreus. Outras línguas possuem palavras relacionadas, e todas parecem ser termos mais sociológicos do que étnicos, um pouco como a palavra "cigano". Elas sugerem pessoas que não pertencem a uma comunidade política regularmente reconhecida.

Israel, israelitas. Originariamente, Israel era o novo nome dado por Deus a Jacó, neto de Abraão. Seus doze filhos foram, então, os patriarcas dos doze clãs que formam o povo de Israel. No tempo de Saul e Davi, esses doze clãs passaram a ser uma entidade política. Assim, Israel significava tanto o povo de Deus quanto uma nação ou Estado como as demais nações e Estados. Após Salomão, esse Estado foi dividido em dois Estados distintos, **Efraim** e **Judá**. Pelo fato de Efraim ser maior, manteve como referência o nome de Israel. Desse modo, se alguém estiver pensando em Israel como povo de Deus, Judá está incluído. Caso pense em Israel politicamente, Judá não faz parte. Uma vez que Efraim não existe mais, então, para todos os efeitos, Judá *é* Israel, como o povo de Deus.

Judá, judeus. Um dos doze filhos de Jacó, o clã que traça a sua ancestralidade a ele e que se tornou dominante no sul do território após o reinado de Salomão. Como província ou colônia persa, Judá ficou conhecido como Jeúde.

Paz. A palavra *shalom* pode sugerir paz após um conflito, mas, com frequência, indica uma ideia mais rica, ou seja, da plenitude de vida. A versão Revista e Corrigida Fiel, às vezes, a traduz por "bem-estar", e as traduções modernas usam palavras como "segurança" e "prosperidade". De qualquer modo, a palavra sugere que tudo está indo bem para você.

Shadday, ver ***El Shadday***

Torá. A palavra hebraica para os cinco primeiros livros da Bíblia. Eles, em geral, são referidos como a "Lei", mas esse termo propicia uma impressão equivocada. No próprio livro de Gênesis, não há nada como "lei", bem como Êxodo e Deuteronômio não são livros "jurídicos". A palavra *torah*, em si, significa "ensino", o que fornece uma impressão mais correta da natureza *da* Torá.

Yahweh. Na maioria das traduções bíblicas, a palavra "Senhor" aparece em letras maiúsculas ou em versalete, como ocorre, por vezes, a palavra "Deus". Na realidade, ambas representam o nome de Deus, *Yahweh*. Nos tempos do Antigo Testamento, os **israelitas** deixaram de usar o nome *Yahweh* e começaram a usar "o Senhor". Há duas razões possíveis. Os israelitas queriam que outros povos reconhecessem que *Yahweh* era o único e verdadeiro Deus, mas esse nome de pronúncia estranha poderia dar a impressão de que *Yahweh* fosse apenas o deus tribal de **Israel**. Um termo como "o Senhor" era mais facilmente reconhecível. Além disso, eles não queriam incorrer na quebra da advertência presente nos Dez Mandamentos sobre usar o nome de *Yahweh* em vão. Traduções em outros idiomas, então, seguiram o exemplo e substituíram o nome de *Yahweh* por "o Senhor". O lado negativo é que isso obscurece o fato de Deus querer ser conhecido por esse nome. Por essa razão, o texto utiliza *Yahweh*, com frequência, não algum outro nome (assim chamado) deus ou senhor. Essa prática dá a impressão de que Deus é muito mais "senhoril" e patriarcal do que ele é na realidade. (A forma "Jeová" não é uma palavra real, mas uma mescla das consoantes de *Yahweh* e das vogais da palavra *Adonai* [Senhor, em hebraico], com o intuito de lembrar às pessoas que na leitura da Escritura elas deveriam dizer "o Senhor", não o nome real.)

⌐ SOBRE O AUTOR ¬

John Goldingay é pastor, erudito e tradutor do Antigo Testamento. Ele é professor emérito David Allan Hubbard de Antigo Testamento no prestigiado Seminário Teológico Fuller em Pasadena, Califórnia. É um dos acadêmicos de Antigo Testamento mais respeitados do mundo com diversos livros e comentários bíblicos publicados. O autor possui o livro *Teologia bíblica* publicado pela Thomas Nelson Brasil.

Livros da série de comentários

O ANTIGO TESTAMENTO PARA TODOS

JÁ DISPONÍVEIS pela **Thomas Nelson Brasil**

Pentateuco para todos: Gênesis 1—16 • Parte 1
Pentateuco para todos: Gênesis 17—50 • Parte 2
Pentateuco para todos: Êxodo e Levítico
Pentateuco para todos: Números e Deuteronômio

Livros da série de comentários

O NOVO TESTAMENTO PARA TODOS

JÁ DISPONÍVEIS pela **Thomas Nelson Brasil**

Mateus para todos: Mateus 1—15 • Parte 1
Mateus para todos: Mateus 16—28 • Parte 2
Marcos para todos
Lucas para todos
João para todos: João 1—10 • Parte 1
João para todos: João 11—21 • Parte 2
Atos para todos: Atos 1—12 • Parte 1
Atos para todos: Atos 13—28 • Parte 2
Paulo para todos: Romanos 1—8 • Parte 1
Paulo para todos: Romanos 9—16 • Parte 2
Paulo para todos: 1Coríntios
Paulo para todos: 2Coríntios
Paulo para todos: Gálatas e Tessalonicenses
Paulo para todos: Cartas da prisão
Paulo para todos: Cartas pastorais
Hebreus para todos
Cartas para todos: Cartas cristãs primitivas
Apocalipse para todos